모든 디자인은 정치적이다

당신은 선택받은 사람이다. 이 문장을 읽고 있다는 것만으로도 세계 인구의 85퍼센트(유네스코:2015)에 해당하는, 글을 읽을 줄 아는 계층에 속했다는 뜻이지 않은가. 게다가 당신이 이 책을 구입하느라 쓴 금액은 하루 소득이 10달러 이상인, 세계 인구의 20퍼센트(월드뱅크:2008)만이 감당할 수 있는 비용이다. 전자책으로 읽고 있다면 당신은 인터넷에 접속할 수 있는 40퍼센트(월드뱅크:2015)에 해당한다. 이 책을 구입한 당신은 고등교육을 받았을 가능성이 높고, 고등교육은 소수가 누리는 특권이다.

보다시피 이 책은 그리 글로벌하지 않다. 북반구의 도시 지역에 집중되어 있는 세계 언론은, 전 지구적으로 영향을 미치는 만큼 시야를 넓혀야 하고 정치적인 책임감을 무겁게 느껴야 한다. 이것이 그리 글로벌한 맥락을 갖지 않은 이 책이 유용할 수 있는 이유다.

이 책에서 다루는 대상은 선전이나 정당의 디자인이 아니다. 오히려 모든 디자인은 정치적이라는 고백이다. 토니 프라이*도 주장하다시피 모든 디자인은 현상 유지에 기여하거나 현상을 전복하기 마련이다.

디자인은 제 탄생에 영향을 미친 가치관이나 가정, 그 뒤에 숨은 이데올로기와 분리되지 않는다. 이데올로기는 도처에 있고, 그 사실이 워낙 자연스럽다 보니, 시각커뮤니케이션이 이데올로기와 어떻게 관계를 맺는지 간파하기는 쉽지 않다.

커뮤니케이션이 중립적이지 않다는 것을 인정하면 시야가 넓어진다. 우리 모두 문화적 편견에서 자유롭지 못하다는 사실을 깨달으면 커뮤니케이션이 종종 실패할 수밖에 없는 이유가 납득이 된다. 이 책은 시각커뮤니케이션과 시각문화에 관심 있는 독자들을 위해 쓰인 심리학, 인류학, 언론정보학, 문화학의 관점을 따르는 시각자료들을 활용해서 이 자각을 점검하고자 한다.

시각커뮤니케이션의 영향력은 기하급수적으로 증가했다. 불과 몇십 년 전만 해도 시각커뮤니케이션은 대체로 도시나 나라의 경계를 넘지 않았다. 오늘날 네트워크 사회에서는 텀블러(Tumblr) 블로그의 피드에서부터 페이스북의 담벼락에 이르기까지 메시지가 서로에게 스며든다. 덕분에 전 세계인이 서로 만나고 사귈 수 있지만 미스커뮤니케이션과 갈등 역시 유발된다. 장난삼아 한 행동이 같은 날 지구 반대편에서 격렬한 반발을 초래하는 것이다.

커뮤니케이션은 오해가 생길 수밖에 없는 불안한 과정이다. 미스커뮤니케이션의 근간에는 우리가 보편적인/객관적인 커뮤니케이션을 시도했으니 상대방이 이해하리라는 기대가 깔려 있다. 디자인에서 객관성과 보편성을 기대하는 것은 서구사회의 디자인교육에서 가르치는 모더니즘디자인의 원칙이기도 하다. 이 책의 목표가 바로 이런 기대가 틀렸음을 밝히는 것이다.

저자로서 나는 특혜를 누리고 있다. 네덜란드 디자이너는 정부에서 후원을 받는다. 15년간 나는 디자이너로서 정부와 문화기관을 위한 광고 작업을 하고 정치운동을 했다. 나는 시각커뮤니케이션이 다면적이며, 그 어떤 면모도 이데올로기로부터 자유롭지 않다는 사실을 알게 되었다.

여러 나라에서 일하는 동안에도 이 책에 소개된 잘못된 가정을 숱하게 반복했다. 이런 경험을 공유하는 차원에서 다른 이들이 같은 실수를 저지르지 않도록 그 잘못된 가정을 점검하고 싶다.

서유럽 출신인 나의 세계관은 중립적이지 못하다. 이 책을 집필하며 여럿에게 도움을 청한 이유가 그 때문이다. 사각지대를 최대한 보완하고 깊게 생각하려고 했다. 이 책에도 편견이 없지 않다. 다양한 주제를 둘러싼 다양한 시각을 제공할 따름이다. 그렇기 때문에 여러분의 피드백을 환영한다.

이 책은 그래픽디자인의 구성요소에 따라 편성됐다. 언어와 타이포그래피, 색상과 대비, 이미지와 사진, 상징과 아이콘, 그리고 인포그래픽. 이 책에 소개된 사례는 화두에 불과하다. 시각커뮤니케이션이 직면한 도처의 문제들에 충분히 근접해서 드러내기에는 아직 작은 규모다.

그러므로 여러분의 도움이 요긴하다. 이 책에 포함되어야 할 사례를 아는 분은 thepoliticsofdesign.com에 아이디어나 텍스트, 이미지를 공유해주기 바란다. 여기 수록된 사례들은 누구나 볼 수 있고, 점점 방대해지는 온라인아카이브로 진화해, 디자이너와 커뮤니케이션 전문가들이 오늘날 직면한 책임을 환기하는 참고자료로 쓰일 것이다.

2017년, 암스테르담
뤼번 파터르

* Tony Fry(1944~). 디자인 이론가이자 철학자로, 디자인 문화이론으로 박사학위를 받았고, 영국, 미국, 홍콩, 오스트레일리아에서 디자인과 지속 불가능성 그리고 정치의 관계에 관해 가르치고 있다.

The Politics of Design: A (Not So) Global Manual for Visual Communication
by Ruben Pater

뤼번 파터르

디자인 정치학

The Politics of Design

이은선 옮김

이 책에 기여한 많은 분들에게 감사드린다.

글: 뤼번 파터르
도움: 아스야 케이만
자문: 아말 알하흐, 마랴너 판 헬버트, 야잔 알칼릴리

텍스트
AIGA
아스야 케이만
메럴 판 더르 바우더
미슬라 리브세칼
마이클 소스비
파스칼 조그비
인 아이원
유리 비어르만
올리버 채너런
라이언 헌터
슬라브스 & 타터스
테이지 젠슨
타일러 비건
야잔 알칼릴리
유리 비어르만

이미지
29LT
애덤 브룸버그
애덤 하비
뷔로 데뒤드
버터플라이워크스
얀 훅
얀 로뒤전
윤정미
칼 그란딘
마르틴 엥겔브레히트
마이클 소스비

그 밖의 도움
아 파레드
앤 부시
앤 밀턴버그
얀 알버르트 그라타마
마르크 로이흐 블러사
마랴너 판 헬버트
페터 빌락
로브 지암피에트로
샤하브 제탑치
핀센트 메이르턴스
빔 스타트

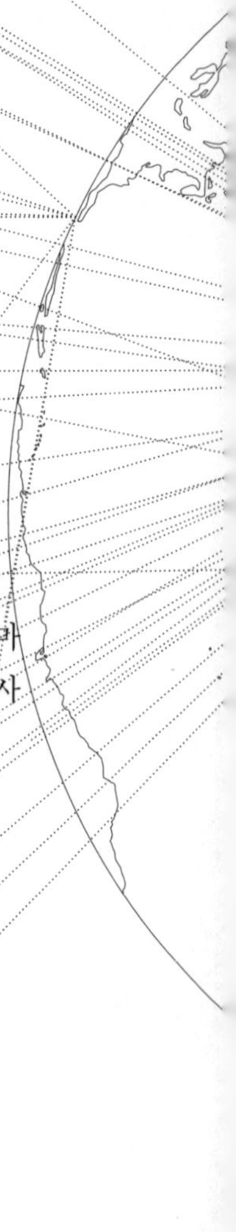

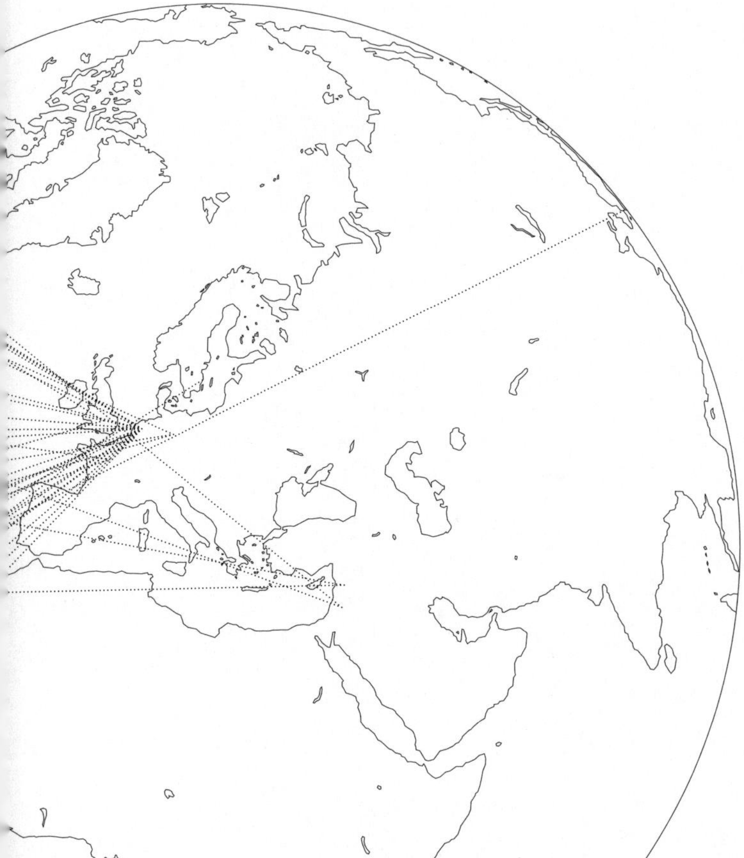

1장 언어와 타이포그래피

문자 이야기

오늘날 전 세계적으로 통용되는 언어는 대략 7000개 (내셔널지오그래픽:2012)고, 다중언어로 소통하는 풍경이 자연스러워졌다. 타이포그래피에서 다양한 언어를 쓰려면 여러 문자를 다룰 줄 알아야 한다. 문자들이 얼마나 다르게 작동하는지 배워가는 일은 쓰기가 발달해온 과정을 통찰하게 해준다.

1799년에 프랑스의 장교 피에르프랑수아 부샤르(Pierre-François Bouchard)는 고대어 연구의 일대 전환점이 될 화강섬록암 비석을 발견했다. 현재 로제타스톤(Rosetta Stone)이라 불리는 이 비석에는 이집트 상형문자, 이집트 민중문자, 그리스 문자, 이렇게 세 개 문자로 같은 내용이 적혀 있었다. 이 비석이 발견된 덕에 20년 후에 상형문자가 해독될 수 있었다. 가장 유명한 다문자 인류유산 중 하나인 로제타스톤은 인간 사회가 항상 다문자 환경에 있었음을 보여준다. 기원전 196년에 이집트에서 이 비석은 모든 층위의 문자 집단에 정보를 제공하기 위해 만들어졌다.

바빌론의 혼란

오늘날 쓰이는 문자의 종류는 예전에 비하면 적은 편이다. 현대 타이포그래피의 운용방식을 이해하려면 문자가 어떤 식으로 발전했고 서로 어떻게 다른지 파악해야 한다.

최초의 문자언어는 기원전 3200년경 이집트, 이라크, 인도에서 등장했다. 아프리카에서는 기원전 2000년경에 에티오피아 문자의 근간인 그으즈 문자[1]가 생겨났다. 중국의

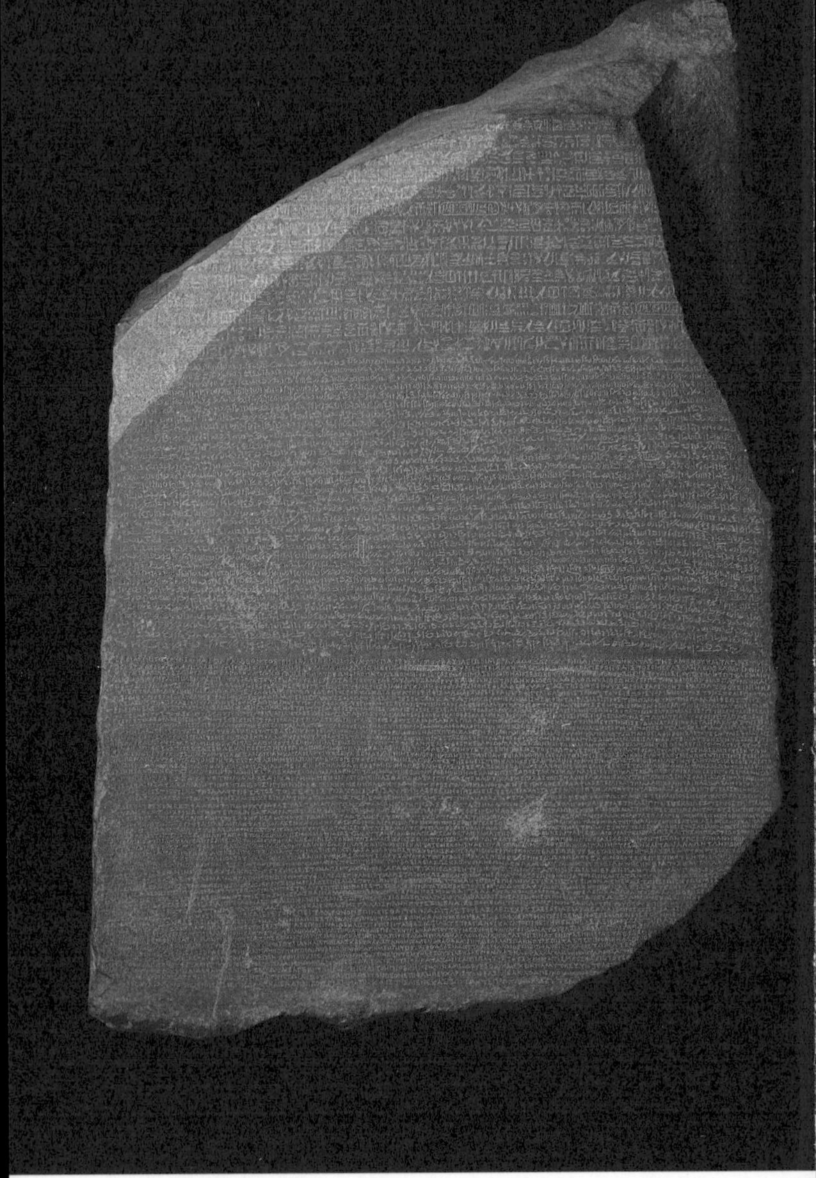

↑ 로제타스톤(B.C. 196). 화강섬록암.
이미지 © 영국박물관

쓰기 체계는 최소 기원전 1200년으로 거슬러 올라간다. 멕시코에서 메소아메리카 문자가 최초로 등장한 것은 기원전 600년경이다. 이보다 오래된 기호와 상징 들이 아직 해독되지 않았고 문자 역시 아마 훨씬 이전에 발명됐으리라 짐작된다.

최초의 문자언어는 알파벳(표음문자이자 음소문자)이 아니라 제각각 그림이나 생각을 표상하는 그래픽 심벌을 썼다. 이집트의 상형문자와 같은 **표어문자**가 모든 글자의 시초다. 사회가 좀 더 복잡해지자 필요한 심벌이 많아졌기 때문에 표어문자는 실용성이 떨어졌다. 문자에는 의미에 말소리와 심벌이 덧붙여졌다. 그림과 문자를 결합해서 심벌을 조합하는 방식으로 더 많은 단어들이 만들어질 수 있게 됐다. 문자는 점점 표음 방식으로 자리 잡았고, 음절을 표현하는 심벌은 점차 개별적인 말소리인 음소를 표현하게 되었다. 첫 알파벳이 생겨난 셈이다.

쓰기 체계(writing system)와 문자(script)의 차이

문자는 중국 문자, 키릴 문자, 로마자[2]와 같이 특정한 모양의 글자들이 모인 양식이다. 각 문자 안에는 서로 다른 쓰기 체계가 들어 있다. 예컨대 로마자에는 프랑스어 쓰기 체계와 슬로바키아어 쓰기 체계 등이 있다. 아랍 문자에는 우르두어(Urdu), 파슈토어(Pashto), 페르시아어와 다른 수많은 언어들을 위한 쓰기 체계가 있다.

한 방향

오른쪽에서 왼쪽으로 또는 왼쪽에서 오른쪽으로 쓰게 된 까닭을 설명하기는 간단치 않다. 이집트 상형문자는 양방향으로 쓸 수 있어서, 어느 방향에서 시작하는지 표시하는 특정한 글자가 있었다. 페니키아의 알파벳은 오른쪽에서 왼쪽으로 쓰였고, 아람(Aramaic) 문자가 이 전통을 물려받았다.

아랍 문자와 히브리 문자가 오른쪽에서 왼쪽으로

쓰이는 이유는 그들의 조상인 아람 문자가 끌과 망치로 돌에 새겨져서일 수도 있다. 오른손잡이는 철필을 왼손에, 나무망치를 오른손에 잡고, 오른쪽에서부터 왼쪽으로 작업을 진행할 테니 말이다. 그리스인은 점토판을 썼기에 글자가 뭉개지지 않도록 왼쪽에서 오른쪽으로 새기기를 선호했다. 따라서 그리스 알파벳을 계승한 로마자, 콥트 문자, 키릴 문자는 왼쪽에서 오른쪽으로 쓴다.

문자 변환

음역은 언어를 다른 문자로 표기하는 일을 말한다. 다문자 국가에서는 음역에 비용이 크게 들기도 한다. 도로 표지판, 공식 문서, 책을 음역해서 제작해야 하니 말이다. EU(유럽연합)에는 스물세 개의 공식언어가 있고 번역에만 한 해에 3억 3000만 유로를 쓴다.

아제르바이잔에서는 정치가 언어에 드라마틱한 영향을 미쳤다. 아제리(Ahzeri)라고도 불리는 아제르바이잔어는 문자가 네 번 바뀌었다. 667년 이슬람 정복으로 들어온 아랍 문자가 칼리프 통치구역에 동일하게 쓰였다. 단명한 아제르바이잔 민주공화국은 1917년에 로마자를 도입했지만 1920년 소련에 정권이 넘어갔다. 1939년, 키릴 문자가 도입됐을 때는 음역이 워낙 갑작스럽게 이루어져 낱글자들을 여러 번 손봐야 했다. 소련이 무너진 후에는 아랍 문자나 로마자의 부활 여부에 관한 논의가 이어졌다.

이웃한 이란에서는 페르시아식 아랍 문자를 밀기 시작했고, 그러자 터키도 나서서 터키식 로마자를 밀었다. 1990년 터키의 영향이 우세해지면서 결국 로마자가 채택됐다. 터키식 로마자에는 없지만, 아제르바이잔어 표기에 필요한 낱글자 세 개, 즉 ə와 x와 q가 추가되긴 했다.

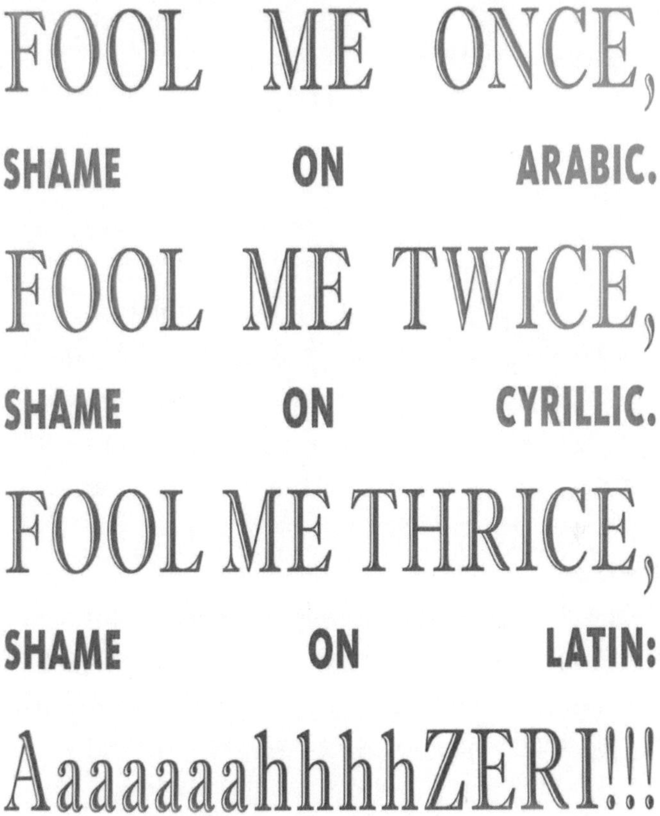

아랍 문자에 한 번 속고, 키릴 문자에 두 번 속고, 로마자에 세 번 속고. 아—제—리!!!

↑ 슬라브스 & 타터스, 「AaaaaaahhhZERI!!!」(2009). 스크린인쇄. 85 × 70 cm.
슬라브스 & 타터스는 과거 베를린 장벽과 중국의 만리장성 사이 지역에서 활동하는 아티스트컬렉티브

알파벳과 아브자드[3]

로마자는 오늘날 세계에서 가장 널리 쓰이는 문자다. 로마자는 기원전 800년부터 존재한 초기 그리스 문자에서 조정되어 나왔다. 로마자의 개별 글자들은 5000년 된 이집트 상형문자로까지 거슬러 올라가지만, 그림에 담긴 의미를 공유하지는 않는다. A가 히브리어로 황소를 뜻하는 **알레프**라는 이름을 얻은 것은, 황소 모양의 알파벳을 잘 외우게 하기 위해서였다.

최초의 **진정한 알파벳**은 그리스에서 발전했다. 진정한 알파벳이란 자음과 모음이 동등한 글자로 간주되는 알파벳을 뜻한다. 모든 알파벳이 그렇지는 않다. 페니키아 알파벳, 히브리 알파벳, 그리고 아랍 알파벳에서는 주로 자음이 낱글자로 쓰인다.[4] 대부분의 모음은 써서 표기하지 않은 채 발음만 하거나, 모음이라는 표시가 추가된다. 이런 알파벳은 아랍 알파벳의 첫 글자들을 따서 **아브자드**라고 부른다. 아랍 알파벳과 히브리 알파벳 같은 아브자드는 몇몇 모음을 갖추고 있지만, 대다수 모음은 써서 표기하지 않고 발음만 한다.

음절 낱글자(character)와 음소 낱글자(letter)

표어문자는 수백 개에서 수천 개에 이르는 음절 낱글자를 가지지만, 알파벳과 아브자드는 적은 수의 음소 낱글자만 있으면 되니 유리하다. 대개 스무 자에서 서른다섯 자 정도다. 아브자드는 진정한 알파벳에 비해 모음이 거의 없지만, 그렇다고 전체 글자수가 적지는 않다. 아랍 문자는 기본 글자가

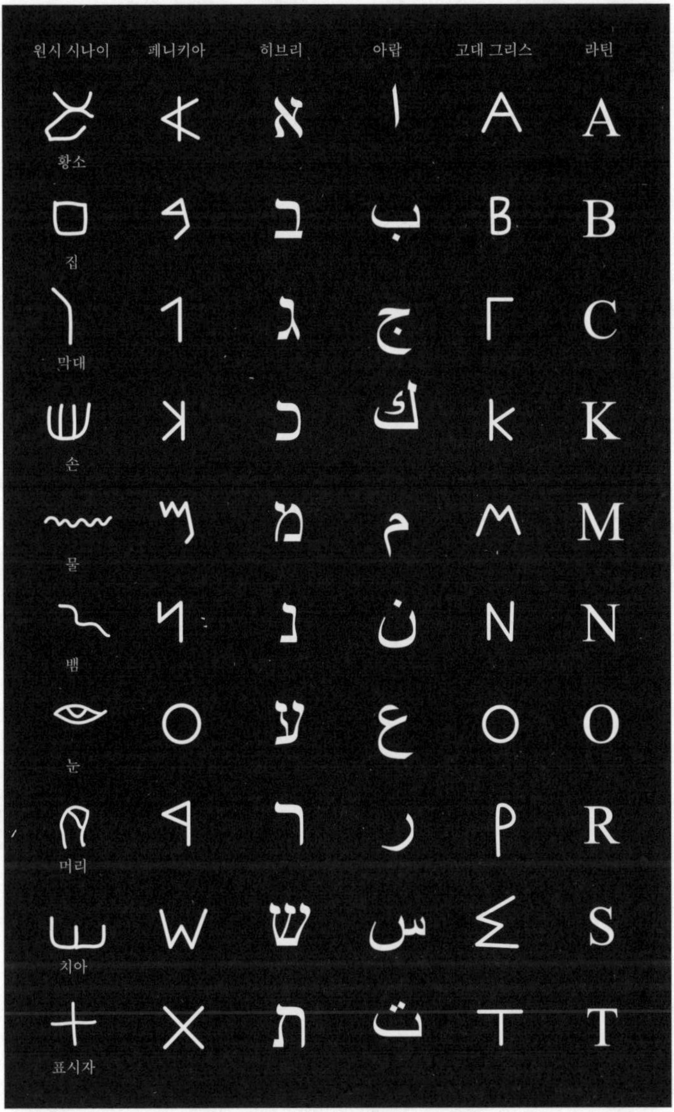

↑ 알파벳의 진화. 이미지 © 뤼번 파터르

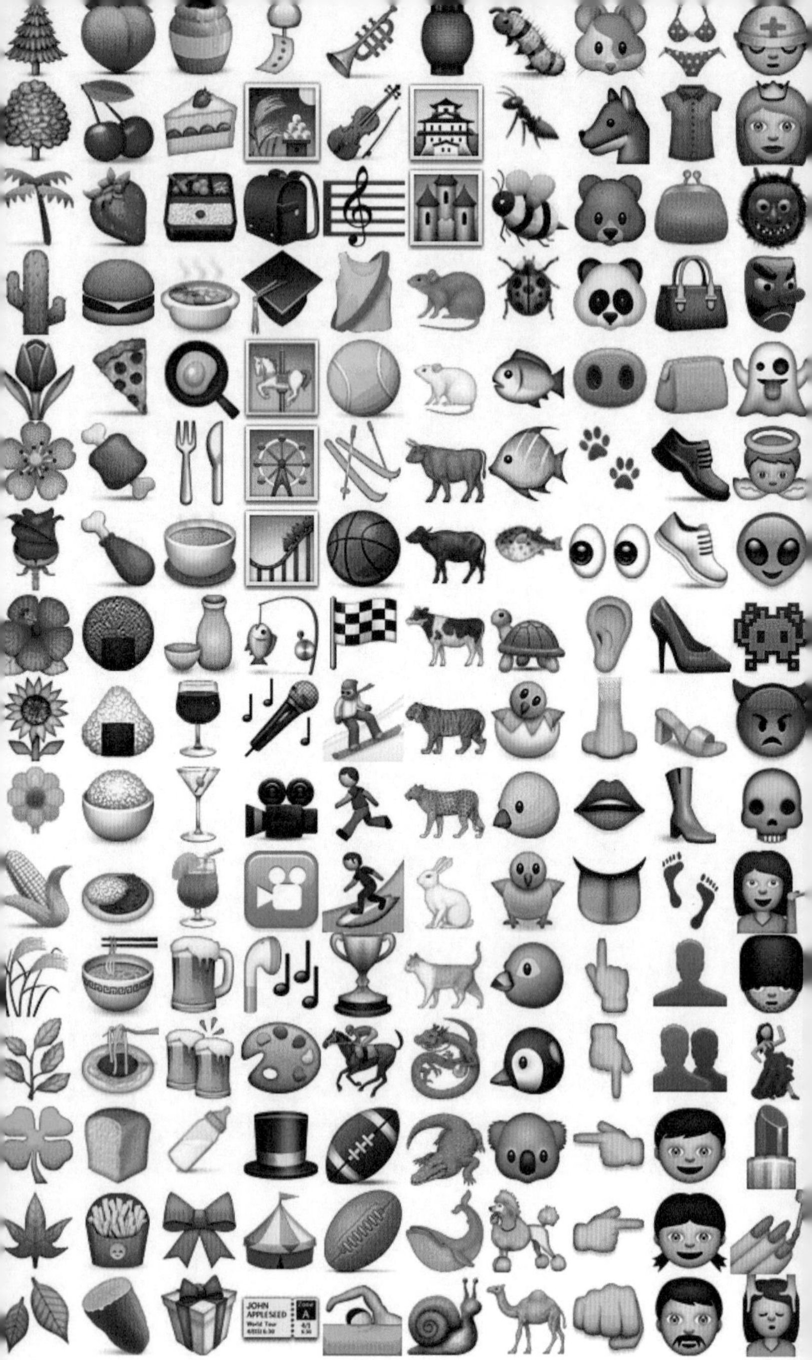

↑ 일본의 이모지를 참고하여 개발한 애플 이모티콘. 디자인, 이미지 © 애플

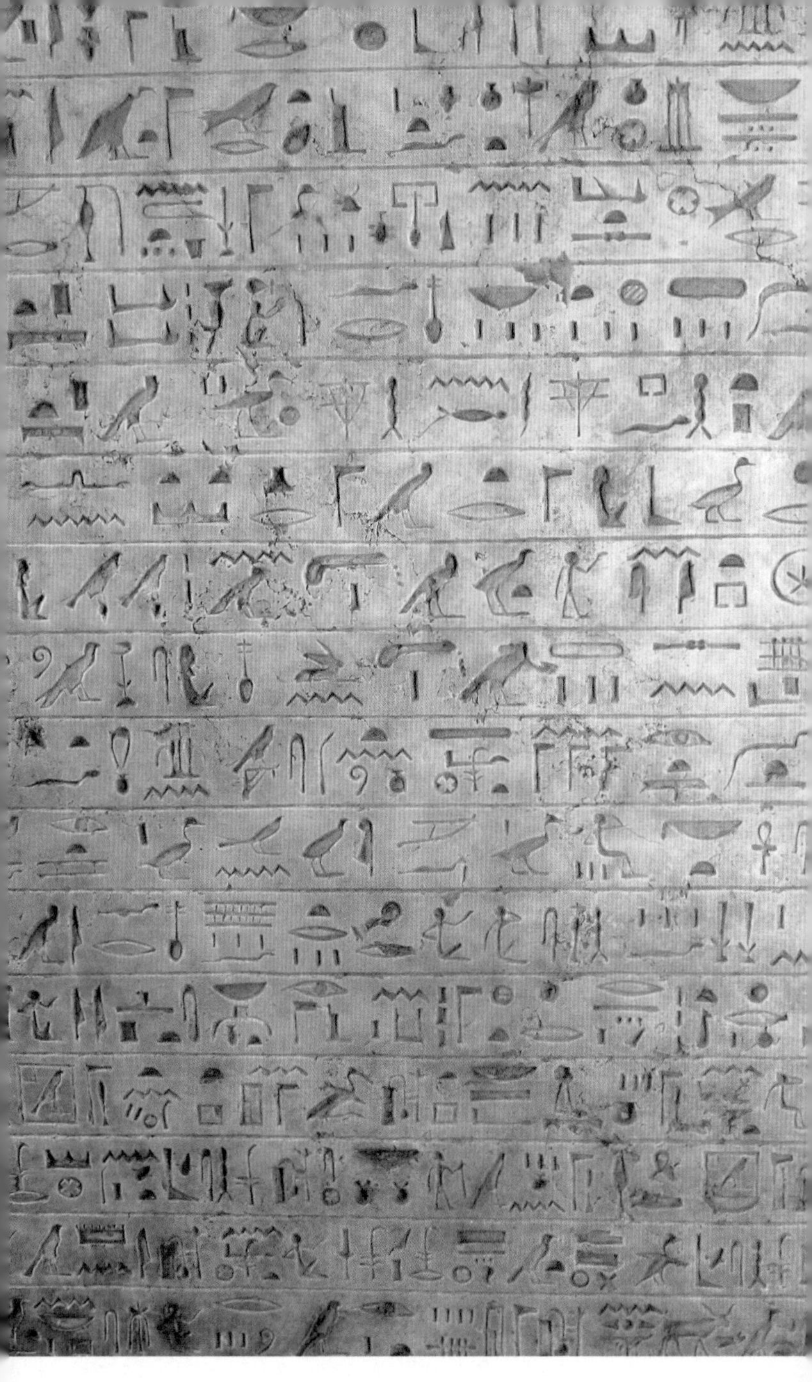

↑ 루브르박물관에 전시된 이집트 상형문자.
사진 © 에셜론 포스

스물여덟 개로 영어의 로마자보다 두 개 많다. 각 언어로 표기하는 알파벳은 그 언어의 필요에 맞춰, 독특한 낱글자나 표시부호를 적용해가며 발달했다. 키릴 문자는 악센트 대신 낱글자를 추가했기에, 전체 낱글자 수가 더 많아지는 경향이 있다. 카프카스 출신인 카바르다 문자와 아브하즈 문자는 낱글자 수가 각각 쉰여덟 개와 쉰여섯 개로, 음소문자인 알파벳 중에는 낱글자 수의 규모가 세계에서 가장 크다.

이 장의 시각사례로, 아랍 문자와 중국 문자를 가져왔다. 서로 다른 문자들이 디자인 결정과 시각커뮤니케이션에 전반적으로 어떻게 영향을 미치는지 드러내기 위해서다.

상형문자와 지사문자

중국 문자는 전 세계를 통틀어 사용 인구가 가장 많은 언어이고 표어문자다. 표어문자는 각 문자가 음이 아니라 단어를 뜻한다는 점에서 알파벳이나 아브자드와 다르다. 중국 문자는 전부 상형문자 내지는 이모티콘과 같은 그림문자인 걸로 오해하는 경우가 많지만, 상형으로 쓰이는 글자도 있고 표음으로 쓰이는 글자도 있다.

상형문자

상형문자는 이집트의 상형문자에서 소의 머리가 소를 뜻하듯 상징하는 단어를 그림으로 나타낸 것이다. 중국에서 가장 오래되고 가장 기본적인 문자가 **한자**라는 상형문자인데, 일본에서 **간지**[5]라고 불리는 문자와 상당수 겹친다.

人 인간	大 크다
日 해	刀 칼
山 산	木 나무

기본적인 상형문자를 결합해 회의문자라는 새로운 상징을 만들 수도 있다. 예컨대 나무를 뜻하는 문자를 합쳐 숲을 뜻하는 문자를 만드는 식이다.

木 나무　　林 작은 수풀　　森 빽빽한 숲

중국의 상형문자는 유구한 역사를 자랑한다. 15세기 이전에는 한자가 그 일대의 식자층에서 쓰던 언어였고 일본에서 중국의 상형문자가 아직까지 쓰이는 이유도 그 때문이다. 덕분에 일본어를 아는 사람은 발음을 모르더라도 한자로 된 글의 기본적인 내용을 이해할 수 있다.

지사문자

지사문자는 뜻을 상징하는 문자다. 예컨대 중국어에서 위와 아래, 그리고 1, 2, 3에 해당하는 문자가 여기에 속한다. 한자의 4퍼센트가 상형문자, 13퍼센트가 회의문자, 1퍼센트가 지사문자고 그 나머지는 형성문자다.

上 위　　下 아래　　一 二 三 1, 2, 3

형성문자

한자는 소리와 뜻, 이렇게 두 가지 용도로 쓰일 수 있다. 문자에 어떤 뜻을 담고자 했는지 짐작되도록 표음문자와 상형문자를 하나로 합친 것이 형성문자다. 한자의 82퍼센트가 이런 형성문자다. 아래 예를 보면 비를 뜻하는 상형문자가 다른 문자의 음가와 만나 어떤 형성문자를 만들었는지 알 수 있다.

雨 비 + 云 (윈) = 雲 구름(윈)
雨 비 + 辰 (천) = 震 우레(쩐)
雨 비 + 相 (시앙) = 霜 서리(슈앙)

양방향

일본 문자와 번체 한자는 여러 방향으로 읽고 쓸 수 있다. 두 문자 모두 독립적인 정사각형 글꼴을 쓰기 때문에 여러 방향으로 조판하기가 수월하다. 현대 간체자와 한글은 로마자처럼 가로, 즉 왼쪽에서 오른쪽으로 쓰인다. 전통 한자와 일본 문자는 상황에 따라 양방향으로 쓰인다. 번체자와 일본 문자를 수직으로 조판하려면 글자가 놓이는 순서가 달라지기 때문에 전용 소프트웨어가 있어야 한다.

외국의 브랜드 이름은 중국어로 번역될 때 음을 빌린다. 1928년에 코카콜라는 蝌马口蠟(커커컨라)로 번역됐는데, 뜻을 보자면 "밀랍 올챙이를 물어라." 내지는 "밀랍으로 채워진 암말"이다. 판매실적이 저조하자 코카콜라 측에서는 발음이 비슷하면서 뜻이 좀 더 적절한 200개의 조합어를 검토했고 "입 안의 행복"이라는 뜻의 可口可乐(커코컬러)를 최종적으로 골랐다.

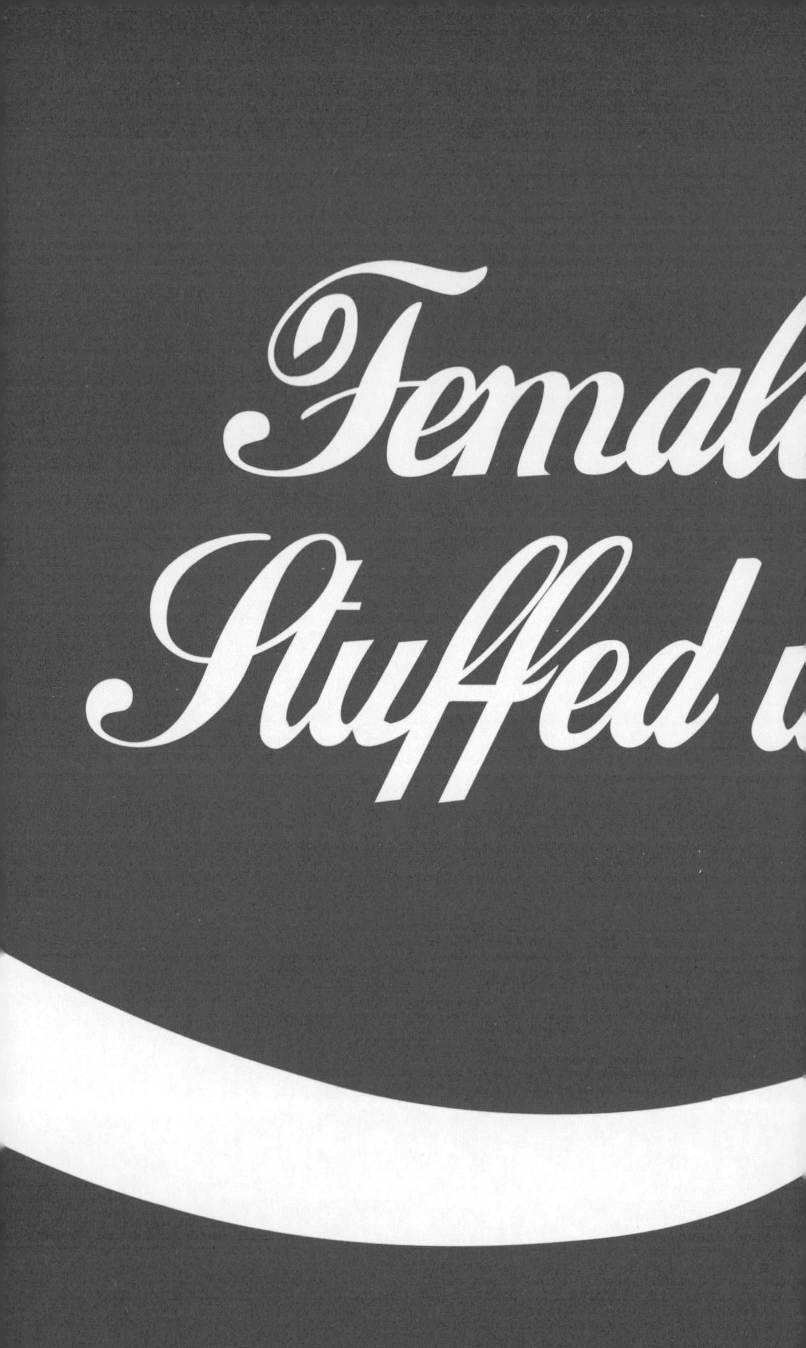
Femal
Stuffed

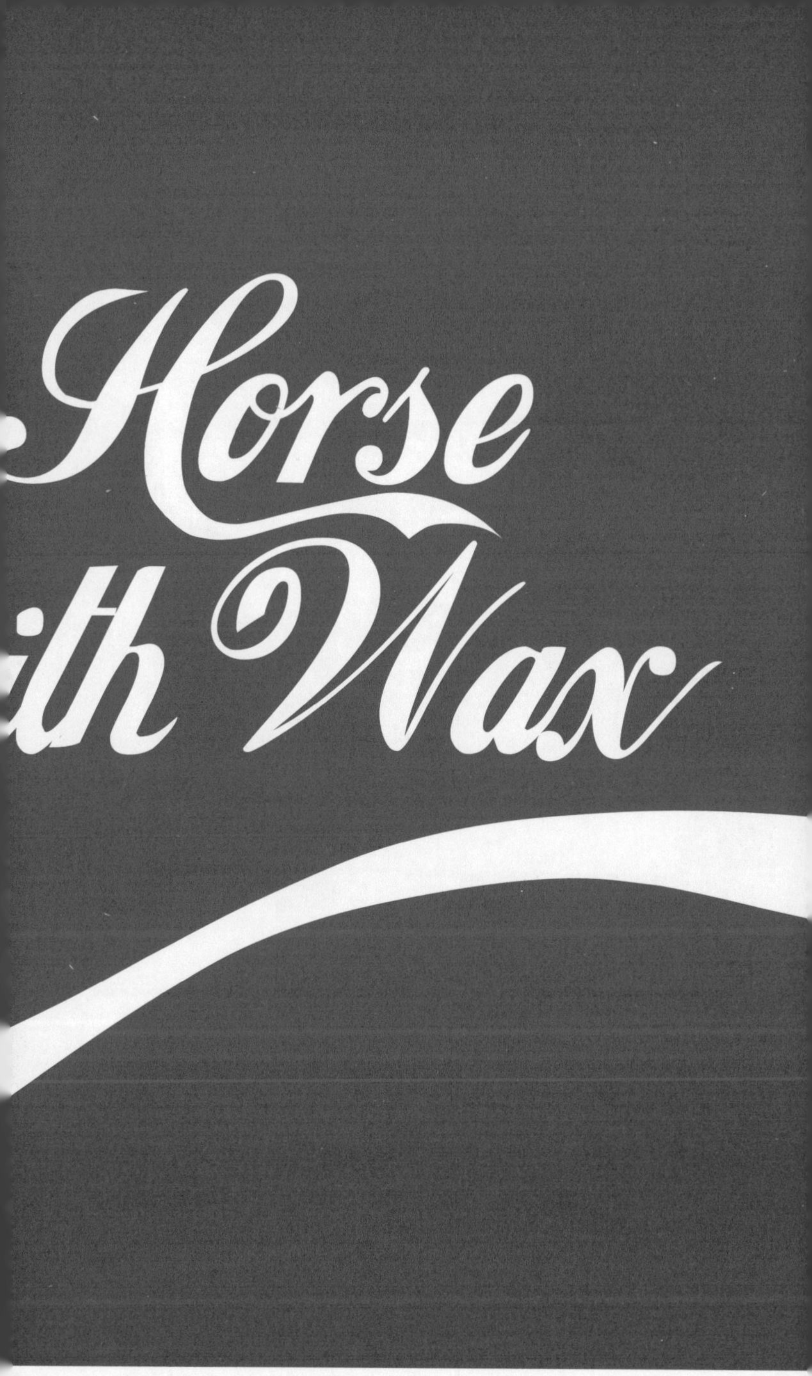
Horse
ith Wax

愛

사랑(번체)

爱

사랑(간체)

심장이 없는 글자

리서치: 인 아이원

번체자와 간체자는 문화 전쟁 중이다. 타이완, 홍콩 그리고 일부 중국 실향민 거주지에서는 번체자를 쓰는 반면, 중국 본토와 싱가포르에서는 간체자를 쓴다.

역사가 긴 번체자가 제도로 편입된 것은 기원전 3세기 진나라 때였다. 획수가 수십 개에 달하는 글자가 있을 정도로 복잡한 이 문자는 선택된 소수만이 읽고 쓸 수 있었다.

상용화라는 현실적인 이유로 간체자가 만들어졌는데, 이것이 공식으로 지정된 것은 1956년 마오쩌둥 집권 시기였다. 공산당 정부는 전국에 간체자를 도입함으로써 문자를 통일하고 이를 통해 경제력을 강화하고 문맹률을 낮추려 했다.

1차 간체자 사업은 성급히 이루어졌고 글자를 간소화하는 방식에 일관성이 부족했다. 이후 수십 년 동안 여러 번의 보완을 거쳐 일관성이 잡혔다. 계속 번체자를 써온 타이완과 홍콩 사람들은 중국 문자를 간소화하는 과정에서 중국 문자의 **진정한** 아름다움이 소실됐다고 주장했다.

번체자를 옹호하는 측은 간체자를 쓰는 사람들에게 **심장이 없다**고 한다. 사랑을 뜻하는 번체자 愛(아이)에는 심장을 상징하는 글자(心)이 들어 있는데, 간체자 爱(아이)에는 친구를 뜻하는 글자(友)이 대신 들어왔다는 말이다. 이에 간체자를 옹호하는 측에서는 번체자를 쓰는 사람들을 가리켜 **친구가 없다**는 식으로 반론한다.

한자를 쓰는 나라 간의 문화적인 긴장관계에서 언어의 미학이 중요한 역할을 맡는 양상은 이와 같다.

테일러 스위프트와 함께하는 셀럽의 정치학 가이드

항상 대중에 공개돼 면밀한 심사를 받는 셀럽의 삶은 고단하다. 셀럽이 가끔 자신을 둘러싼 정치적인 맥락을 모르고 실수를 저지르는 사태도 종종 벌어진다.

2015년 7월, 미국의 가수 테일러 스위프트는 «T.S. 1989»라는 제목의 앨범과 전 세계 투어 공연 계획을 발표했다. 스프레이로 적은 로고와 함께 마케팅 캠페인이 시작됐고 온라인숍이 열렸다. T.S. 1989라는 문구가 1989년 중국의 톈안먼 광장에서 벌어진 베이징 학생시위와 대량학살을 지칭하는 것으로 해석될 수 있다고 맨 처음 언급한 사람은 퍼거스 라이언이라는 기자였다. 중국 언론에서는 이에 대한 언급을 철저하게 통제했다. 중국에서의 공연 일정이 시작되자 T.S. 1989라는 제목은 폐기됐고, 중국 팬들은 스프레이 페인트 느낌으로 T.S. 1989 로고가 프린트된 굿즈를 온라인숍에서 구입할 수 없었다.

게스트: 케이티 페리

케이티 페리가 2015년 타이완에서 펼친 공연은 팬들과 언론 양쪽 모두를 놀라게 했다. 무대에서 해바라기 옷을 입고 타이완의 **중화민국** 국기를 두른 것이다. 그는 공연한 모든 곳에서 그 나라 의상을 입었으니 중국과 타이완의 매우 민감한 관계와, 2014년에 타이완 학생들이 중국의 무역정책에 반대해 벌인 해바라기 운동에 대해 몰랐던 모양이다.

타이완 팬들은 그 운동을 지지한 것에 대해 찬사를 보냈지만

@taylorswift13이 중국에서 판매할 예정인 1989 티셔츠. #곤란 #텐안먼 — @fryan(2015. 7. 22.)

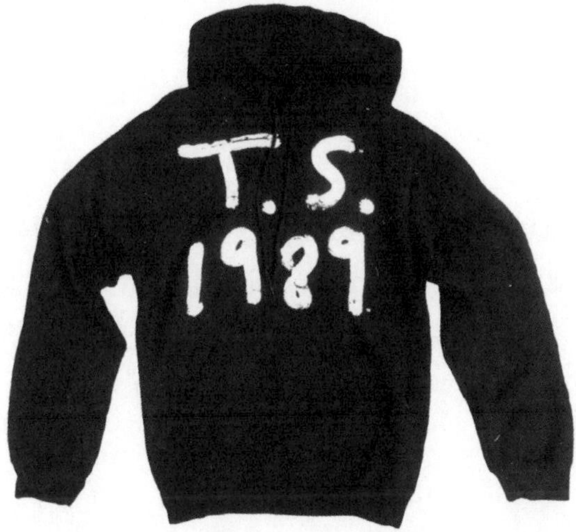

@KatyPerry가 오늘 저녁 얘기하던 도중 우리 국기를 몸에 두름. — @theauragirl(2015. 8. 28.)

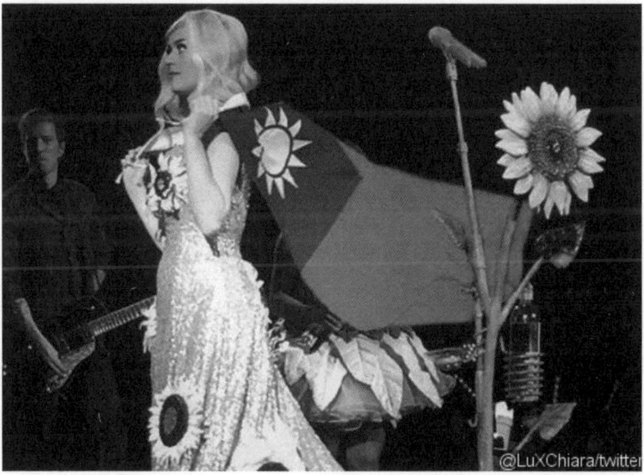

↑ 테일러 스위프트의 온라인숍 taylorswiftstor.co.uk에서 판매된 후디. © 테일러 스위프트(2015)
↓ 타이베이 콘서트에서 케이티 페리(2015). 사진 © LuXChiara

중국에서는 열광적인 반응을 보이지 않았다. 다음 날 중국의 소셜미디어 사이트에서는 그의 공연 사진이 모두 삭제되고 말았다.

게스트: 캐머런 디아즈

캐머런 디아즈가 2007년 페루를 방문했을 때 매고 있던 숄더백에는 마오쩌둥의 슬로건이 찍혀 있었는데, 순식간에 화제가 되었다. 페루는 그의 가방을 보고 분노했다. 그는 1980년대와 1990년대에 마오주의자들이 조직한 무장반군 빛나는 길의 공격으로 6만 9000명 페루 국민이 사망한 사실을 미처 몰랐다며 사과했다.

아프리카에서의 전쟁은 끝났다

도움: 미슬라 리브세칼 & 마이클 소스비

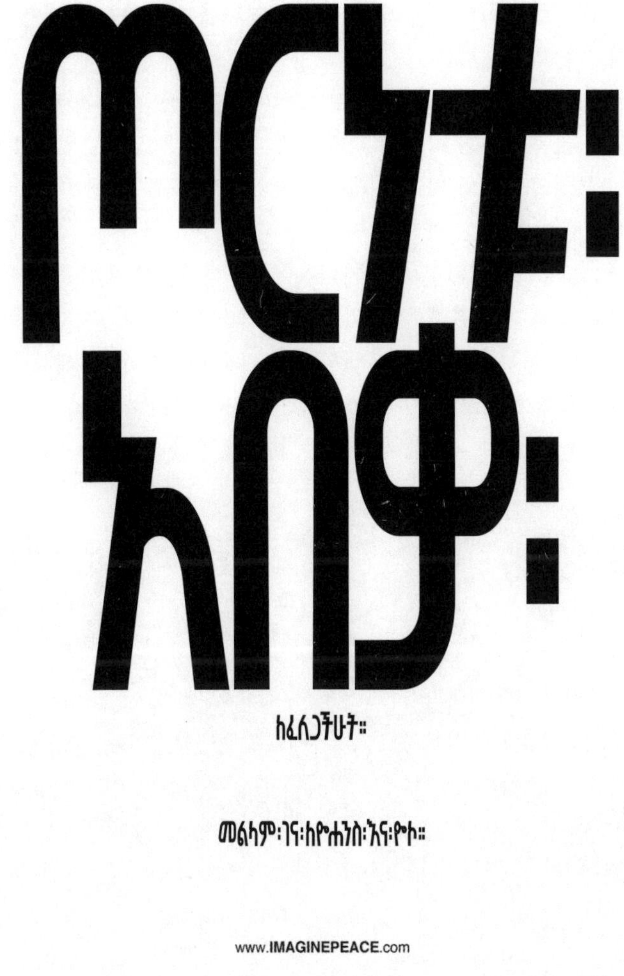

↑ 암하라 문자로 쓰인 "전쟁은 끝난다, 그대들이 원한다면." © 미슬라 리브세칼 & 마이클 소스비(2010)

“전쟁은 끝난다, 그대들이 원한다면.” 존 레논이 남긴 유명한 평화 선언은 100여 개 언어로 번역돼 아트 프로젝트로 거듭 태어나고 있다. 독립언론 «어나더아프리카»의 미슬라 리브세칼은 이 선언이 분쟁 중인 에티오피아와 에리트레아[6]를 위한 버전은 없다는 걸 깨닫고, 디자이너 마이클 소스비와 힘을 합쳐 양쪽 나라의 공용어인 암하라어[7]와 티그리냐어[8]로 번역하는 작업에 착수했다. 두 나라는 모두 기원전 5세기부터 시작되어 아프리카에서 가장 오래된 역사를 자랑하는 그으즈 문자를 쓴다.

그으즈 문자는 디지털 폰트가 거의 없기 때문에 디자이너 마이클 소스비는 오리지널 캘리그래피에 기반하고, 또 포스터에 쓰인 프랭클린고딕[9]과 어울리는 새로운 글자들을 만들었다. 원어민들의 확인도 거쳤다.

미슬라 리브세칼은 디자이너들에게 “가독성과 문법을 비롯한 문제를 해결하는 데 있어 원어민의 참여는 필수”라고 조언한다. 그는 디자이너가 해당 언어의 문해력이 없을 때 폰트디자인에 새로운 시각을 줄지는 몰라도, 미적으로만 판단하다가 오해를 초래하는 일은 없어야 함을 알게 됐다.

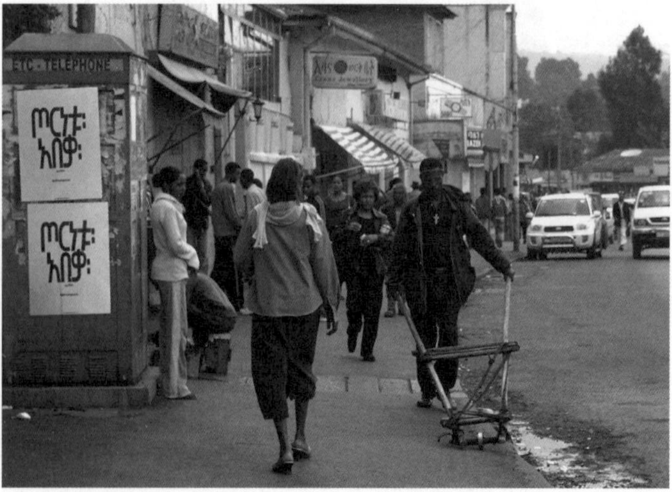

↑ 사진 © 미슬라 리브세칼 & 마이클 소스비(2010)

아프리카 문자

전 세계 언어의 4분의 1은 아프리카 대륙에서만 쓰인다. 이 언어들은 1250개에서 2100개 사이로 추정된다.(에드거 그레게르센, 1977) 이슬람과 유럽의 식민주의는 아프리카 문자에 지대한 영향을 미쳤다. 서아프리카에서 많이 쓰이는 언어인 하우사어[10]는 주로 나이지리아에서 쓰이며 사용인구가 3500만 명이다. 수백 년 동안 아자미(Ajami)라는 아랍 문자의 한 양식으로 기록됐지만 1930년대에 영국 식민정부에 의해 로마자로 교체되었다.

식민지배 이전에는 아프리카 대륙에 다양한 문자가 존재했다. 투아레그족의 티피나그 문자, 서아프리카의 응코 문자, 나이지리아 남동부의 응시비디 문자, 라이베리아의 바사족이 쓰던 바 문자. 식민지 권력은 커뮤니케이션을 통제하고 문화생산에 영향력을 행사하기 위해 서구의 표기체계를 강요했다. 토착문자와 토착언어는 몰락했지만 아프리카 대륙에서 몇 안 되는 독립국가이던 에티오피아만큼은 예외였다. 그들의 그으즈 문자는 오늘날까지도 건재하다. 식민지배로 인해 수많은 아프리카 문자가 변방으로 밀려났지만 일부는 소규모 커뮤니티 안에서 명맥을 유지했다.

아프리카 문자의 부활

디자이너 사키 마푼디크와는 아프리카 문자를 조사하고 수집해 2004년 『아프리카 문자』를 출간했다. 그는 수십 년 전부터 시작된 아프리카 문자의 부활 분위기를 감지했다.

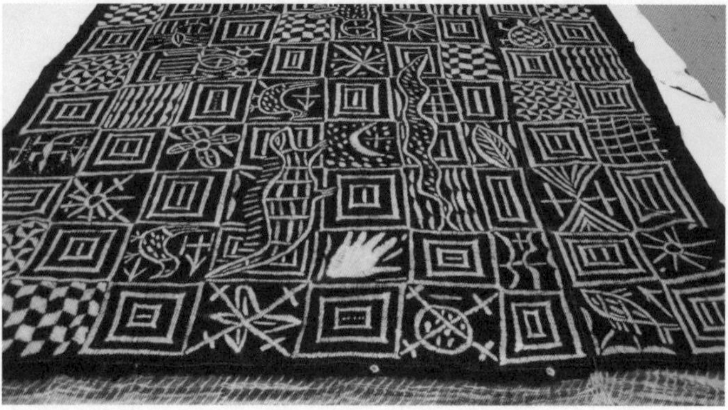

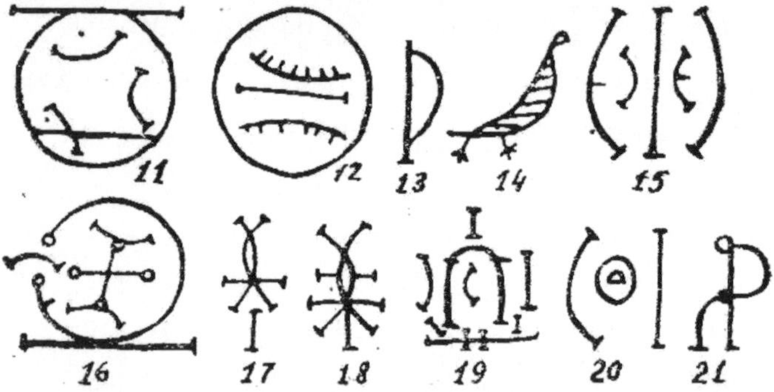

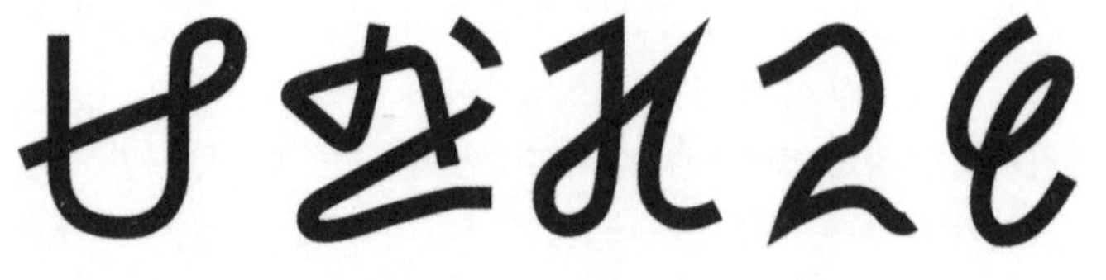

↑ 우카라 천에 적힌 이보(Igbo)의 응시비디 심벌들. 상업용 면직물, 쪽 염색, 147.3 × 198.1 cm. 프리다와 밀턴 F. 로젠탈의 후원금으로 구입한 브루클린박물관 소장. 사진 © 브루클린박물관

↑ 응시비디 심벌들. 이미지 © 위키피디아

↓ 나이지리아 웹포럼 나이라랜드 게시판(nairaland.com/973985)에 Crayola1이 올린 응시비디 폰트디자인

모로코에서는 베르베르어[11]를 가르치기 위해 네오 티피나그 문자가 쓰이고, 응코 문자는 앱과 소셜미디어용으로 채택됐다. 사키 마푼디크와는 하라레에 '짐바브웨 비지털(Vigital)아트연구소'라는 디자인스쿨을 설립했다. 그는 아프리카 문자의 부활이 중요한 이유를 다음과 같이 열었다.

"디지털 테크놀로지의 시대에 우리는 괴상한 방식으로 글자를 겹쳐 왜곡하는 폰트디자인들을 만난다. 이런 상황에서는 오히려 아프리카 문자들이 로마자를 변덕스러운 트렌드와 디자인 스타일로부터 구원할 한 줄기 신선한 바람이 되리라 생각한다.

아랍 문자–로마자 폰트디자인

동시대 시각커뮤니케이션의 폰트디자인에서는 문자세트 안에 아랍 문자, 키릴 문자, 힌두 문자, 로마자를 비롯한 여러 문자가 들어 있어야 한다. 비(非)로마자라는 식으로 하나 카테고리로 뭉뚱그리는 건 시대에 뒤떨어질 뿐 아니라 문자 간 서열을 암시하며 다중언어 사용자가 늘어나는 현실을 무시하는 처사다.

아랍권의 경제성장으로 많은 투자자들의 관심이 쏠리면서 새로운 아랍 폰트와 비주얼아이덴티티의 필요성이 대두되었다. 하지만 아랍 문자 폰트는 기존의 로마자 폰트디자인에 끼워 맞춰지는 경우가 많다. 로마자가 형식을 좌우하며 쓰일 때, 아랍 문자는 그 시각적이고 문화적인 유산에도 불구하고 부차적인 위치로 밀려난다.

타이포그래피의 이화수분(cross-pollination)

폰트디자이너 파스칼 조그비(Pascal Zoghbi)는 여러 디자이너들과 협업하여 아랍 문자와 로마자, 양쪽 문자를 아우르는 폰트를 개발했다. 한쪽을 위해 다른 쪽을 변형하지 않고 양쪽 문자를 모두 존중하자는 취지에서 기획한 프로젝트다. 로마자 낱글자의 일부를 복사하고 붙여서 아랍 문자 낱글자를 만드는 건 안 될 말이고, 물론 그 반대도 마찬가지다.

그가 디자인한 제인(Zeyn)은 스위스 타입페이스의 디자이너 이언 파티(Ian Party)와 함께 만든 동시대 아랍 문자–로마자 폰트다. 제인(زين)은 아랍어로 '아름답다', '우아하다'라는 뜻이다. 아랍 글자와 로마자를 함께 만드는 과정에서 둘 중 어느

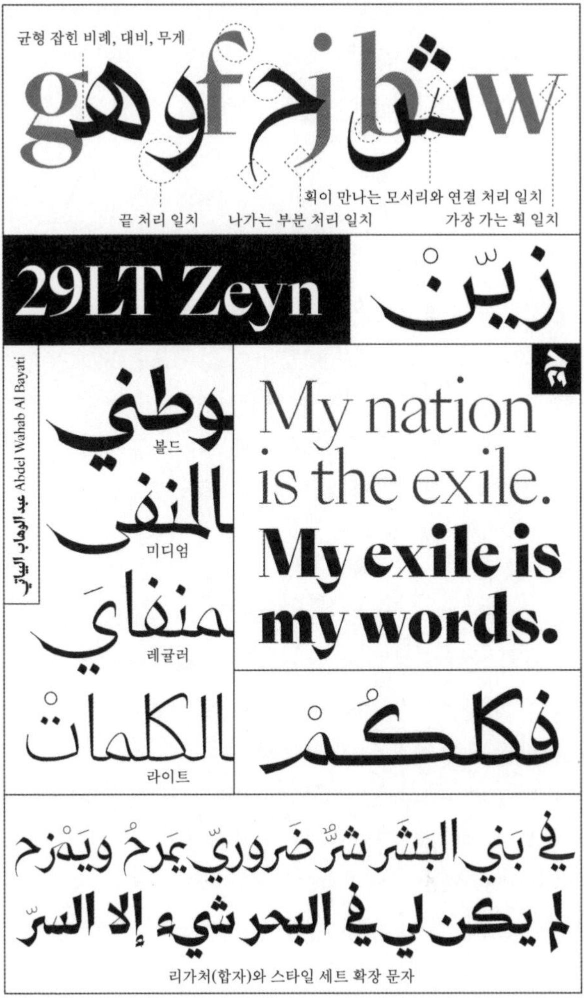

쪽도 희생되지 않았다.

이 결과물에서 놀라운 점은 양쪽 문자 모두 고유한 미학과 정체성을 유지하면서도, 서로의 디자인 형태에 영향을 준다는 점이다. 제인과 같은 다국어 폰트디자인은 서로 간 서열을 매기는 대신, 세계 타이포그래피를 교배하고 이화수분하며 새로운 국면으로 이끌어나간다.

↑ 29LT제인, 디자인 © 이언 파티 & 파스칼 조그비(2014). 이미지 © 파스칼 조그비

로마자 로고타입을 아랍 문자로 제대로 옮기려면

도움: 파스칼 조그비

아랍 로고타입의 수요가 늘고 있다. 사우디아라비아와 아랍에미리트연합국 정부는 이중언어 정책을 추진하기 때문에 글로벌 브랜드의 경우 로마자와 아랍 문자 양쪽 모두로 브랜드명을 표기해야 한다. 하지만 대부분의 경우 아랍 문자 표기가 성급하고 부정확하게 이루어지고 있다.

속성 과외

디자이너들은 먼저 아랍 문자의 기원이 로마자와 다르다는 사실을 잊지 않아야 한다. 아랍 문자는 캘리그래피에 근간을 두어, 로마시대 대문자(Roman capital)처럼 구조가 건축적이지 않다. 로마자의 양식 분류 기준인 세리프, 산세리프, 휴머니스트, 스크립트 등을 그대로 따르는 것도 적절하지 않다. 아랍 문자에는 쿠피(Kufi), 나스크(Naskh), 술루스(Thuluth), 디와니(Diwani) 같은 캘리그래피 양식이 있다. 이중 하나를 고를 때는 이 양식들 모두가 저마다 종교, 문화, 역사적 배경을 지닌다는 사실을 고려해야 한다.

로마자 로고를 아랍 문자로 옮길 때, 로마자 낱글자를 잘라 쓰거나 아랍 문자 낱글자들 고유의 획과 비례를 무시하며 만드는 일은 삼가자. 아랍 캘리그래피 양식에 기반하지 않은 채 로마자를 짜깁기하면 **프랑켄슈타인 아랍 문자**로 보일 것이다. 그리 되면 알아보기 어려울 뿐 아니라 잘못 읽히기까지 한다.

로마자의 타이포그래피 특성을 분석하는 일로 시작해서, 아랍 캘리그래피 양식을 로마자에 **조응**하게 고르는 것이

좋다. 예컨대 지오메트릭 산세리프[12]에는 쿠피가 적격이고, 휴머니스트 산세리프는 나스크와, 세리프는 나스크나 술루스, 디와니와 두루 어울린다. 아랍어는 하나가 아니다. 아랍 문자의 여러 양식을 쓰는 수많은 아랍 언어와 방언이 있다. 마지막으로, 아랍 문자에는 x-하이트라는 개념이 없기 때문에 글자의 높이나 어센더, 디센더는 로마자와의 관계에 따라 결정되어야 한다.[13] 로고의 시각서사 요인[14]도 오른쪽에서 왼쪽으로 읽히도록 옮겨야 한다.

이러한 선택들의 문화적인 중요성을 디자이너가 인지하고만 있다면, 다른 다양한 이유들로 이런 규칙을 건너뛰게 될 수도 있다. 해당 언어의 모어 사용자들을 상대로 항상 디자인을 테스트해보기 바란다.

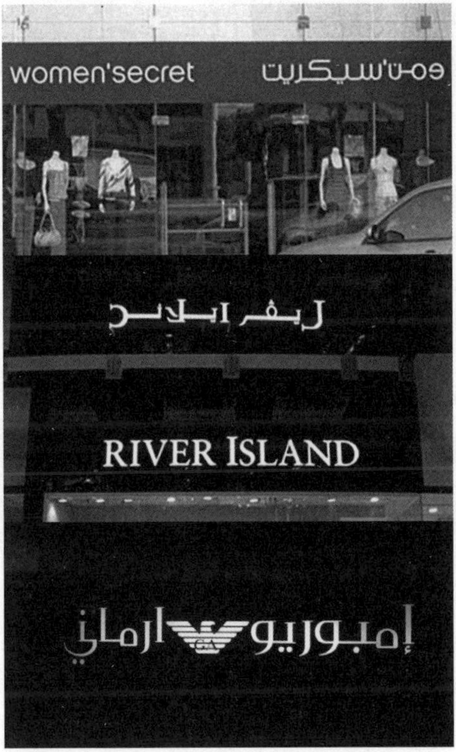

↑ 아랍에미리트와 사우디아라비아에서 찾은 '프랑켄슈타인' 아랍 문자 로고.
사진 © 파스칼 조그비

←↑ 로마자 로고 및 아랍 문자로의 디자인 번역.
© 버거킹, 페덱스, 아마존, 서브웨이

냉전시대의 문자 인코딩

도움: 페드로 올리베이라

우리가 말하고 글로 쓰는 모든 언어가 디지털 커뮤니케이션에 접근 가능한 것은 아니다. 초창기 컴퓨터와 이메일은 메모리가 매우 한정적이었기 때문에 쓸 수 있는 문자 세트의 낱글자 개수가 적었다. 초창기 컴퓨터는 아스키(ASCII), 즉 미국 정보교환 표준부호를 썼다. 낱글자의 수는 영어 표기 알파벳, 기본 문장부호, 수학기호를 포함해 128개로 제한되었다. 다른 쓰기 체계나 문자는 말할 것도 없고, 로마자로 표기되는 프랑스어, 독일어, 스페인어의 악센트 표시조차 불가능했다. 아스키 표준으로 인해 영어 쓰기 체계는 컴퓨터와 인터넷의 표준언어가 됐다.

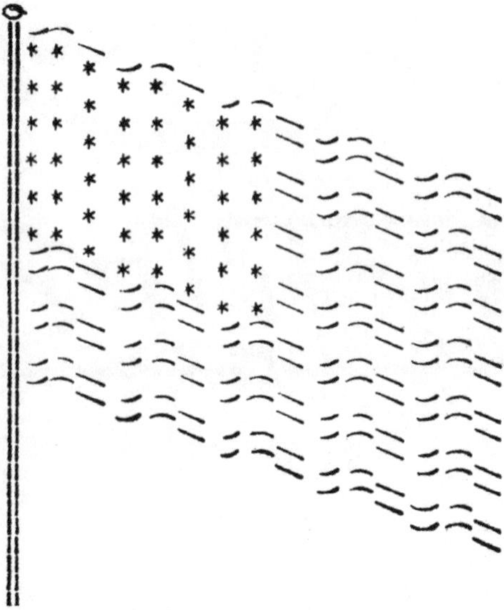

↑ 아스키 이전 시대의 아트워크.
메노 페스트가 타자기로 만든 성조기.
«포퓰러 미캐닉스»(1948. 10.)

아스키 해킹[15]

SMS(단문 메시지 서비스)와 인터넷이 널리 퍼지면서, 영어를 잘 모르는 사람들은 뒤처졌다. 그러자 아랍 여러 나라의 인터넷 유저들이 아랍 키보드 없이 자기들 언어로 소통하는 기발한 방법을 개발했다. 아스키 숫자들과 다른 부호들로 아랍 문자의 낱글자들을 대체한 것이다. 아랍 채팅 알파벳 또는 아라비시[16]라고 한다. 예컨대 3은 아랍 글자로 아인(ع), 5는 크(خ) 그리고 9는 사드(ص)다. 예루살렘인마이하트가 발표한 앨범의 트랙 리스트를 보면 채팅 아랍어가 어떤 식으로 운용되는지 알 수 있다.

Mo7it Al-Mo7it
01. Koll Lil-Mali7ati Fi Al-Khimar Al-Aswadi
02. 3andalib Al-Furat
03. Yudaghdegh El-ra3ey Walal-Ghanam
04. 3anzah Jarbanah
05. Dam3et El-3ein 3
06. Ko7l El-3ein, 3emian El-3ein
07. Amanem

유니코드

아스키는 1990년대가 되어서야 영어 외 언어도 포함할 수 있는 시스템으로 대체됐다. 그것이 바로 유니코드다.

1992년에 개발된 유니코드는 몇백 개가 아니라 100만 개 이상의 낱글자를 지원한다. 유니코드는 새로운 표준이 되어 세계 모든 언어를 포함할 수 있게 되었다. 유니코드는 서로 다른 문자들과 쓰기 체계들 간에 디지털 변환을 할 수 있는 최초의 국제 텍스트 문자 인코딩 시스템이다. 버전 8.0은 상형문자나 설형문자 같은 고대문자를 포함한 129개 문자를 아우른다.

유니코드를 운영하는 비영리재단 유니코드 컨소시엄은 새로운 쓰기 체계와 글자 세트를 추가하면서 시스템을

↑ 예루살렘인마이하트의 «M07it Al—Mo7it» 아라비시 트랙 리스트. 예루살렘인마이하트는 라드완 가지 뭄네의 음악 프로젝트.

확장해가고 있다. unicode.org에 접속하면 유니코드에서 지원하는 문자 목록을 확인할 수 있고, 그 글자 수는 대략 12만 자에 이른다. 수학 기호, 아이콘, 그래픽, 이모티콘과 같은 비언어 글자 세트도 포함한다.

꺾인 글자체에 얽힌 사연

2차 세계대전이 끝나고 반세기 이상이 지났지만 아직까지 나치독일의 굴레에서 벗어나지 못한 글자체가 하나 있다. 블랙레터, 즉 프락투어(Fraktur)인데, 유럽에서 수세기 전부터 쓰였지만 나치독일의 공식 글자체로 지정된 이후 이력에 영영 오점이 남고 말았다.

독일어로 **꺾인 글자체**(broken script)라 불리는 블랙레터는 늘어나는 책의 수요를 감당하기 위해 12세기에 처음 만들어졌다. 폭이 좁아서 지면을 덜 차지했고 둥그스름한 카롤링거 글자체[17]보다 빨리 쓸 수 있었기 때문에 필사본과 성서에 많이 쓰였다. 구텐베르크가 맨 처음 선보인 인쇄 활자본도 블랙레터로 손글씨 필사본을 흉내 낸 성서였다.

르네상스시대에는 유럽 대부분의 나라에서 화이트레터라 불린 로만체가 서서히 블랙레터를 대체하기 시작했지만, 독일에서만큼은 20세기까지 대다수 문학서와 성서에 블랙레터가 쓰였고 독일 민족주의의 상징으로 간주됐다.

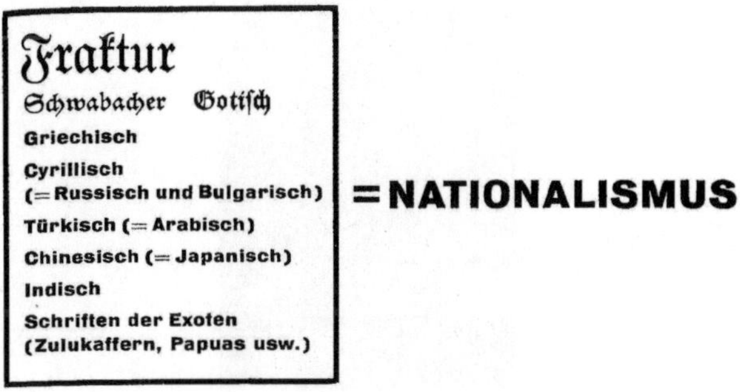

↑ 얀 치홀트, 「뉴 타이포그래피」 (캘리포니아대학교출판사:1998) 74~75쪽

1920년대에 들어서는 한물간 글자체로 취급됐다. 뉴 타이포그래피 운동을 벌인 디자이너들이 산세리프를 새로운 글자체로 홍보했기 때문이다. 얀 치홀트는 1928년에 저서 『뉴 타이포그래피』에서 블랙레터로 대변되는 민족주의를 비판했다.

"단연코 민족주의적이고 배타적인 프락투어(그리고 이와 다를 게 없는 러시아나 중국 등 한 나라의 공식 글자체)는 국적을 초월해 인간 대 인간으로 유대관계를 맺는 작금의 현실과 상충하기에 사장될 수밖에 없는 운명이다. 이런 글자체를 고수하는 것은 시대역행이다."

히틀러는 블랙레터를 좋아하지 않았다

1933년에 정권을 장악한 나치당은 블랙레터가 독일의 유산이라며 이를 공식 글자체로 지정했다. 뉴 타이포그래피와 바우하우스[18] 디자이너들은 **퇴폐주의자**로 낙인찍혔고 수많은 디자이너들이 체포되거나 외국으로 망명했다.

히틀러는 딱히 블랙레터를 좋아하지 않았고 유디트 샬란스키(Judith Schalansky)가 밝힌 바에 따르면 오히려 **푸투라**(Futura)**를 좋아했다**. 히틀러의 1932년 선거 벽보에는 푸투라와 비슷한 산세리프체가 쓰였다. 1936년 올림픽 포스터는 산세리프와 세리프의 혼성체로 제작됐다. 푸투라를

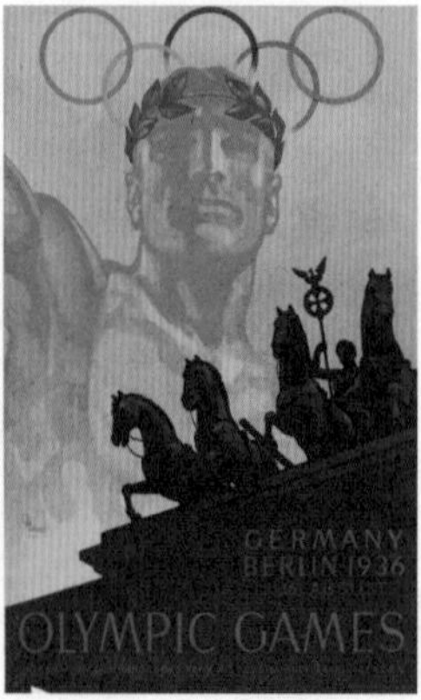

↑ 1936년 베를린 올림픽 포스터.
© 프란츠 뷔르벨

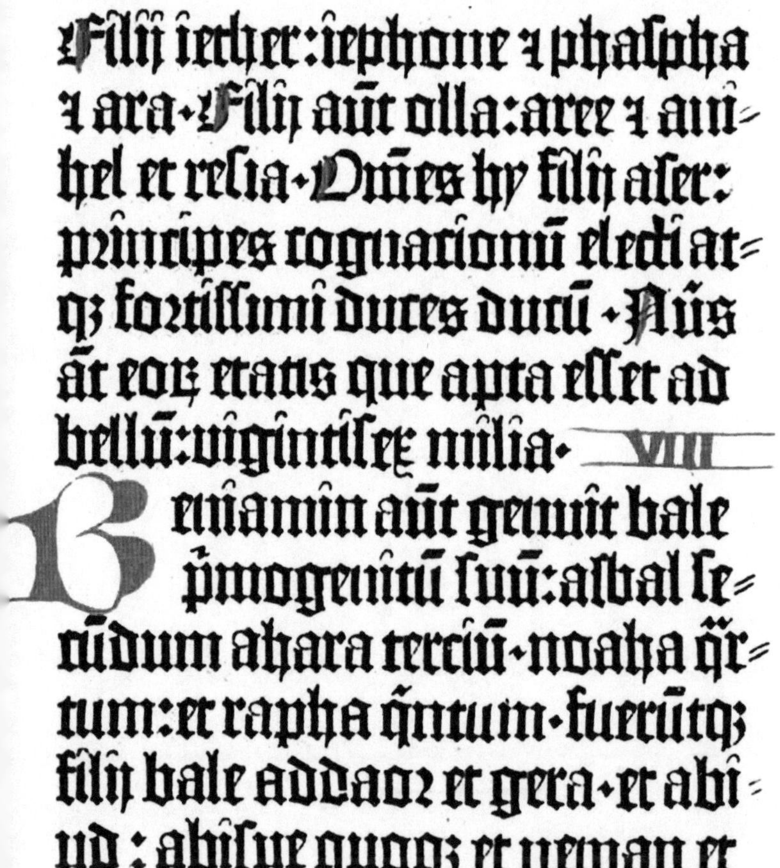

Filii iether: iephone et phaspha
et ara. Filii autem olla: aree et ani-
hel et resia. Omnes hii filii aser:
principes cognacionum electi at-
que fortissimi duces ducum. Numerus
autem eorum etatis que apta esset ad
bellum: viginti sex milia. VIII
Beniamin autem genuit bale
primogenitum suum: asbal se-
cundum ahara tercium. noaha quar-
tum: et rapha quintum. Fueruntque
filii bale addaor et gera. et abi-
ud: abisue quoque et neman et
ahoe sed et gera. et sephuphan
et uram. Hii sunt filii ahod. prin-
cipes cognacionum habitancium in
gabaa: qui translati sunt in ma-
nath. Noaman autem et achia et ge-
ra ipse transtulit eos: et genuit

↑ 요하네스 구텐베르크, 「구텐베르크 성서」 (1454~1455). 실제 크기

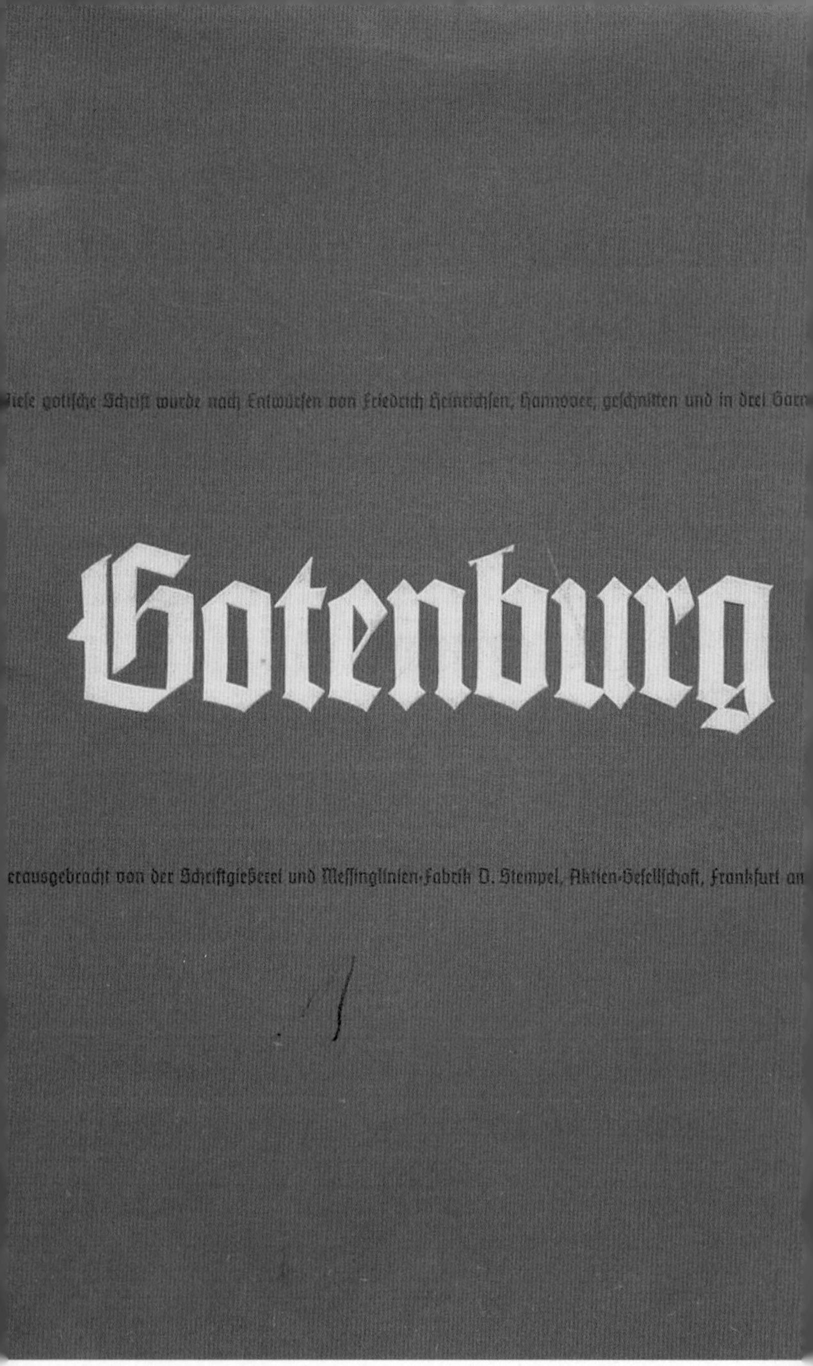

↑ 프리드리히 하인리히센이 디자인한 글자체 고텐부르크(1935)

만든 독일의 파울 레너는 나치의 문화정책을 비판한 죄로 1933년에 체포됐다.

8년 뒤에 나치 정부는 블랙레터를 버렸다. 점령국 주민들이 읽기에 지나치게 복잡했기 때문이다. 공식석상에서 제시한 이유는 블랙레터의 출처가 사실상 유대인이기 때문이었다. "이른바 고딕체를 독일 글자체로 간주하고 그렇게 부른 것은 판단 착오다. 슈바바흐의 유대인들이 쓰던 글자가 고딕체인 까닭이다...... 향후에는 안티쿠아(Antiqua)가 표준 글자체로 통용될 것이다."라는 것이 1941년 발표된 칙령의 내용이다.

프락투어의 미래

2차 세계대전 이후에 서독에서는 블랙레터의 사용이 금기시됐다. 2005년에도 전 세계 리복 캠페인에 블랙레터 타이포그래피가 쓰였지만 독일 시장에서만큼은 모노스페이스 산세리프체가 대신했다.

북유럽에서는 수세기 동안 블랙레터가 쓰였다. 신문 헤드라인과 맥주 로고를 보면 2차 세계대전의 고정관념을 뛰어넘는, 유럽 흘림체 레터링의 유구한 전통이 감지된다.

민족을 대변하는 타이포그래피

가끔 민족성이 도드라지는 글자체를 만나게 된다. 정통성을 입증하려는 그리스, 중국, 러시아, 독일, 기타 등등의 음식점에서 흔히 볼 수 있는 **전형적인** 글자체다.

한편 타이포그래피 자체로는 민족성이 뚜렷하지 않지만 역사 내에서 어떤 식으로 활용됐는지에 따라 특정 민족성을 상징하는 방향으로 자리 잡은 경우도 있다. 디자인 저술가 로브 지암피에트로와 폴 쇼는 이를 주제로 훌륭한 연구결과를 발표한 바 있다. 하지만 이들의 노고에도 불구하고 아직 디자이너 다수는 특정 민족성을 디자인에 담을 때 **정통 글자체**를 택한다.

차이나타운체

1906년 샌프란시스코 지진이 벌어진 이후에 무너진 예전의 차이나타운을 대체하는 중국인 거주지가 건설됐다. 쇼는 **만다린**(Mandarin)이라는 글자체가 이 지역과 밀접한 관계를 맺게 된 과정을 소개한다. 만다린은 미국의 디자이너가 끝이 뾰족한 붓놀림을 특징삼아 동양적인 분위기를 연출한 1883년의 글자체로, 1899년에 베거스태프 형제가 디자인한 「차이나타운 여행」 연극 포스터에 쓰이면서 유명해졌다. 미국식 중국요리인 **찹수**이라는 별명으로 불린 일단의 **오리엔탈** 글자체는 전 세계로 퍼져 중국과 일본을 비롯한 **아시안 음식점**에 쓰였다.

2002년에는 의류회사 애버크롬비 & 피치가 동양인 캐리커처와 함께 "윙 씨 둘이서 하얗게 빨아드립니다."라는 문구를 찹수이 글자체로 프린트한 티셔츠를 선보였다.

이를 보고 로스앤젤레스의 만화가 릴라 리(Lela Lee)는 "동양인을 쿵푸로 싸우고 포춘쿠키 얘길 즐기는, 눈꼬리 올라가고 뻐드렁니 난 하인으로 보는 구시대적인 고정관념을 노골적으로 드러낸 티셔츠"라고 말했다. 비난이 쏟아지자 이 업체에서는 티셔츠를 회수했다.

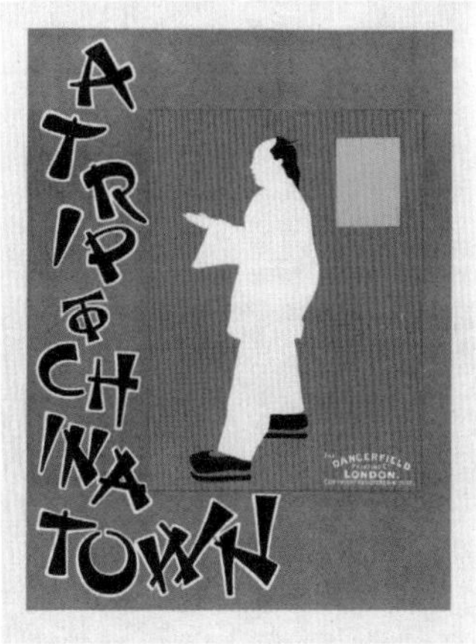

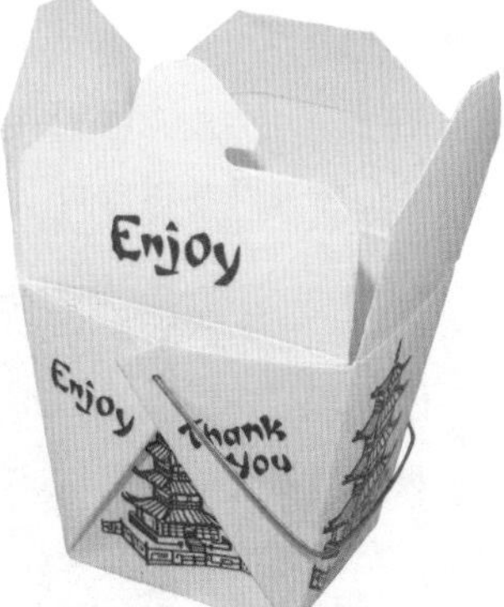

아메리칸스피릿

뉴랜드(Neuland)와 리토스(Lithos)는 아프리카계 미국인의 글과 출간물에 관습적으로 쓰이는 글자체다. 이 글자체는 아프리카계 미국인의 문학작품, 아프리카 인류학, 그리고 「쥬라기 공원」, 「타잔」, 「쥬만지」, 「라이온 킹」처럼 이국적인 모험담을 그린 영화를 홍보하는 데 쓰여왔다. 이 굵은 아르누보 글자체는 어쩌다 이국적인 글자체, 그중에서도 아프리카인과 아프리카계 미국인 문화의 대명사가 되었을까?

뉴랜드는 루돌프 코흐(Rudolf Koch)가 1923년 당시 독일에서 성서와 문학에 쓰이던 블랙레터를 현대식으로 개조해 만든 글자체다. 미국에서는 광고용 글자체로 홍보됐고 디자이너들은 우드블록 스타일로 분류한다. 지암피에트로는 이 글자체가 담배와 같은 하층 계급용 상품과 이국적이고 모험적인

↖ 베거스태프 형제, 「차이나타운 여행」(1899). © 제임스 프라이드 & 윌리엄 니콜슨
↗ 중국 음식점 포장 용기. © fold-pak.com

분위기의 서커스풍 광고에 쓰이게 된 과정을 설명한다. 그 이국적이고 모험적인 이미지 때문에 뉴랜드는 1990년대까지 아프리카계 미국인을 겨냥한 상품의 디자인에 관습적으로 쓰였고 결국 아프리카계 미국인 문화의 상징이 되었다. 오히려 아프리카계 미국인 커뮤니티에서는 민족을 대변하는 타이포그래피라는 관행을 따르지 않았다. 예컨대 아프리카계 미국인이 사장으로 있는 잡지 «에보니»와 수많은 아프리카계 미국인 뮤지션을 배출한 블루노트 레코드[19]는 1960년대에 푸투라, 트레이드고딕(Trade Gothic), 클래런던(Clarendon)과 같은 모더니스트 글자체를 썼다.

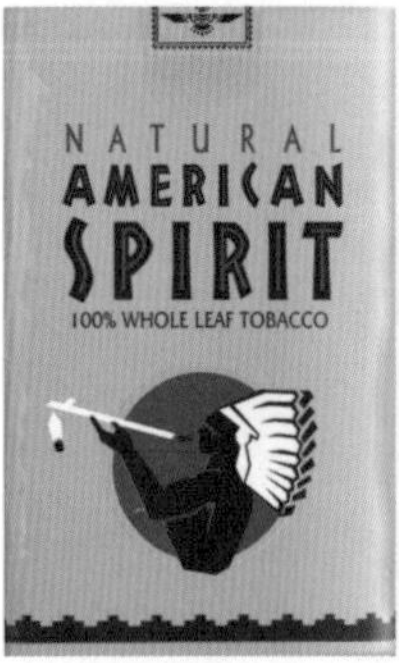

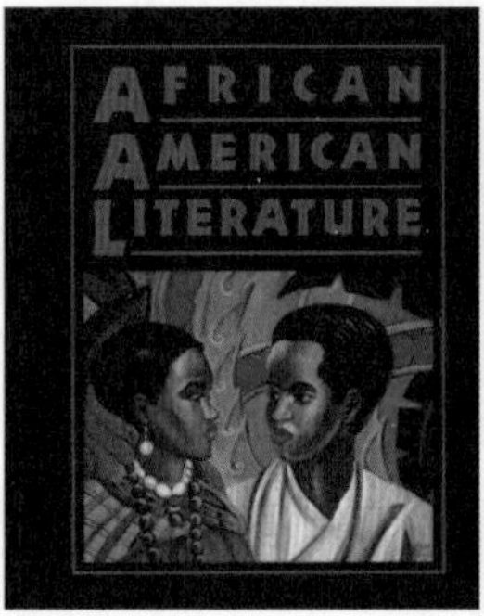

토템폴과 패턴

네덜란드의 아프리카미술관에는 아프리카 대륙과 아프리카 디아스포라의 과거와 현대 예술품이 전시되어 있다. 2006년에 미술관 측에서는 네덜란드의 폰트디자이너 르네 크닙(Rene Knip)에게 새로운 아이덴티티디자인을 의뢰했다. 그는 아프리카에서 영감을 얻은 패턴과 형태로 장식용 스텐실 폰트를 고안했다. 금속을 오려 글자를 만들고 일종의 토템폴[20] 같은 표지판으로 미술관 곳곳에 흩뿌렸다.

디자인 평론가 막스 브루인즈마(Max Bruinsma)는 이

↖ 아메리칸스피릿 패키지디자인.
ⓒ 산타페내추럴 타바코

↑ 라인하트 홀트, 윈스턴, 「아프리카계 미국인 문학」(1998)

↗ 디메트리스 A. 월리, 제시 페리, 「노턴 인류학: 아프리카계 미국인 문학」(1998)

타이포그래피 디자인을 보고 "글자에서 애니미즘의 신비로운 기운이 뿜어져 나온다"고 했다. 2014년에 어느 강연에서 크닙은 대개 어린 학생들이 방문하는 미술관이라 힘을 뺀 디자인을 시도했다고 분명하게 선을 그었다. 그의 디자인은 누가 봐도 실질적인 아프리카 문화나 아프리카 타이포그래피가 아니라 디자이너가 아프리카답다고 느끼는 인상을 반영하고 있다. 그럼으로써 아프리카 대륙 전체의 과거와 현대예술을 상투적인 식민주의의 상 안에 가두어버린다.

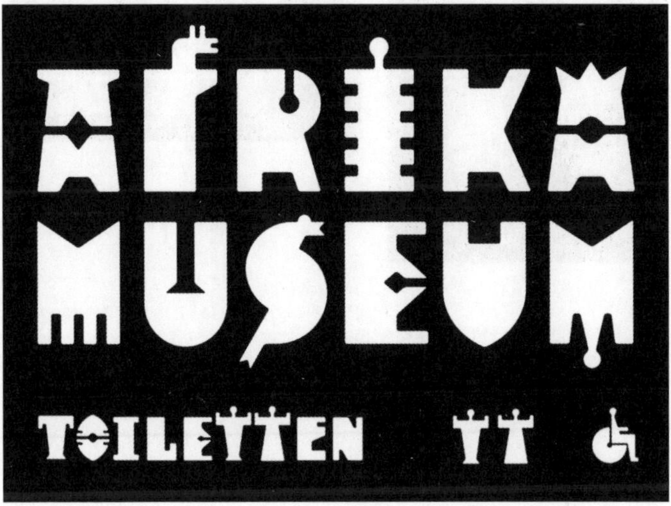

이국적인 정취

민족을 대변하는 타이포그래피는 시공간의 경계를 뛰어넘는다. 2009년에 출시된 SF 영화 「아바타」는 전형적인 식민주의 관점의 스토리라인을 지닌다. 포스터와 굿즈에 쓰인 글자체는 미국의 크리스 코스텔로(Chris Costello)가 1983년에 디자인한 파피루스(Papyrus)다. 2007년 인터뷰에서 그는 고대 중동의 이미지에서 영감을 얻었다고 밝힌 바 있었다. 이국적이거나 영적이거나 고풍스럽거나 민족 전통적인 분위기가 필요할 때마다 쓰이는 글자체 중 하나가 바로 파피루스다.

↑ 아프리카미술관 아이덴티티
© 아틀리에르네크닙(2006)

민족을 대변하는 타이포그래피는 인종차별적인 디자인으로 이어질 수 있으며, 그보다 큰 문제점은 고정관념이 남용됨으로써 주류문화와 동일하게 주목받아 마땅한 소수문화가 대중들에게 오롯이 전달되지 못한다는 데 있다.

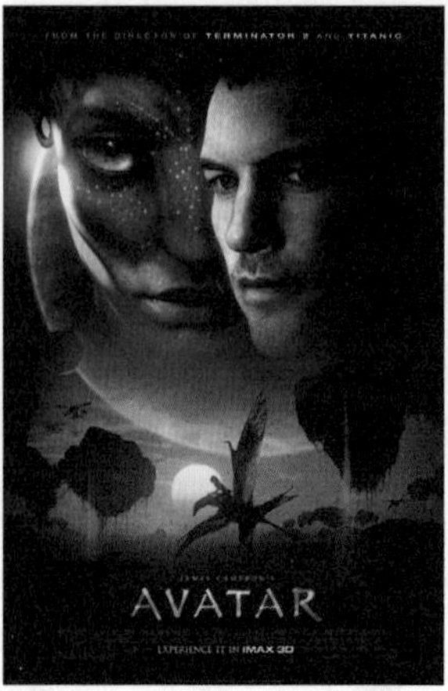

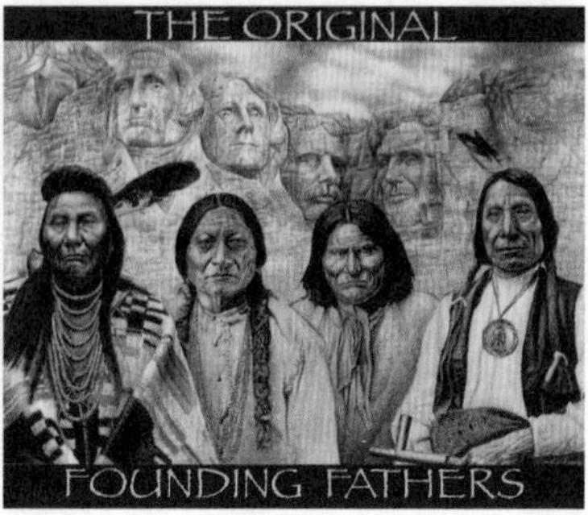

Papyrus

↖ 영화 「아바타」 포스터 © 20세기폭스(2009)
↗ 진짜 건국의 아버지.
이미지 © papyruswatch.com

참수당한 언어

"하나로도 똑같은 효과를 낼 수 있는데 왜 두 종류의 알파벳을 써야 할까? 큰소리로 얘기하지도 못하는데 왜 큰 글씨를 써야 할까?"

1925년에 바우하우스의 레터헤드에는 이렇게 인쇄되어 있었다. 이를 디자인한 헤르베르트 바이어는 대문자를 없애고 소문자만 쓰자고 한 뉴 타이포그래피 운동에 동참했던 인물이다. 앨리스 로스손에 따르면 바이어는 "이렇게 속도가 빠르고 흥미진진한 현대사회에서 알파벳을 두 종류나 쓰기에는 시간이 아깝다"고 했다.

대문자와 소문자를 쓰는 언어가 라틴어, 그리스어, 키릴어뿐이라는 것은 어찌 보면 흥미로운 사실이겠다. 대부분의 언어는 한 종류만 쓴다. 로마자는 기하학적인 형태로 만들어진 대문자로만 이루어져 있었다. 손글씨로는 별로 편하지 않았기 때문에 로마 흘림체(Roman cursive)라는 상용 버전이 등장했다. 로마 흘림체는 수백 년 동안 차츰 다른 스타일로 변모를 거듭하다 중세에 이르러 샤를마뉴 대제에 의해 알파벳 안으로 정식 통합 됐다.

현대 로마자은 기하학적인 로만 캐피탈과 중세에 쓰이던 소문자를 르네상스시대의 활자 주조공들이 한데 아우른 것이다.

대문자 계급

두 종류의 알파벳을 쓰면 차별의 단서가 생기고 층위 체계가 만들어진다. 단어와 이름이 대문자로 쓰이는 과정을 보면

aalsmeer

(02977)

alarmnummers

2 44 44 **brandweer**
bgg (020) 45 45 45
2 30 55 **ongevallen**
2 30 55 **politie**

2 30 92 **aalbers, p w a,** hellendaalstr 3
2 21 63 **aalbersberg, p,** sportln 75, bloemist
2 73 81 **aalsmeer's grondstoombdr,** aalsmeerderwg 28, fa f vreeken & zn
2 49 34 bgg
2 10 06 **aalsmeer's glorie export,** legmeerdk 313/32e
2 44 54 **aalsmeer boekhuis,** zydstr 12
2 41 17 fil ophelialn 102
aalsmeerder courant, de, zie randstad publicaties bv
2 43 40 **aalsmeers textielhuis fa g dekker,** zydstr 67
2 12 87 **aalsmeerse hengelsportvereniging vislust,** clematisstr 6
2 03 15 **aalst, mr w e. van,** fuutln 42
kant, amsterd (020) 44 74 41
2 33 12 **aalst, d j. van,** hellendaalstr 31
2 75 41 **aalst, p c. van,** waterhoenstr 3
2 26 21 **aalst, d a m. van,** wilhelminastr 1
2 11 89 **aandewiel, j j,** julianaln 185
2 62 14 **aardappelhandel jac klein,** ophelialn 124
2 17 15 **aardewijn, t,** mozartln 49
aardweg, i w. vd, oosteinderwg 579, bloemenkw (020) 45 81 09
2 24 66 **aardweg, s th. vd,** wilhelminastr 38
2 78 24 **aarsen, g l,** machinewg 302
2 54 76 **aarsen, d a,** ophelialn 223
2 20 03 **aaij, dr c,** karekietstr 6
2 06 19 **abbo, a w,** lunaln 2
2 06 19 **abbo-tilstra, b,** lunaln 2, internist
2 76 99 **abc computercentrum,** hadleystr 1
2 21 96 **abels, r,** emmastr 4/c
2 75 74 **aberson bouwmat nv,** handelstr 25, verk a van mourik
2 73 26 dir a p c van iperen
dir d e c van kuijk (03461)
2 26 35 **aertssen, n a p,** constanty
2 41 78 **ago verzekeringen,** geraniumstr 20, expert f j blommestijn
2 02 27 **agtersloot, j j,** emmastr 5
2 38 55 **agtersloot, h,** oosteinderw
2 75 98 **agtersloot, j j,** wilhelmina
2 16 74 **akker, r. vd,** clusiusstr 12
2 22 81 **akkerboom, t,** locatellihof
2 00 98 **akse, a,** hortensialn 79
2 38 11 **aktiviteiten centrum lich gehandicapten, st,** zwarte
2 67 46 **al & valk bv,** legmeerdk 3
veiling vba
2 77 08 **alberda, j,** julianaln 189, ler hts
2 46 68 **albers, fa gebr,** machinew
betonb enz
2 11 09 **albers, p g a,** oosteinderw
2 06 43 **albers, h,** rietgorsstr 12
2 19 82 **albers, h j,** uranusstr 10, dir
2 69 38 **albert heijn nv,** raadhuisp
2 09 61 **alderden, p c,** aalsmeerde
bloemist
2 69 09 **alderden, j,** aalsmeerderw
2 34 49 **alderden, h,** aalsmeerder
2 43 59 **alderden, a,** aalsmeerderv
2 61 73 **alderden & zn, fa wed j,** aalsmeerderwg 80
2 60 46 **alderden, j,** aalsmeerderw
bloemist
2 58 50 **alderden wzn & zn, fa d,** aalsmeerderwg 267
2 04 92 **alderden, j,** v cleeffkd 7/a
2 50 52 **alderden, m c,** cyclamens
2 36 89 **alderden, m w,** mendelstr
2 42 51 **alderden jr & zn, fa m,** oosteinderwg 161, kweke
2 61 28 **alderden czn, w,** oosteinderwg 265
2 63 81 **alderden, c,** oosteinderwg
bloemist
2 12 43 **alderden p czn, w,** opheli
2 00 32 **alderden, m,** sportln 25
2 47 00 **alderden jzn, d,** stationsw
2 49 07 **alderden, a,** stationswg 2
2 56 06 **alderden, c m,** stommeer
2 56 06 **alderden, h,** stommeerkd
2 71 21 **alderden wzn & zn, fa p c**
stommeerkd 58
2 72 95 **alderden, p c,** stommeerk
bloemist
2 70 18 **alderden azn, d,** stomme

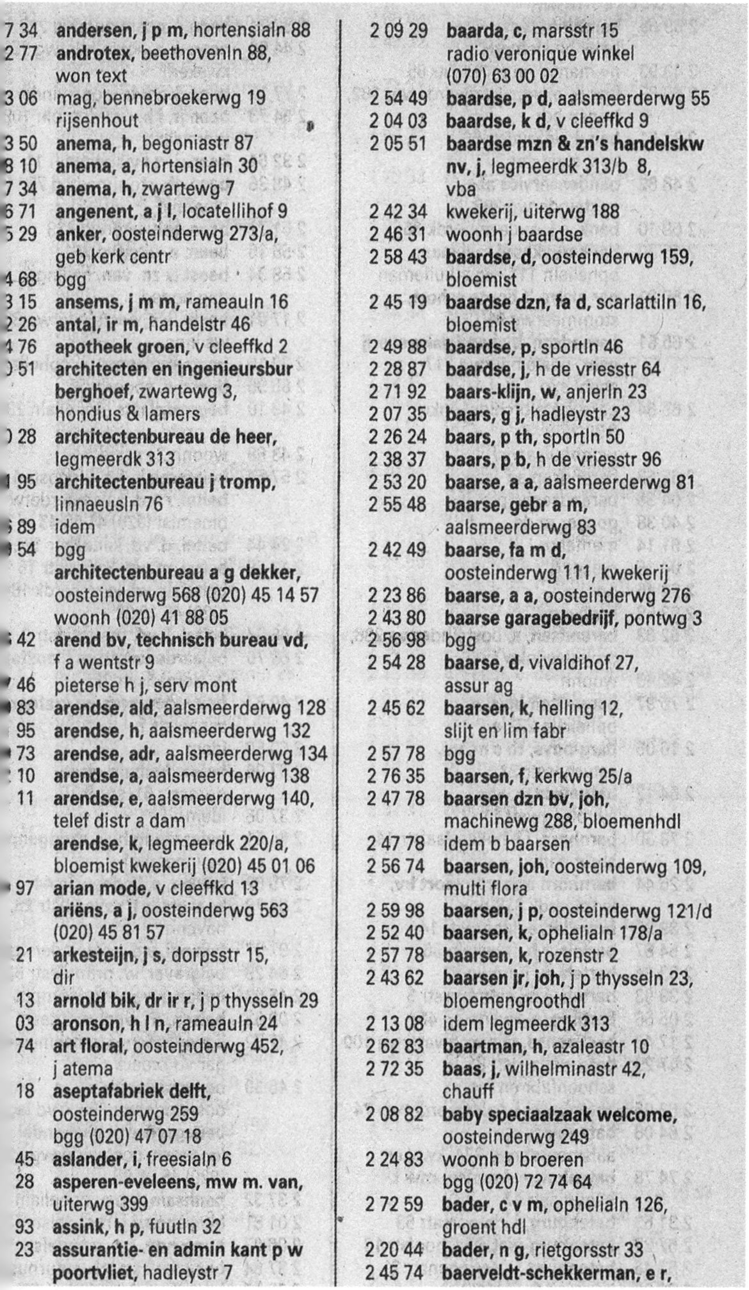

7 34 **andersen, j p m,** hortensialn 88
2 77 **androtex,** beethovenln 88,
won text
3 06 mag, bennebroekerwg 19
rijsenhout
3 50 **anema, h,** begoniastr 87
8 10 **anema, a,** hortensialn 30
7 34 **anema, h,** zwartewg 7
6 71 **angenent, a j l,** locatellihof 9
5 29 **anker,** oosteinderwg 273/a,
geb kerk centr
4 68 bgg
3 15 **ansems, j m m,** rameauln 16
2 26 **antal, ir m,** handelstr 46
4 76 **apotheek groen,** v cleeffkd 2
0 51 **architecten en ingenieursbur berghoef,** zwartewg 3,
hondius & lamers
0 28 **architectenbureau de heer,**
legmeerdk 313
1 95 **architectenbureau j tromp,**
linnaeusln 76
5 89 idem
9 54 bgg
architectenbureau a g dekker,
oosteinderwg 568 (020) 45 14 57
woonh (020) 41 88 05
5 42 **arend bv, technisch bureau vd,**
f a wentstr 9
7 46 pieterse h j, serv mont
9 83 **arendse, ald,** aalsmeerderwg 128
95 **arendse, h,** aalsmeerderwg 132
73 **arendse, adr,** aalsmeerderwg 134
10 **arendse, a,** aalsmeerderwg 138
11 **arendse, e,** aalsmeerderwg 140,
telef distr a dam
arendse, k, legmeerdk 220/a,
bloemist kwekerij (020) 45 01 06
97 **arian mode,** v cleeffkd 13
ariëns, a j, oosteinderwg 563
(020) 45 81 57
21 **arkesteijn, j s,** dorpsstr 15,
dir
13 **arnold bik, dr ir r,** j p thysseln 29
03 **aronson, h l n,** rameauln 24
74 **art floral,** oosteinderwg 452,
j atema
18 **aseptafabriek delft,**
oosteinderwg 259
bgg (020) 47 07 18
45 **aslander, i,** freesialn 6
28 **asperen-eveleens, mw m. van,**
uiterwg 399
93 **assink, h p,** fuutln 32
23 **assurantie- en admin kant p w poortvliet,** hadleystr 7

2 09 29 **baarda, c,** marsstr 15
radio veronique winkel
(070) 63 00 02
2 54 49 **baardse, p d,** aalsmeerderwg 55
2 04 03 **baardse, k d,** v cleeffkd 9
2 05 51 **baardse mzn & zn's handelskw nv, j,** legmeerdk 313/b 8,
vba
2 42 34 kwekerij, uiterwg 188
2 46 31 woonh j baardse
2 58 43 **baardse, d,** oosteinderwg 159,
bloemist
2 45 19 **baardse dzn, fa d,** scarlattiln 16,
bloemist
2 49 88 **baardse, p,** sportln 46
2 28 87 **baardse, j,** h de vriesstr 64
2 71 92 **baars-klijn, w,** anjerln 23
2 07 35 **baars, g j,** hadleystr 23
2 26 24 **baars, p th,** sportln 50
2 38 37 **baars, p b,** h de vriesstr 96
2 53 20 **baarse, a a,** aalsmeerderwg 81
2 55 48 **baarse, gebr a m,**
aalsmeerderwg 83
2 42 49 **baarse, fa m d,**
oosteinderwg 111, kwekerij
2 23 86 **baarse, a a,** oosteinderwg 276
2 43 80 **baarse garagebedrijf,** pontwg 3
2 56 98 bgg
2 54 28 **baarse, d,** vivaldihof 27,
assur ag
2 45 62 **baarsen, k,** helling 12,
slijt en lim fabr
2 57 78 bgg
2 76 35 **baarsen, f,** kerkwg 25/a
2 47 78 **baarsen dzn bv, joh,**
machinewg 288, bloemenhdl
2 47 78 idem b baarsen
2 56 74 **baarsen, joh,** oosteinderwg 109,
multi flora
2 59 98 **baarsen, j p,** oosteinderwg 121/d
2 52 40 **baarsen, k,** ophelialn 178/a
2 57 78 **baarsen, k,** rozenstr 2
2 43 62 **baarsen jr, joh,** j p thysseln 23,
bloemengroothdl
2 13 08 idem legmeerdk 313
2 62 83 **baartman, h,** azaleastr 10
2 72 35 **baas, j,** wilhelminastr 42,
chauff
2 08 82 **baby speciaalzaak welcome,**
oosteinderwg 249
2 24 83 woonh b broeren
bgg (020) 72 74 64
2 72 59 **bader, c v m,** ophelialn 126,
groent hdl
2 20 44 **bader, n g,** rietgorsstr 33
2 45 74 **baerveldt-schekkerman, e r,**

↑ 빔 크라우벨, 「PTT 전화번호부」
(네덜란드:1977~1978). 실제 크기.
이미지 ⓒ 헤이그 커뮤니케이션박물관

극명하게 알 수 있다. 개념 간의 역학 관계, 힘의 위치, 인간관계도 대문자 사용 여부를 통해 파악할 수 있다.

식민주의 시대에는 백인(White)이라는 단어가 대문자로 시작되는 하나의 계급이었고 흑인(black)은 첫 글자가 소문자였다. 왕, 영주, 대통령, 교황, 황제는 모두 첫 글자가 대문자였던 반면, 농부, 노예, 농노는 소문자로 표기됐다. 이와 같은 직함은 권력이 남자 후손에게 세습되던 시대의 산물인데, 활자 배치상 관습이 오늘날까지도 종종 통용된다. 대문자의 힘이 여전한 공직이나 학계에서는 활자 배치상 차별이 현재까지도 존재한다. 학사와 석사학위는 B.A., M.A., M.Sc., M.C.A., 법학학위는 L.L.M., 박사학위는 Ph.D. 하는 식으로 쓰니 말이다.

대문자 없애기

1925년에 모더니스트 디자이너들은 대문자의 세계를 없애고 싶어 했다. 바우하우스의 교사 라슬로 모홀리나지(Laszlo Moholy–Nagy)는 대문자가 권력, 권위, 전통과 결부되어 있다고 주장했다. 바우하우스 디자이너들이 보기에 소문자는 공간을 덜 차지하므로 키보드와 타자기를 좀 더 효율적으로 디자인할 수 있었다. 타이포그래퍼 얀 치홀트는 이렇게 썼다.

"대문자를 모두 없애는 것이 모든 혁신가들이 주장하는 새로운 형태의 글자와 활자다."

새롭고 한층 효율적인 언어를 추구한 바우하우스의 발상에 영감을 얻은 모더니스트 디자이너들은 1950년대부터 1980년대까지 소문자만 썼다. 소문자만 쓰는 것이 당초의 혁신을 넘어 유행이 되었다. 네덜란드에서는 빔 크라우벨[21]이 공영 통신사 PTT의 전화번호부를 소문자로만 만들었다. 당시에는 전화번호부가 모든 주민의 이름과 주소를 찾을 때 쓰이는 공문서였다는 점을 감안하면 급진적인 선택이었다.

소문자 시민들

소문자가 그래픽디자이너들에게서 인기를 얻은 것은 효율성과 심미성, 전통 파괴의 측면 때문이었다. 나아가 소문자는 디자이너뿐 아니라 예술가와 작가 들이 텍스트의 구조에 이의를 제기하는 도구가 되기도 했다. 가장 유명한 사례가 벨 훅스(bell hooks)로, 미국의 작가이자 운동가이자 페미니스트인 그는 할머니의 성을 선택했고 오로지 소문자만 썼다. 이런 식으로 언어에 내재된 가부장적인 관습을 깨며, 그가 강조하려는 부분은 "글쓴이가 어떤 사람인지가 아니라 책의 내용"이었다.

현시점에서 뉴 타이포그래피 운동의 모든 이상이 실현되지는 않았다. 대문자는 오늘날에도 여전히 쓰이며, 금세 없어질 기미는 보이지 않는다. 하지만 두 종류의 알파벳이 남긴 문화적인 유산은 도처에서 찾을 수 있다. 로버트 브링허스트는 말한다. "예전에는 왕이나 신의 대리인이 그들의 이름을 좀 더 크게 내지는 특별히 화려하게 장식한 글자체로 기록하도록 요구했다. 요즘은 기업과 대량생산되는 제품들이 대문자나 전매특허 격인 글자체를 추가로 요구하고, 이와 대조적으로 시인들은 일상적인 소문자 속에 머물게 해달라고 간청한다."

모더니스트 부대

헬베티카(Helvetica)는 책은 물론 영화로까지 다루어진, 세계에서 가장 유명한 글자체다. 헬베티카가 없는 세상은 상상도 못 할 만큼 도처에서 보인다.

헬베티카는 1956년에 디자인됐지만 출발점은 1920년대 뉴타이포그래피 운동의 원칙이었다. 1928년, 얀 치홀트는 "모든 개인적인 특징에서 자유로운, 우리 세대를 대변하는 글자체"를 언급했다. 모든 글자체 중에서 산세리프 계열이야말로 "우리 시대와 영적인 코드가 맞는 유일한 글자체"라고 했다. 산세리프체는 1880년대부터 존재했지만 타이포그래피 시장에서 인기를 얻기 시작한 것은 1930년대부터였다.

새로운 글자체의 등장

2차 세계대전 이후에 국제 비즈니스가 부흥하자 명료하고 체계적인 커뮤니케이션의 필요성이 대두됐다. 국제타이포그래피 양식은 모더니스트 디자인의 원칙을 국제 비즈니스 세계에 적용했다. 마시모 비넬리[22]는 공동 설립한 유니마크의 이름으로, 나중에는 미국에 세운 비넬리 & 어소시에이츠의 이름으로 이 물결을 주도했다. 4년 동안 비넬리의 밑에서 일했던 마이클 비에루트는 "3단 그리드에 적힌 헬베티카를 제시함으로써 지구상 모든 인간의 삶의 질을 높이는 것이 그래픽디자인의 목적임을 의심치 않았다. 워낙 확신했기에 디자인이 내게는 십자군전쟁이나 마찬가지였다."라고 말할 정도였다.

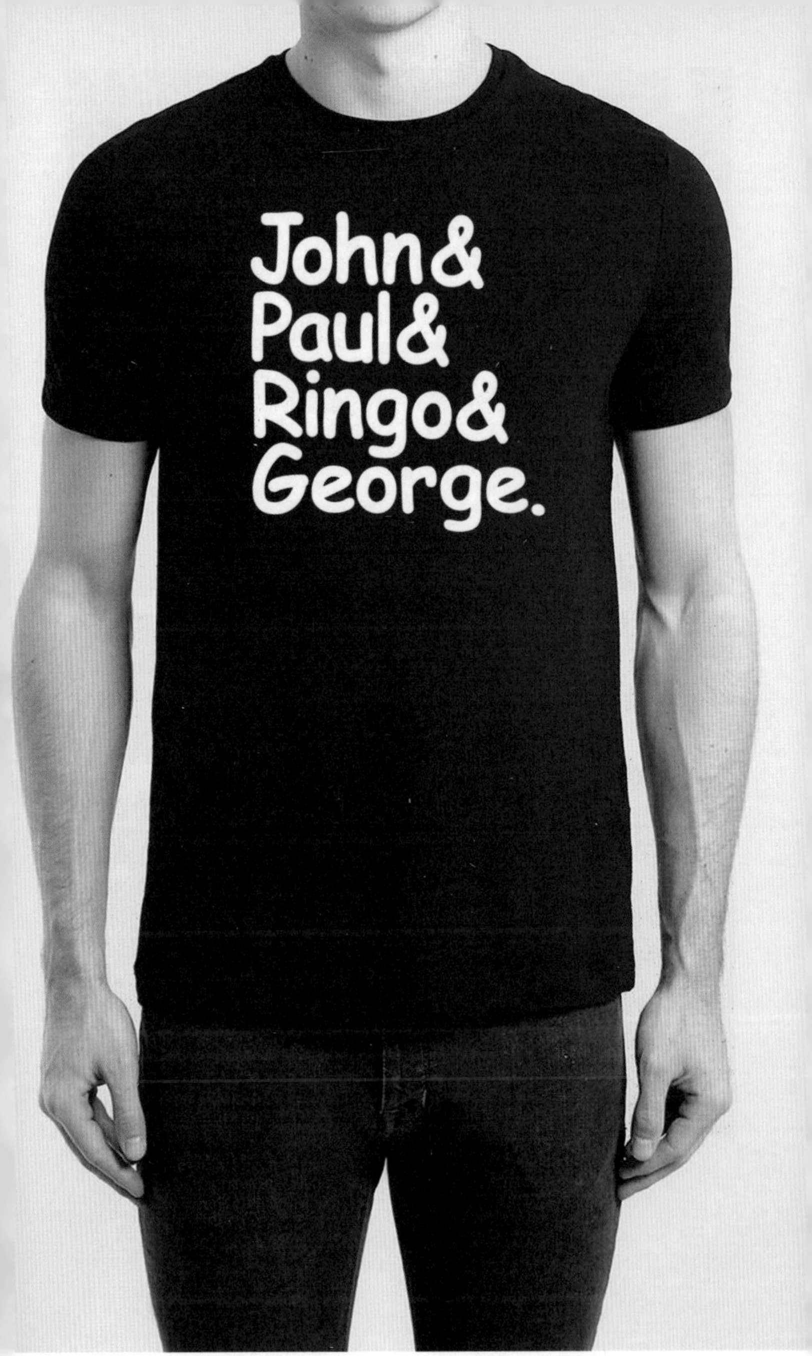

↑ 익스페리멘탈젯셋(2001)의 오리지널디자인 속 헬베티카를 교체해본 이미지.
ⓒ 뤼번 파터르

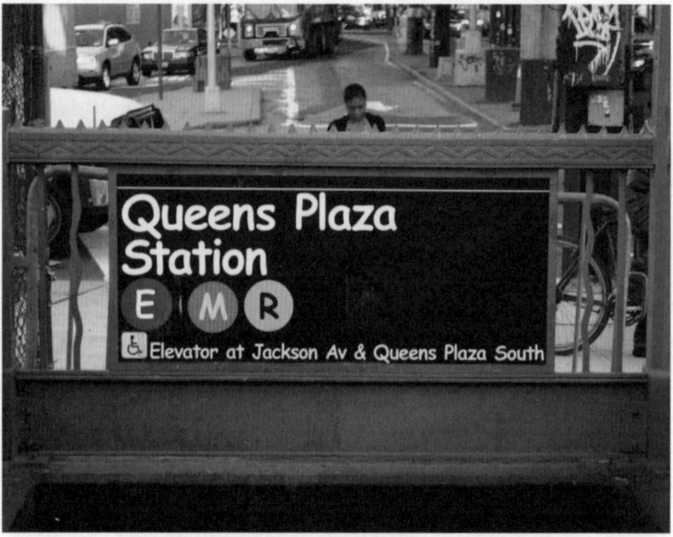

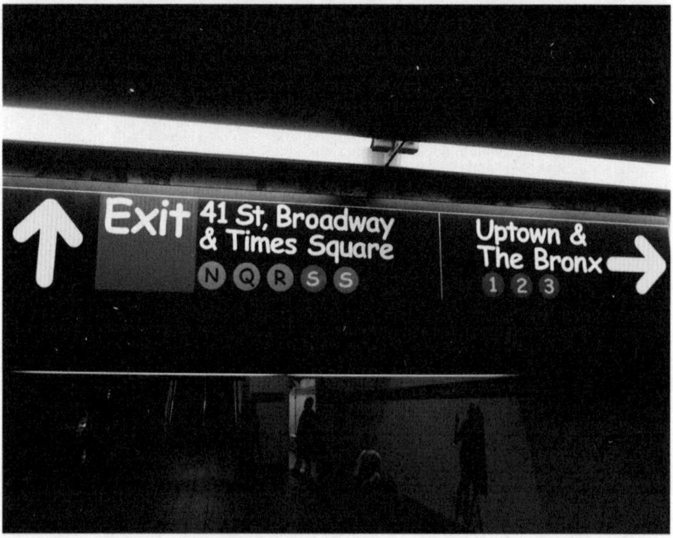

↑ 비녤리 & 어소시에이츠(1972)의
오리지널디자인 속 헬베티카를 교체해본
이미지 ⓒ 뤼번 파터르.
사진 ⓒ 상: 브래드 클라인스미스
하: 오토 야마모토

1968년 유니마크에서 근무했던 디자이너 캐서린 매코이는 다른 경험을 했다. “그해에 같이 근무했던 디자이너들은 딱 한 명의 셀럽을 제외하면 주변에서 벌어지는 사회적, 정치적 격변에 딱히 관심이 없었다. 베트남전쟁은 매일 저녁 뉴스에 사망자 수가 발표되며 점점 심각해졌다. 신좌파는 시카고에서 열리는 민주당 전당대회를 앞두고 폭동을 일으켰다. 마틴 루터 킹 2세와 로버트 케네디가 암살당했다. 그리고 디트로이트는 우리 사무실 바로 옆에서 벌어진 폭동으로 오래도록 연기가 자욱했다. 그랬음에도 그런 문제에 대해서는 대화가 오가지 않았다. 위에서는 골치 아픈 외부 상황과 도려낸 듯 분리된 우리의 공간이 오염되지 않도록 흰 실험실 가운을 입는 게 어떻겠느냐고 했다.”

근거 없는 믿음과 이데올로기

헬베티카는 객관성이 확보된 진보적인 디자인의 상징이었고, 이내 비즈니스와 기업 문화의 기본 선택지가 되었다. 만들어진 지 60여 년이 지났지만 디자이너들 사이에서 헬베티카의 인기는 식지 않는다. 2007년에는 헌정 영화가 만들어졌고 익스페리멘탈젯셋과 같은 디자인 스튜디오에서는 이 글자체에 한층 현대적인 이미지를 부여하고 있다. 헬베티카가 1960년대의 디자인과 기업 문화에 워낙 많은 영향을 미쳤기에 이제는 대다수가 이 글자체를 더는 중립적이라고 생각하지 않는다. “세상에 중립적인 글자체는 없으며 헬베티카의 객관성은 근거 없는 믿음이란 사실을 우리도 충분히 인지하고 있습니다.” 2003년 «에미그레»와의 인터뷰에서 익스페리멘탈젯셋은 이렇게 밝혔다.

얀 치홀트는 1933년에 공산주의에 동조했다는 이유로 나치당에 체포됐을 때 뉴 타이포그래피 운동에 대한 입장을 바꿨다. 이후 몇 년 동안 그는 자신의 모더니스트적인 발상에 대해 다시금 고민했다. “놀랍게도 나는 뉴 타이포그래피와

국가사회주의 및 파시즘의 교리가 비슷하다는 아주 충격적인 사실을 발견했다."

뉴 스탠더드

헬베티카는 비교적 최근에 대세로 부각됐고 그것도 대개 서유럽과 북아메리카에서 벌어진 현상이었음에도, 요즘도 상당수 디자이너들이 그 산세리프 중심적인 감각을 가장 중립적이며 대중의 입맛에 맞는 타이포그래피로 여긴다. 헬베티카가 기본적이고 보편적인 글자체로 간주되는 데에는 서유럽의 모더니즘디자인, 다국적 기업의 브랜딩, 이 다국적 기업의 세계시장 장악이 미친 영향이 더 크다.

찬란했던 디자인계의 매드 맨[23] 시절에는 빔 크라우벨, 폴 랜드,[24] 마시모 비넬리와 같은 아이콘들이 신세대 디자이너들 사이에서 신화로 자리 잡았다. 2014년에는 두 디자이너가 기금을 마련해 유니마크가 디자인한 1970년 뉴욕 지하철 오리지널 아이덴티티 스탠더즈 매뉴얼을 한정판으로 재출간했다. 아홉 개 색상의 팬톤 별색 컬러를 써서 풀 컬러로 인쇄한 352쪽 안에 치수, 번호, 설명이 적혀 있다. 한정판은 출간 즉시 매진됐고 중고는 350달러에서 950달러 사이로 거래되고 있다. 미숙련 작업자들에게 디자인의 원칙을 설명하기 위해 만들어진 전문적인 매뉴얼이 오늘날에는 디자인계의 숭배 대상이 된 셈이다.

될 때까지 그리스어로

그래픽디자이너가 읽지 않는다는 것은 유명한 속설이다. 사실이건 아니건, 있지도 않은 라틴어 단어를 나열하거나 말이 안 되는 텍스트를 반복하는, 텍스트상으로는 의미 없는 그래픽 디자인 스케치가 많긴 하다.

조판과 인쇄업계에서는 1500년대부터 Lorem ipsum(로렘 입숨)으로 시작되는 더미 텍스트를 쓰고 있다. 기원전 1세기에 키케로가 쓴 라틴어 원문을 유럽어와 비슷해 보이게 개작한 것이다. 라틴어에서는 쓰이지 않는 k와 w와 z가 추가됐고 좀 더 두서없어 보이도록 단어를 바꿨다. 더미 텍스트는 실질적인 내용 없이 디자인을 판단할 때, 고객들이 아무 상관 없는 텍스트를 읽느라 주의 산만해질 일 없이 타이포그래피의 형태와 구조를 체크하고자 할 때 유용하다. 텍스트에 맥락과 구조를 부여해 가독성을 높이는 것이 타이포그래피의 용도라는 점을 감안하면, 더미 텍스트는 확실히 묘한 도구다.

미개인들의 언어

타이포그래피 업계에서는 더미 텍스트를 쓰는 것을 두고 그리스어로 바꾼다고 표현한다. 무슨 말인지 알아듣지 못하겠을 때 그리스어 같다고 하는 데서 온 표현이다. 중국어로 보인다, 외계어 같다, 터키어로 보인다 등 다른 나라 말이 동원되기도 한다. 개소리괴소리나 콩팔칠팔 같은 괴상한 말로 알 수 없는 단어와 상징을 지칭하기도 한다. 모든 것이 나와 비슷한 부류를 중심으로 돌아가고 못 알아듣겠는 단어를 웅얼거리는

‘It looks like Greek, Chinese, Hebrew, Turkish, Arabic, ⌧⌧⌧⌧⌧⌧, mumbo jumbo, jabberwocky, gobbledygook, to me’

그리스어, 중국어, 히브리어, 터키어, 아랍어, ⌧⌧⌧⌧⌧⌧, 먹보점보, 자버워키, 고블디구크처럼 느껴져.

이방인들은 피곤하다는 고릿적 사고방식에서 유래된 풍습이다.

못 알아듣는 말을 쓰는 사람들을 맨 처음 미개인이라고 부르기 시작한 이들은 정작 그리스인이었다. 미개인의 그리스어 원어인 바르바로스(barbaros)가 그야말로 외국어로 떠드는 소리를 뜻한다.

해석이 안 되는 글을 앞에 두고 그리스어 같다고 말하고 싶어질 때면 당신을 야만인이라고 부를지도 모를 그리스인을 떠올려보자.

나를 읽지 마세요

“이 텍스트는 2만 663개 단어로 이루어져 있고 읽는 데 한 시간 16분이 소요됩니다.” 아이튠스 이용약관에서 따온 것이다. 비슷한 법률 문서가 3만 단어가 넘을 때도 있다. 단편소설에 버금가는 길이다. 73퍼센트의 사람들은 작은 활자를 읽지 않고, 읽는 사람들 중에서는 17퍼센트만 내용을 이해한다.(«가디언»:2014. 4. 24.)작고 빽빽한 활자로 수수께끼처럼 알 수 없는 말을 적었으니 읽으라고 제공하는 정보는 아닐 것이다.

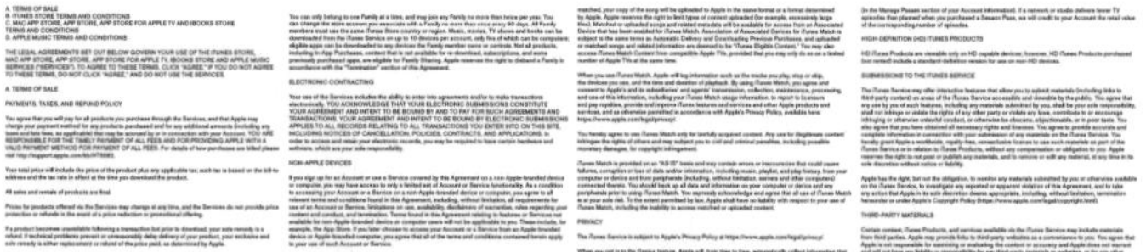

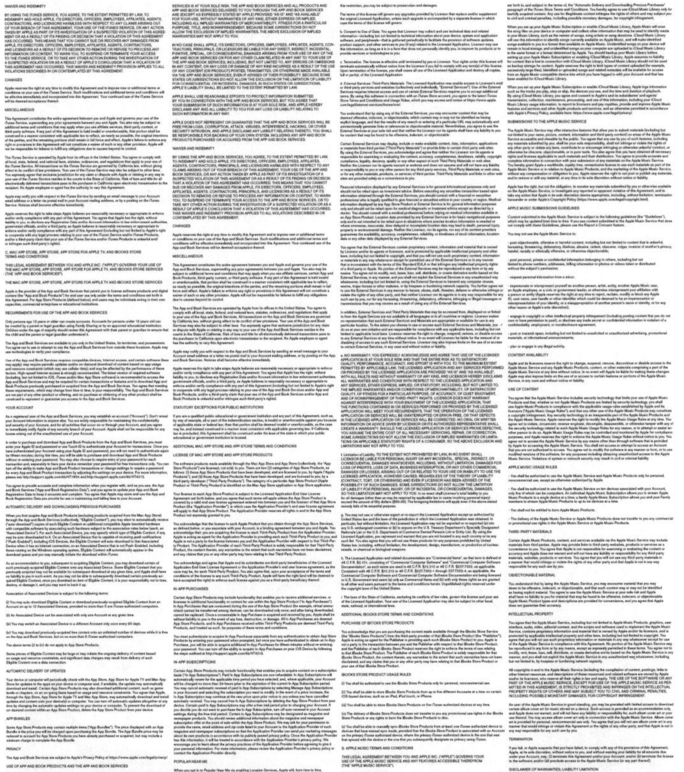
거부
동의

마쓰다 라퓨타는 1999년에 시장에 소개된 스즈키 케이의 클론이다. 제품명의 출처는 1729년에 출간된 조너선 스위프트의 『걸리버 여행기』다. 스페인어로는 라퓨타라는 단어가 매춘부라는 뜻이기도 해서 아니나 다를까, 스페인어권에서는 판매 실적이 저조했고 결국 2006년에는 생산이 중단됐다.

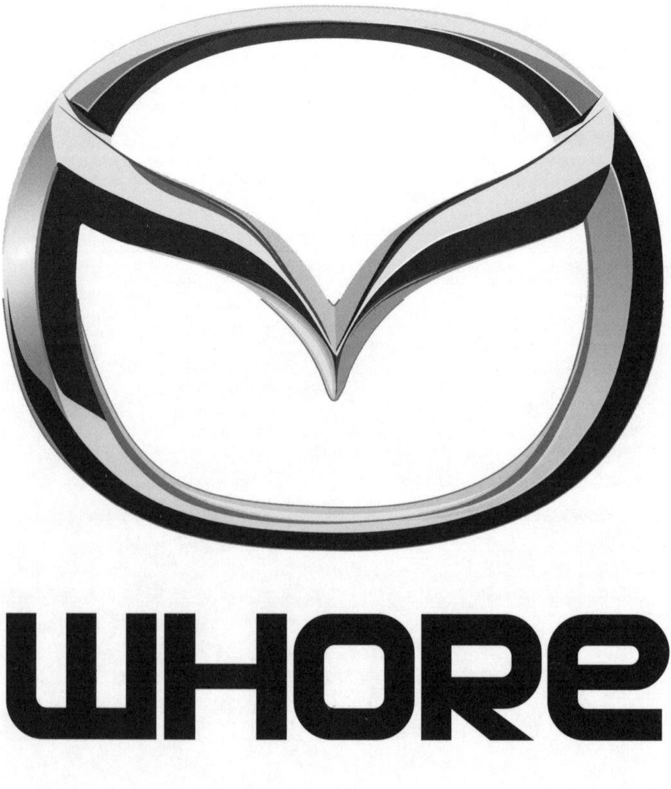

↑ 마쓰다 로고 © 마쓰다

미쓰비시의 파제로는 1982년에 제작됐고 오늘날까지도 판매된다. 스페인어로 파제로는 자위하는 사람이라는 뜻이다. 제작사에서는 그 사실을 파악하고는 스페인, 인도, 아메리카 대륙에서 제품명을 몬테로로 수정했다. 다른 나라에서는 제품명이 그대로 쓰이고 있다.

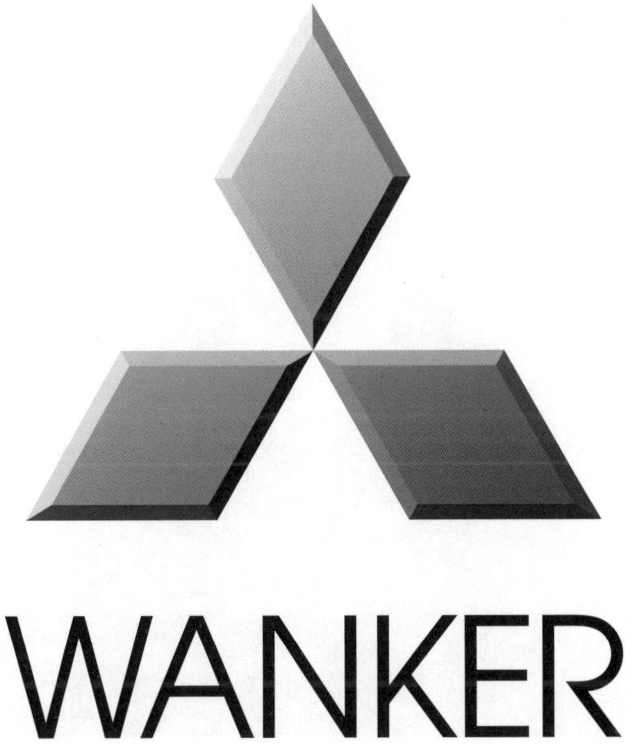

↑ 미쓰비시 로고 © 미쓰비시

나이키 알라

'나이키 에어베이킹', '나이키 에어그릴' 그리고 '나이키 에어비큐'는 1997년 여름에 출시될 신상이었다. 하지만 이글거리는 나이키 에어 로고 디자인이 알라를 뜻하는 아랍 문자(الله)와 너무 비슷하다 보니 이슬람 커뮤니티에서 항의가 빗발쳤다. 나이키에서는 판매 금지에 동의하고 80만 켤레를 회수했다. 사과문을 발표하고 향후 비슷한 문제의 발생을 예방하기 위해 자문단을 도입했다.

나이키 대변인은 말했다. "이번 사건을 통해 이슬람계의 우려와 쟁점 사안을 심도 있게 이해할 수 있었습니다…… 사업이 확장됨에 따라 세계의 다른 문화권에 대해서도 인식을 높여야 마땅합니다."

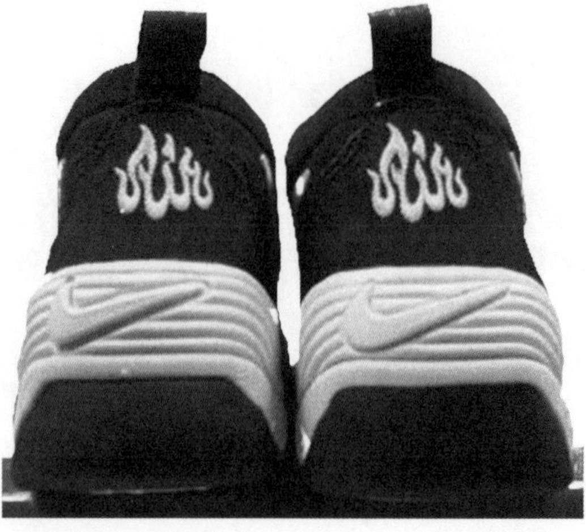

도메인에는 뭘 넣어야 할까

회사를 차리면 도메인을 만들어야 한다. 그런데 도메인 이름을 모두 대문자로 쓰는 바람에 신중하게 선택한 브랜드 이름이 엉뚱한 연상작용을 일으키는 경우가 생긴다. 아래 목록이 어떤 회사의 도메인인지 알아맞혀보자.

WWW.BUDGET.CO.CK
WWW.TEACHERSTALKING.COM
WWW.CHILDRENSWEAR.CO.UK
WWW.KIDSEXCHANGE.COM
WWW.PENISLAND.NET
WWW.POWERGENITALIA.COM
WWW.ANALEMMA.ORG
WWW.THERAPISTFINDER.COM
WWW.SWISSBIT.CH
WWW.MASTERBAITONLINE.COM
WWW.CHOOSESPAIN.COM

주

1. Ge'ez 文字. 에티오피아와 에리트레아의 그으즈 문자는 악숨 문명, 말리제국, 송가이제국 등 고대문명 시기부터 존재했다.
2. Latin alphabet(라틴 알파벳), Latin script(라틴 문자)를 이 책은 '로마자'로 옮겼다. 로마자는 오늘날 영어, 프랑스어, 독일어 등 대부분 유럽어뿐 아니라 터키어, 베트남어, 인도네시아어까지 표기하는 문자다. 고대 로마 시대에 로마인들이 라틴어를 표기하면서 정착된 문자이기에 라틴 알파벳 혹은 로만 알파벳이라고 불린다. 타이포그래피 전문가들에게는 라틴 알파벳이라는 용어가, 일반인들에게는 로마자가 비교적 익숙한데, 문자의 기원이 설명된 이 책의 문맥에서는 로마자가 적절하다고 판단된다. 같은 이유에서 한자는 대체로 '중국 문자', 가나 문자는 '일본 문자'로 두었다. — 감수자주
3. Abjad. 모음 없이 자음만 있는 알파벳이다. — 감수자주
4. 한글은 표음문자이면서 음절로 모아쓰기하는 음소문자라 알파벳적 성격을 띤다. 중국 문자는 표음문자가 아니고 일본 문자는 음소문자가 아니기에 알파벳이라고 보기 어렵다. — 감수자주
5. 漢字. 일본에서 쓰이고 있는 한자, 즉 일어한자(日語漢字)를 지칭한다. 정체자를 사용하는 대한민국이나 중국과 달리 획수가 다소 줄어든 신자체이기에 현재 중국에서 사용하는 간체자와는 차이가 있다.
6. Eritrea. 에티오피아 북부, 홍해에 면한 나라. 19세기에 이탈리아 식민지였다가 1962년에 에티오피아와 합쳤다가 1993년에 독립하였다.
7. Amhara語. 셈 어족에 속한 현대 에티오피아의 공용어.
8. Tigrinya語. 에리트레아 공용어의 하나로, 문자는 암하라어와 비슷하다. 에리트레아 남부 고원지대에서 주로 사용한다.
9. Franklin Gothic. 20세기 초 ATF에서 출시한 산세리프 글자체로, 신문 광고와 헤드라인에 자주 등장하며 인지도를 얻었다.
10. Hausa語. 함 어족의 차드어파에 속한 언어로, 사하라 사막의 동남쪽, 차드호 서쪽에 있는 나이지리아 북부 일대에서 쓴다.
11. Berber語. 아프로·아시아 어족에 속한 언어. 북아프리카의 지중해 연안이나 사하라 사막에 사는 베르베르족이 쓰는데 표준어는 없다. 샤위아어, 타마지그트어, 투아레그어, 제나가어가 이에 속한다.
12. 정원, 정사각형 등 기하학적 형태에 기반한 글자체로, 제목과 단문에 적용하기 적합하다.
13. x-height. x-하이트는 소문자 x의 높이다. 어센더는 b의 윗부분처럼 x-하이트 위로 올라온 부분, 디센더는 p의 아랫부분처럼 x-하이트 아래로 내려온 부분을 말한다. x-하이트가 크면 어센더, 디센더가 상대적으로 짧고, x-하이트가 작으면 어센더, 디센더가 상대적으로 길다. 같은 크기의 글자라도 x-하이트가 크면 훨씬 크게 보이기 때문에, 로마자 폰트디자인에서 x-하이트를 결정하는 일은 중요하다. — 감수자주
14. 도판으로 첨부한 아마존이나 서브웨이 로고타입 속 화살표와 같은 요인을 말한다. — 감수자주
15. 의도하지 않은 기능을 유발하는 '해킹'의 본질에서 파생되어 나온 표현인 듯하다. 개발자가 애초 의도하지 않았던 방식으로 해당 프로그램이나 서비스를 다채롭고 창의적으로 활용하는 유저들의 양상을 가리키는 데 쓰인다.
16. Arabish. 아랍과 잉글리시를 합친 조어다. — 감수자주
17. 중세 유럽 서에 표준으로 발전한 문자 양식으로 파리 수도사들이 계발했다고 알려진다.
18. Bauhaus. 1919년 건축가 그로피우스를 중심으로 독일 바이마르에 설립된 국립 조형학교. 공업기술과 예술의 통합을 목표로, 현대 건축·디자인에 큰 영향을 끼쳤으나, 1933년 나치의 탄압으로 폐쇄되었다.
19. Blue Note Records. 독일 출신의 알프레드 라이언과 프랜시스 울프가 1939년 설립한 재즈 레이블로 프레스티지, 리버사이드와 함께 모던재즈의 3대 레이블로 꼽힌다.
20. totem pole. 토템의 상(像)을 그리거나 조각한 기둥. 북아메리카 원주민들은 대개 문 앞에 세워놓는다.
21. Wim Crouwel(1928~2019). 20세기의 대표적인 네덜란드 그래픽디자이너. 우주시대, 컴퓨터기술의 여명기에 등장한 새로운 모더니티를 포착한 인물로 평가된다.
22. Massimo Vignelli(1931~2014). 모더니즘을 대표하는 이탈리아의 디자이너로, 건축, 가구디자인, 그래픽, CI, 패션디자인 등 여러 분야에서 활약했다.
23. 1950년대에 뉴욕의 매디슨 거리에서 광고업에 종사한 사람들이 자칭한 용어다.
24. Paul Rand(1914~1996). 미국의 그래픽디자이너로, 다양한 기업의 로고디자인 작업으로 잘 알려져 있다. 스위스 스타일의 창시자 중 한 사람이다.
25. greeking. 본문 글자가 작아서 보이지 않을 경우 위치나 배열을 알아보기 위해 사용하는 문자열.
26. small print. 계약서 등에서 놓치기 쉬운 작은 글자 블럭을 말한다.

2장 색상과 대비

인간의 눈은 색을 어떻게 인식할까

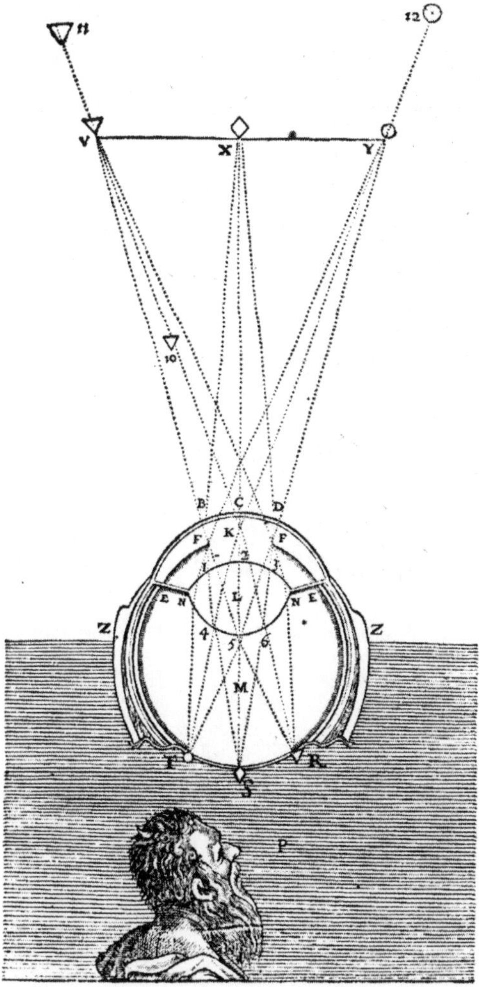

↑ 망막에 상이 맺히는 원리.
르네 데카르트, 「굴절광학」(1637)

우리 눈에 보이는 색상은 저마다 다른 빛의 파장이 우리 눈의 수용체에서 수신된 결과다. 뇌에서 각각의 파장들을 색상으로 바꿔 해석하는 것이다. 광(光)수용체에는 세 종류의 원추세포가 있다. 청색 원추세포는 단파장, 녹색 원추세포는 중파장, 적색 원추세포는 장파장 담당이다. 이 셋이 지금까지 발견된 모든 범주의 색상을 맡고 있다.

이론상으로 인간의 눈은 750만에서 1000만의 색조를 구분할 수 있다(guity-novin.blgospot.com:2014). 남성 인구의 8퍼센트, 여성 인구의 0.5퍼센트가 색맹이다. 적색과 녹색을 구분하지 못하는 적색맹(제1색맹)과 녹색맹(제2색맹), 청색과 황색을 구분하지 못하는 청색맹(제3색맹)이 가장 많다. 색맹인 남성이 여성보다 100배 이상 많은 이유는 X염색체를 통해 유전되기 때문이다. 색맹은 흔하기 때문에 색상을 디자인의 유일한 변별점으로 삼는 우는 범하지 말아야 한다.

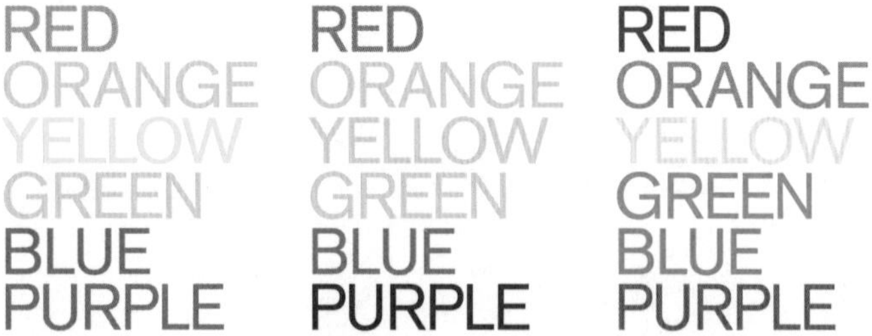

제1색맹
남성의 6.1%
여성의 0.36%

제2색맹
남성의 2.45%
여성의 0.04%

제3색맹
남성의 0.011%
여성의 0.04%

인간이 감지하는 빛의 파장은 약 380나노미터에서 720나노미터까지다(린다 홀스츄, 2011). 천연색이 어떤 식으로 감지되는가는 전적으로 보는 이에 따라 달라진다. 인간의 광수용체는 세 종류이지만, 네 종류에서 여섯 종류에 달하는 수용체로 인간이 보지 못하는 색상까지 감지하는 동물도 있다. 벌 같은 경우에는 UV 수용체가 있어 자외선에 민감하다.

표색계

1676년에 삼각형 프리즘을 사용해 백색광을 여러 색으로 나눈 최초의 실험자가 아이작 뉴턴이다. 그는 색이 빛의 일부라는 증거를 제시함으로써 오랜 논란의 종지부를 찍었다. 프리즘을 거치면서 만들어진 색의 배열을 **스펙트럼**이라고 명명한 사람도 뉴턴이다. 아리스토텔레스 이후로 오늘날까지 과학자와 예술가들은 인간 눈에 보이는 색의 스펙트럼을 잘 어울리는 조합으로 체계화하려는 시도를 해오고 있다. 산업에서는 CMYK나 RGB와 같은 표색계가 실용적이지만, 서로 다른 색상을 구분하고 색상 카테고리를 만드는 일은 문화의 영향을 아주 많이 받는다.

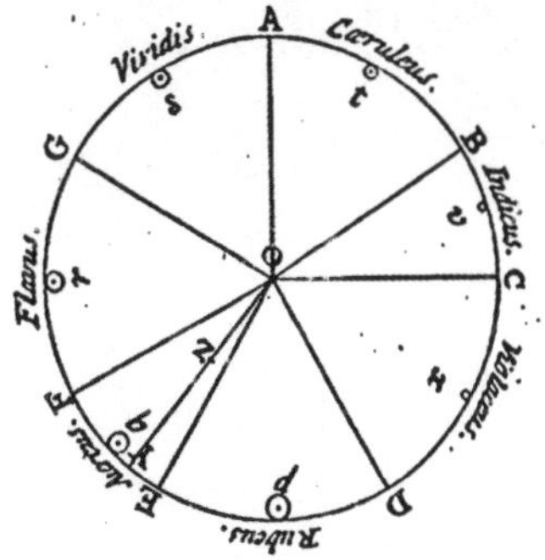

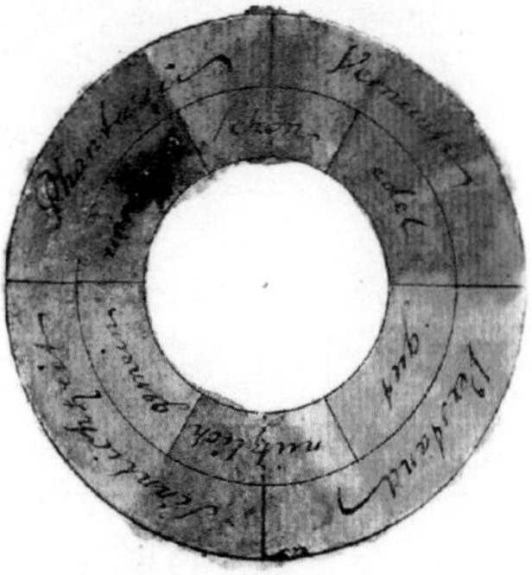

메소아메리카[1]의 마야와 잉카에는 남다른 색상 카테고리가 있었다. 마야에는 청록색과 초록색 사이의 색상을 부르는 이름이 있어서, 옥과 터키석으로 모자이크 장식된 물건을 지칭하는 데 이 단어를 썼다.

↖ 뉴턴의 색상환. 아이작 뉴턴, 『광학』(1704)
↗ 괴테의 색상환. 요한 볼프강 폰 괴테, 『색채론』(1810)

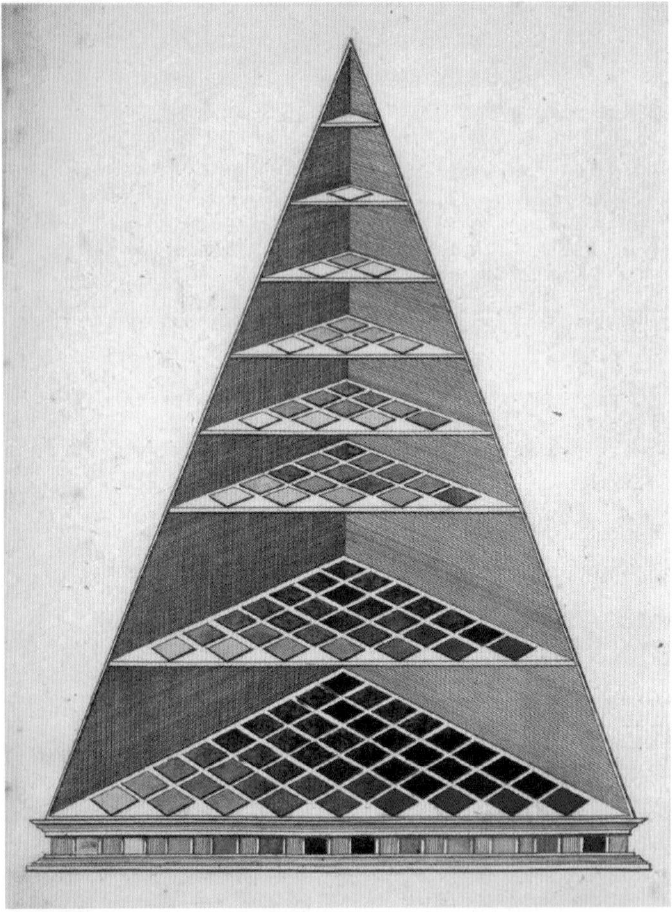

↑ J.H. 람베르트, 「칼라우센왁스로 나타낸 컬러 피라미드 도판」(1772)

잉카의 언어인 케추아어에는 검은색과 흰색을 합친 색의 이름이 있었는데, 잉카 직물의 바둑판 패턴과 연관 있을지 모르겠다.

표색계의 보편적인 진리를 찾으려고 부단히 노력하던 유럽인들은 뜻밖의 상황을 맞닥뜨리기도 했다. 1971년에 두 명의 덴마크 인류학자가 컬러 스와치 책을 안고 폴리네시아의 벨로나섬에 도착하자 한 주민이 "여기서는 색에 관한 말은 하지 않습니다."라고 한 것이다. 만국 공통의 보편적 색상 분류 체계가 있으리라는 믿음은 19세기 서유럽에서 유래한 낭만적인 발상일 뿐이다.

고대 그리스와 로마의 창백한 대리석과 청동 조각상은 수세기 동안 아름다움의 기준이었다. 그런데 서구 조소의 이 미학적 정수는 착각에 기반을 둔 것이었다.

2000년대에 과학자들이 적외선, 엑스레이, 자외선 스캔을 통해 이 조각상들이 원래는 화사한 컬러로 칠해져 있었음을 증명해냈다. 자세한 내용은 trackingcolour.com을 참고하기 바란다.

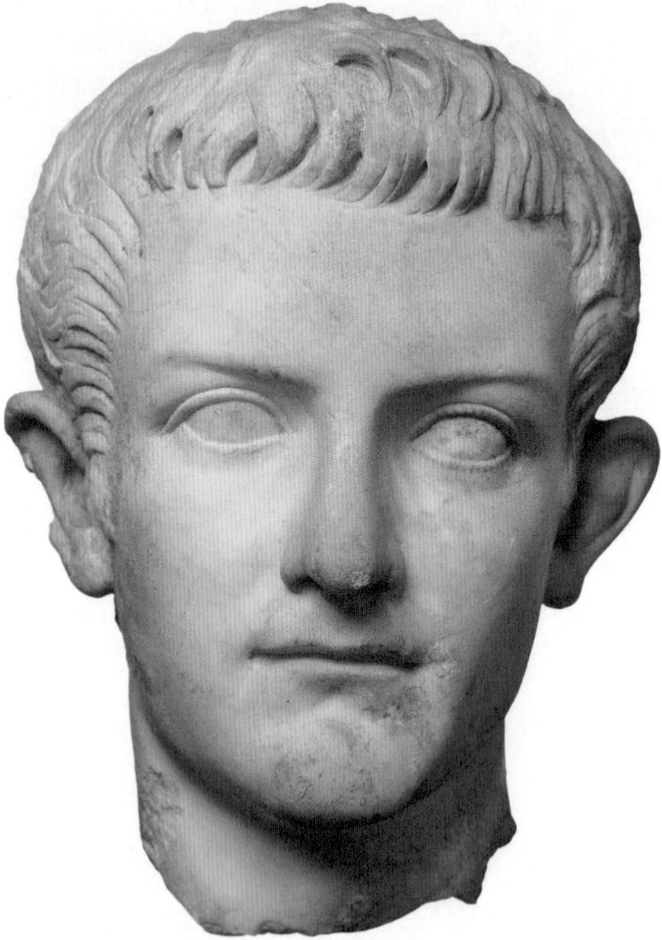

↑ 칼리굴라상(37~4), 대리석, 높이 28cm.
ⓒ 코펜하겐 글립토테크미술관

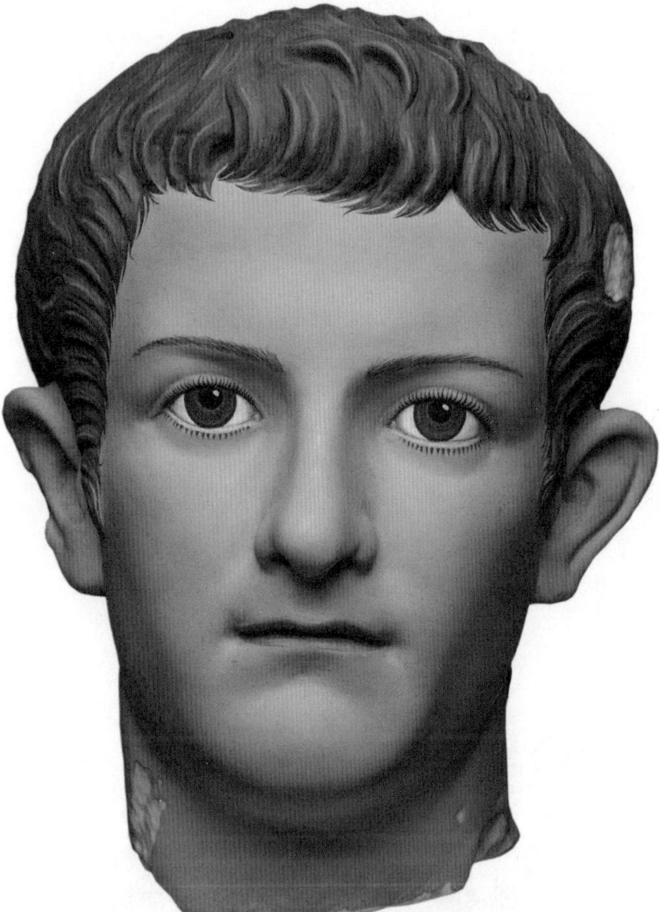

↑ 복원된 칼리굴라상(2011), 대리석,
높이 28cm. ⓒ 뮌헨 괴팅겐대학교
고고학연구소 및 고고학재단

색을 만드는 데 드는 비용

19세기 중반 이전에는 광물, 동물, 식물로 색소를 만들었다. 천연색소 제작은 비용과 시간이 많이 소요되는 작업이었다. 울트라마린, 금색, 주홍색처럼 찬란한 색은 부유층만 쓸 수 있었다.

금색 물감은 실제 금을 곱게 갈아서 아라비아 고무에 섞었다. 금박은 금 조각을 0.5밀리미터가 채 안 되도록 얇게 두드려서 만들었다. 울트라마린은 가장 비싸고 인기 많은 색상이었다. 이 화사한 파란색 색소는 당시에는 오늘날 아프가니스탄에 해당하는 지역에서만 캘 수 있는 단단한 청금석에서 나왔다. 이런 색으로 그린 그림을 소장하고 있다는 것은 엄청난 부의 상징이었다.

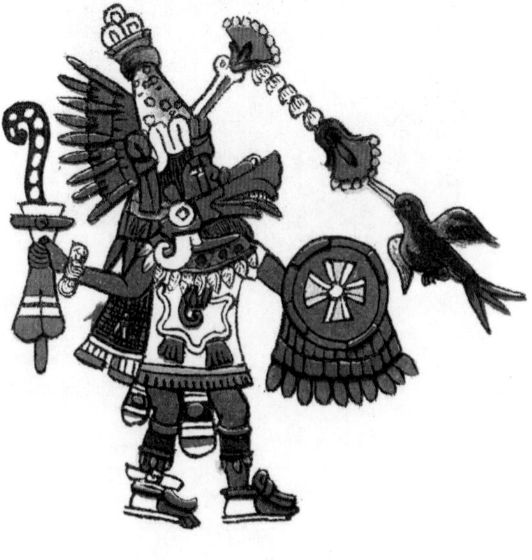

↑ 「코덱스 말리아베키아노」(멕시코:16세기 중반). 아즈텍의 신 케찰코아틀(깃털 달린 뱀) 그림을 코치닐로 색칠한 그림

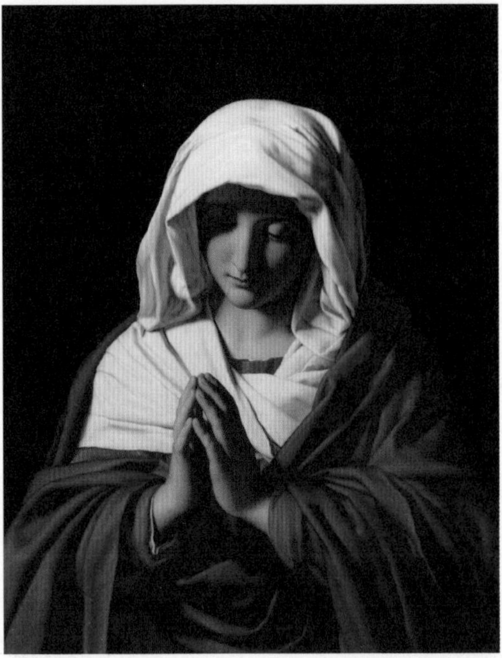

콜럼버스가 아메리카대륙을 발견하기 전에 아즈텍과 마야는 **코치닐**이라는 아주 특별한 선홍색 색소를 생산했다. 노팔 선인장에 서식하는 벌레를 잡아 오랜 시간을 들여 만들었다. 아즈텍과 마야는 그것으로 신전을 빨갛게 칠했다. 스페인 침략군은 이 안료를 유럽으로 수출했다. 얼마 안 있어 코치닐은 은 다음으로 귀한 멕시코 수출품이 되었다. 19세기 후반 들어서야 인공색소가 개발되면서 안료의 값이 떨어졌다. 코치닐은 요즘도 음식과 화장품의 천연색소로 쓰인다.

금색이나 울트라마린처럼 매력적이지는 않을지 몰라도 요즘도 다른 색에 비해 제작비가 많이 드는 색들이 있다. 형광이나 야광 잉크는 착색이 잘되게 하는 데 공이 든다. 금색과 은색 잉크에는 금속 입자가 들어 있기 때문에 투명한 일반 인쇄용 잉크에 비해 부옇다. 선명한 색의 잉크일수록 값이 나가는 건 여전하다.

↑ 조반니 바티스타 살비 디 사소페라토, 「성모마리아」(1640~1650). 울트라마린으로 그림. ⓒ 영국국립미술관

경고의 색상

폭탄 말고 식량을

둘 다 노란색이지만 한쪽은 2000칼로리짜리 음식이고 다른 쪽은 반경 50미터를 몰살할 수 있는 무기다. 2001년에 미국은 탈레반과 교전 중인 아프가니스탄에 집속폭탄을 투하했다. 열 개 중 하나가 불발돼 지상의 생명을 또 한번 위협했다. 그런데 폭탄과 같은 색, 같은 타이포그래피로 포장된 배급식량이

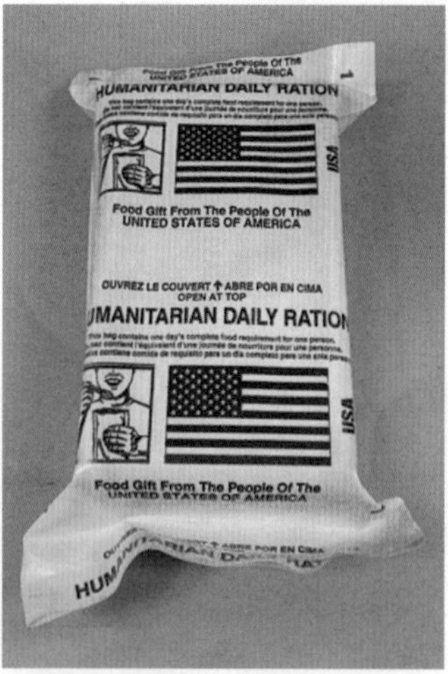

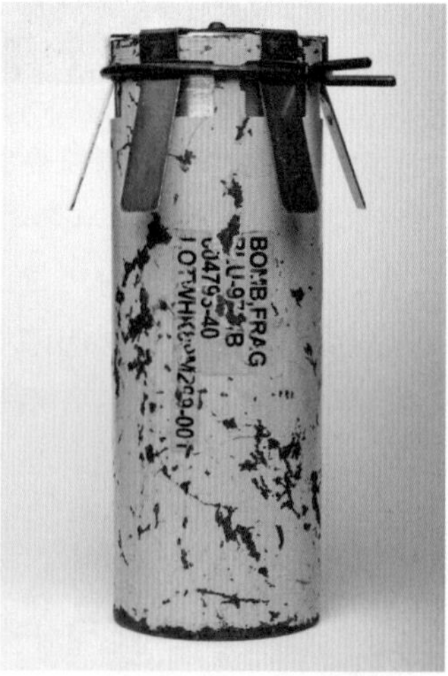

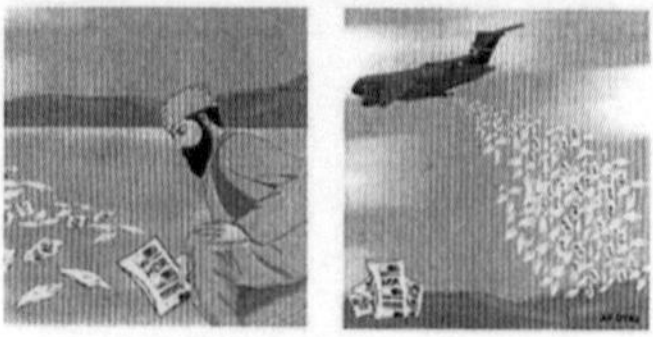

팸플릿 앞면

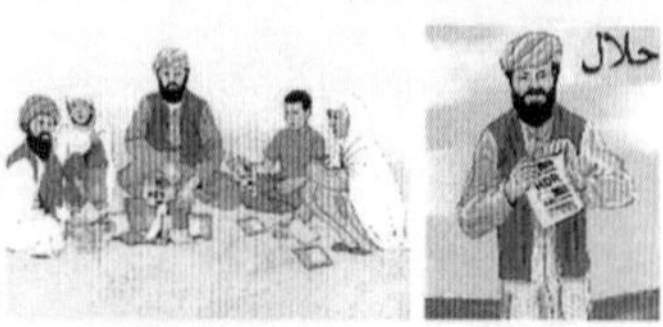

팸플릿 뒷면

↖ 인도주의비상식량(HDR). 사진 © 빌 듀건
↗ BLU-97/B 집속탄. 사진 © 애덤 뉴섬
↓ 폭탄과 배급식량의 차이를 설명한 팸플릿. 이미지 © CNN

이와 동시에 투하됐다. 미국 정부는 2001년 11월에 이 사고를 인지하고 배급식량의 색상을 분홍색으로 변경하고, 차이를 설명하는 팸플릿을 제작했다. 투하된 배급식량의 누적 개수가 이미 100만 개를 넘긴 시점이었다.

노란색 정지 신호

1924년의 미국에서는 신호등의 정지 신호가 빨간색이 아니라 노란색이었다. 빛을 반사하는 빨간색 페인트가 개발되기 전이라 야간에 빨간색보다 노란색의 가시성이 탁월했기 때문이다. 1954년부터 미국에서는 모든 정지 신호가 빛을 반사하는 빨간색으로 칠해졌다.

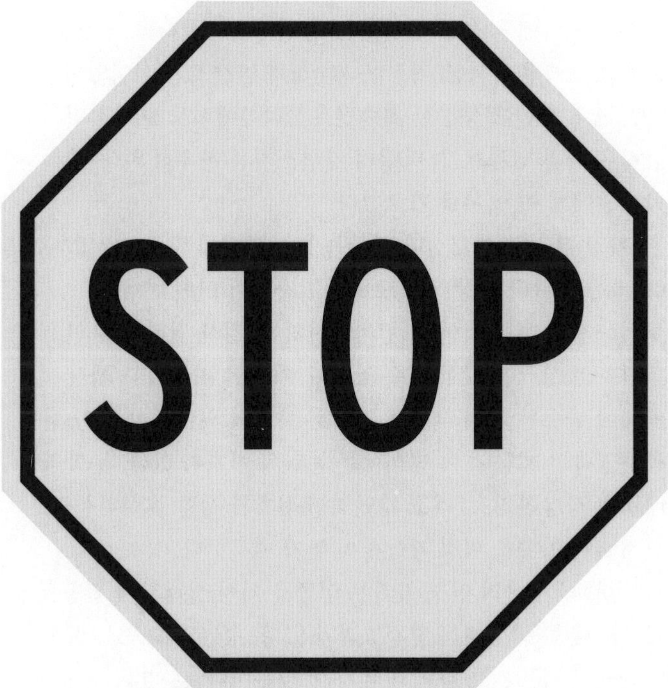

색채심리

마케팅업계에서는 사람들이 색을 접했을 때 보이는 반응에 관심이 아주 많다. 색채심리 연구는 어떤 로고나 제품의 색상이 어떤 식으로 판매를 촉진하는지, 특정 연령대와 문화권에서는 어떤 색상을 선호하는지에 초점이 맞추어질 때가 많다.

색이 심리에 미치는 영향에 대한 연구는 전반적인 색채론과 맥을 같이한다. 괴테는 『색채론』(1810)에서 아이작 뉴턴의 논리적인 접근에 반론을 제기하며 색채현상을 강조했다. 괴테와 실러는 색상에 특성을 부여했는데, 빨강은 **아름다움**, 노랑은 **훌륭함**, 초록은 **유용성**, 파랑은 **세속성**과 연결짓는 식이었다. 1900년대 초반에 등장한 게슈탈트심리학에서도 보편적인 감정을 색과 연결했고, 바실리 칸딘스키는 바우하우스에서 학생들에게 이 이론을 가르쳤다.

가장 유명한 색채심리 검사는 1940년대에 막스 뤼셔(Max Lüscher)가 여러 색상의 카드에 피험자들이 어떤 반응을 보이는지 측정한 것이다. 심리학자가 이 검사 결과를 보면 피험자의 성격을 해석할 수 있었다. 하지만 피험자가 색상 자체에 반응한 건지 색상에 부여된 문화적 의미에 반응한 건지 불분명하기 때문에 이 해석에는 논란의 여지가 있다. 문화적인 배경과 성장환경, 그리고 개인적인 선호가 색을 해석하는 데 결정적인 영향을 미칠 가능성이 높기 때문이다.

일부 색채심리 연구 결과는 입증을 거쳐 실생활에 활용되고 있다. **시원한** 색상에는 진정효과가 있다. 병원과 교도소 벽을 연한 연두색으로 칠하는 이유가 이 때문이다. 또 다른 연구 결과에 따르면 약제의 색상이 약효에 영향을 미치는 것으로 드러났다. 파란색 약은 우울증 치료제로 쓰일 때, 빨간색 약은 흥분제로 쓰일 때 효과가 배가된다.

색상과 문화

연구 결과에 따르면 아흔여덟 개 언어에, 열한 개의 기본 색상을 지칭하는 단어가 마련되어 있다. 하지만 한 색상에 부여된 의미는 언어 간에 전혀 다를 수 있다. 색상에 부여된 문화적 의미를 카테고리로 분류할 수 있는지에 대해서는 의견이 엇갈린다. 의미는 시간이 지남에 따라, 전후 맥락에 따라 달라질 수 있다. 검은색은 여러 나라에서 애도를 뜻하지만 검은 책표지나 검은 포스터가 항상 죽음을 상징하지는 않는다. 중국에서는 신부가 빨간 옷을 입지만 다른 여러 나라에서는 최근 들어 신부가 흰 옷을 입기 시작했다. 색상에 부여된 문화적 의미는 고정되지 않고, 매 순간 달라진다. 앞으로 몇 쪽에 걸쳐 문화권에 따른 색상의 의미를 살펴보고자 한다.

검은색

검은색은 로마제국 시절에 애도의 색으로 쓰였고 유대교와 기독교에서는 죽음과 악마를 상징했다. 중세시대에는 검은 옷이 유행했고 르네상스시대에는 유럽 전역의 부유층과 귀족층이 검은 옷을 즐겨 입었다. 19세기에는 러시아 무정부주의 무장단체의 별명이 흑군이었다. 20세기에는 검은색이 **검은 셔츠단**이라고 불린 이탈리아와 독일 파시즘의 상징이 됐다. 시아파 이슬람교에서는 검은색이 독실한 믿음을 뜻한다. 검은 깃발은 이슬람교에서 마호메트[2]를 상징한다. 지하드 조직에서 1990년대 후반부터 이 깃발을 가져다 쓰고 있다.

흰색

흰색은 중국, 베트남, 한국에서 죽음과 애도를 뜻한다. 인도에서는 가족이 사망했을 때 흰 옷을 입는다. 유대교, 기독교, 힌두교에서는 예식을 드릴 때 순수, 순결, 동정, 평화를 상징하는 흰 옷을 입는다. 서양에서는 전통적으로 신부들이 흰 드레스를 입는다. 유럽에서는 흰색이 역사적으로 절대 군주와 연관되었다. 20세기 러시아에서는 반공, 반혁명 운동과 동의어가 되었다. 흰 비둘기는 전 세계적으로 평화의 상징이고 흰 깃발은 전 세계적으로 항복을 뜻한다.

노란색

노란색은 멀리서 가장 잘 보이는 색상이기 때문에 구급차, 도로 보수 장비, 택시처럼 가시성이 좋아야 하는 대상에 쓰인다. 동아시아에서는 신성한 황제의 색으로 간주된다. 중국에서는 왕족의 색이고 청나라시대에는 황제의 식솔만 노란 옷을 입을 수 있었다. 중국에서는 지금도 행복, 영광, 지혜, 조화, 문화를 뜻하는 색으로 본다. 노란색은 가톨릭교회와 바티칸에서 금을 상징하는 색상으로 쓰이기도 한다. 이탈리아어로 노란색은 잘로(giallo)이고 이는 범죄소설의 별칭이기도 하다. 1986년에 필리핀에서 벌어진 시위는 황색혁명이라 불린다.

주황색

영어로 주황색을 뜻하는 orange는 어원이 오렌지나무를 뜻하는 산스크리트 단어다. 아시아에서는 향신료 이름을 따서 사프란색이라고 불린다. 힌두교에서는 크리슈나(Krishna) 신이 사프란색 옷을 입었다고 묘사된다. 불교에 사프란색은 가장 완벽한 깨달음을 상징하고 승려들이 입는 법복의 색이기도 하다. 주황색 리본은 자해에 대한 관심을 높이고 자해를 예방하는 데 쓰인다. 북아일랜드에는 오렌지단이라는 신교도 단체가 있고 이들은 연례행진 때 주황색 띠를 걸친다.

주황색은 네덜란드 왕실의 상징 색이며 남아프리카에서는 아파르트헤이트[3] 당시 집권당의 상징 색이었다. 교도소 수감자들은 탈옥 시 눈에 잘 띄도록 대개 주황색 수인복을 입는다.

빨간색

영어로 빨간색을 뜻하는 red는 피를 뜻하는 산스크리트 단어에서 왔다. 그리스신화에서는 전쟁의 신 마르스의 상징 색이었다. 빨간색은 중국에서 가장 중요한 색으로, 행운과 행복을 의미한다. 빨간색은 장수를 선물한다고 해서 중국에서는 신년 행사 때 많이 쓰인다. 인도와 네팔에서는 신부들이 전통적으로 붉은 옷을 입는다. 일본에서 붉은 기모노는 행복과 행운을 상징한다. 일본의 신토종교에서 붉은색은 생명을 상징한다. 러시아어로 빨간색을 뜻하는 단어는 **아름답다**는 단어와 어원이 같다. 사회주의의 가장 오래된 상징이 붉은 깃발이라 빨간색은 요즘도 사회당과 공산당을 환기한다. 태국에서는 2006년 군부 쿠데타에 반대한 사람들을 **레드셔츠**라 부른다.

녹색

녹색은 여러 문화권에서 자연을 상징한다. 초창기 인류가 거행한 의식의 핵심은 풍년 기원이었다. 녹색은 이슬람교에서 전통적으로 선지자 마호메트를 상징하는 색이다. 이슬람권에서 녹색 국기가 많은 이유가 그 때문이다. 1980년대부터 녹색은 환경을 중시하는 정당과 단체를 상징하는 색이 되었다. 유럽의 녹색당에서는 생태와 환경에 기반을 둔 프로그램을 운용한다. 실제로는 환경파괴적인 관행을 자행하면서 친환경 기업인 척 포장하는 홍보 전략을 **그린워시**, 녹색 세탁이라고 한다. 텔레비전과 극장에서 긴장한 연기자를 달래는 출연자 대기실을 **그린룸**이라고 한다.

파란색

전 세계 문화권에서 가장 선호하는 색상으로 검증된 파랑은 글로벌 비즈니스의 단골이다. UN에서는 1946년에 파란색을 상징 색으로 선택했지만 색상 자체에는 별다른 의미가 없었다. 단순히 홍보 차원에서 UN의 **글로벌컴팩트**에 가입하면 블루워시 기업이라 불렸다. 육체노동자들을 가리켜 **블루칼라**라고 한다. 북아프리카의 투아레그족은 쪽으로 염색한 파란색 터번을 쓴다. 하늘색(azure blue)은 이탈리아를 상징하기에, 이탈리아 축구팀은 **아주리 군단**이라 불린다. 일본어, 태국어, 한국어, 라코타어[4]에는 파란색과 녹색을 아울러 지칭하는 단어가 있다.

보라색

보라색은 로마시대에 가장 비싼 안료였고, 로마 집정관, 비잔틴 황제, 신성로마제국 황제가 입은 옷의 색상이기도 했다. 엘리자베스 1세 시대 영국에서는 왕족만 보라색 옷을 입을 수 있었다. 로마 가톨릭 주교는 요즘도 왕족을 상징하는 보라색 옷을 입는다. 일본에서도 전통적으로 국왕과 귀족을 연상시키는 색상이다. 태국에서는 사별한 여성이 보라색 상복을 입는다. 서구 정치계에서 보라색은 중립적인 색상이기에 좌파와 우파가 연립한 정부의 상징 색으로 쓰인다. 여성 참정권 운동이 보라색을 썼고 1970년대에 여성해방 운동도 이 색상을 채택했다. 보라색과 분홍색은 둘 다 LGBT(Lesbian, Gay, Bisexual, Transgender) 커뮤니티와 연관이 있다.

내셔널 컬러

19세기 이후로 국기는 한 나라의 정체성을 상징하는 대표적인 도구가 되었다. 혁명이나 정치적인 변화가 있을 때 국기가 바뀐 사례도 많다. 깃발은 군대에서 유래했고 로마 군단에서 부대를 분별하는 용도로 쓰였다.

도움: 유리 비어르만

다른 나라 국기가 유사한 색상을 같은 의미로 사용하는 경우도 종종 있다. 전 세계를 통틀어 38퍼센트의 나라가 독립을 위해 또는 전장에서 흘린 피를 상징하기 위해 빨간색을 국기에 쓴다. 가장 흔한 색 조합은 빨간색, 흰색, 파란색이고(칠레, 파나마, 러시아, 사모아, 영국, 태국 등) 여기에서 파란색은 주로 하늘이나 바다의 패권을 상징한다.

아프리카에는 국기에 빨간색, 검은색, 녹색을 쓰는 나라가 많다. 1920년에 만들어진 범아프리카 국기의 잔재다. 빨간색은 해방을 위해 흘린 피, 검은색은 아프리카 국민, 녹색은 아프리카 대륙의 천연자원을 뜻한다.

몇 개 나라는 단색 국기를 쓴다. 모로코는 200여 년 동안 짙은 빨간색 국기를 쓰고 있다. 아프가니스탄은 19세기 말부터 검은색 일색의 국기를 썼다. 1996년 탈레반 통치 아래에서는 흰색 일색의 국기를 썼다. 마지막으로 단색을 쓰는 리비아 국기는 아무 무늬도 휘장도 없는 녹색 벌판이다.

이 녹색 국기는 녹색서라는 정치 선언문을 출간한 무아마르 알 카다피의 개인적인 선택이었다. 아티스트 유리 비어르만은 영어판 위키피디아 리비아 국기 페이지에 여러 가지 디지털 버전의 리비아 국기를 한데 모아 기록했다. 2005년부터

2005. 9. 28. 21:54 © Zscout370

2006. 2. 5. 08:00 © Denelson83

2006. 2. 12. 21:33 © Vzb83

2008. 9. 23. 13:36 © Flad

2008. 9. 27. 01:45 © MaggotMaster

2008. 9. 27. 23:46 © Flad

2008. 10. 9. 22:01 © Avala

2008. 10. 10. 19:02 © Flad

2008. 10. 10. 21:43 © Reisio

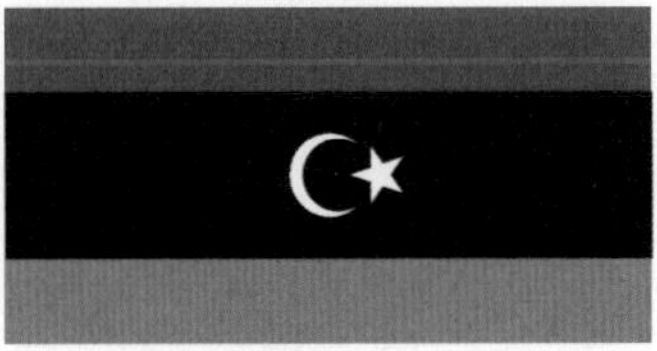
2011. 9. 26. 21:08 © Zscout370

↑ 유리 비어르만, 「리비아 변천사」(2012)

2011년까지 리비아를 대표하는 색상은 열다섯 번 바뀌었고 그때마다 녹색 톤이 달라졌다. 카다피 녹색이 정확히 어떤 색인가를 둘러싸고 6년 동안 논쟁이 벌어지다 열다섯 차례 수정되었고, 리비아 독재 정권이 몰락하면서 이것이 마지막 단색 국기가 되었다.

색상과 성별

분홍색은 여자아이, 파란색은 남자아이의 색이 된 이유는 뭘까? 19세기에는 세탁하기 쉽다는 이유로 남녀 아이 모두에게 흰 옷을 입혔다. 1차 세계대전 이후 미국의 백화점들은 유아용품의 성별을 정하면 매출을 획기적으로 늘릴 수 있다는 사실을 깨달았다. 마침 파스텔 색상이 유행했고 남아는 분홍색, 여아는 파란색으로 수렴했다.

1940년대에 미국의 시장조사 기관이 색을 바꾸는 게 좋겠다고 제안했고 이로써 베이비붐 세대는 여자아이들은 분홍색, 남자아이들은 파란색 옷을 입은 첫 세대가 되었다.

아이들은 6, 7세까지 성별 의식이 없다. 아이들을 어린 나이부터 고정관념에 노출시키면 성별에 대해 부자연스러운 시각이 생길 수 있다. 이제는 출생 전에 아이의 성별을 알 수 있으니 성별을 정한 육아용품이 한층 더 인기를 얻는다. 부모들은 아이가 태어나기 전부터 육아용품을 마련한다. 윤정미는 색상과 성별을 주제로 논문을 쓰면서 전 세계 아이들과 그들의 분홍색 및 파란색 물건들을 촬영했다.

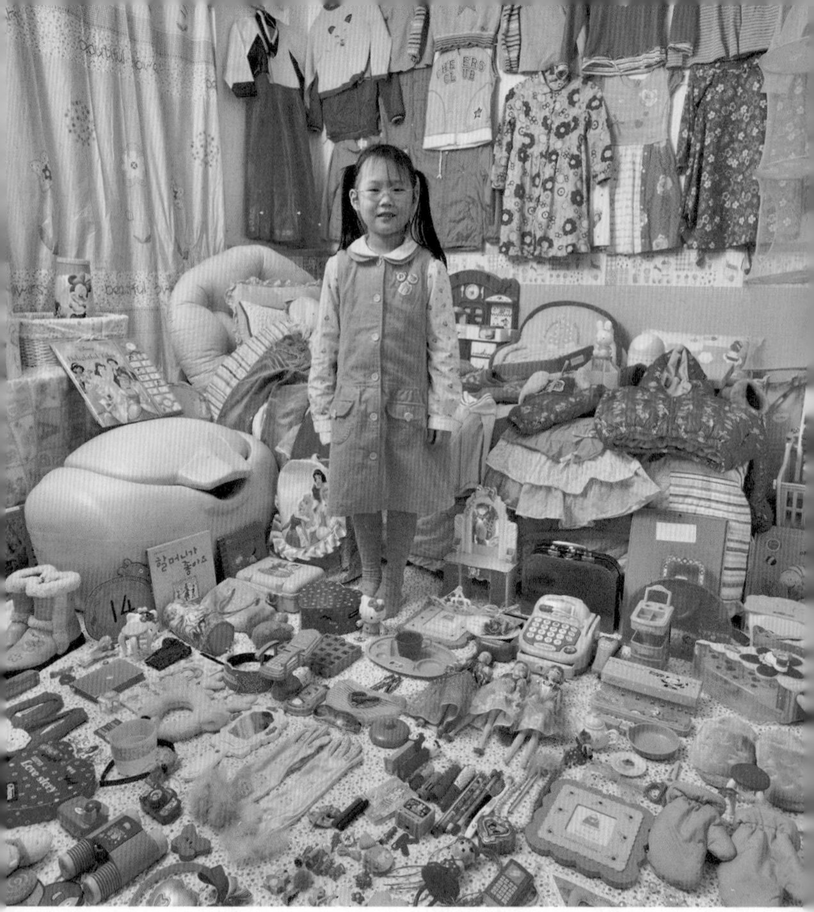
할머니가 좋아요

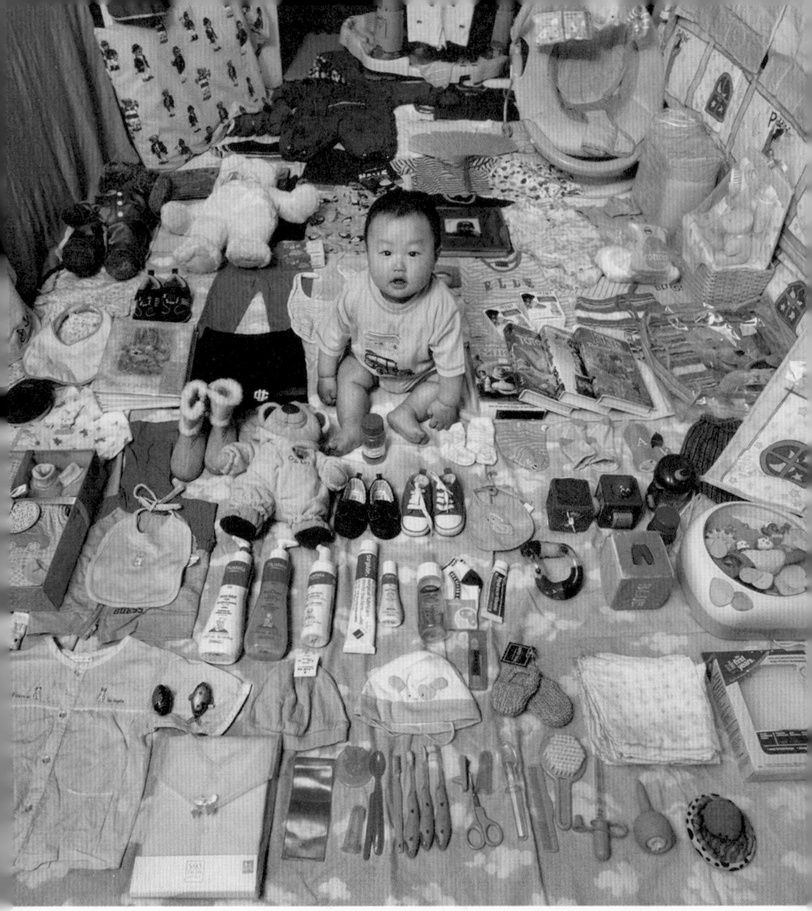

← 세현과 분홍색 물건들(2007)
↑ 제이크와 파란색 물건들(2006).
© 윤정미, 「핑크 & 블루 프로젝트」(2005~)

검은색과 흰색의 역사

사전에서 블랙(black)의 유의어를 찾아보세요.
항상 모멸적이고 질 낮으며 불길한 단어가 나옵니다.
화이트(white)의 유의어를 찾아보면 항상 순수하고
고급스럽고 깨끗한 단어가 나오죠.
— 마틴 루터 킹 2세(1968. 4. 3.)

색채론에서 흰색은 모든 색을 품은 색인 반면 검은색은 빛의 부재 상태다. 흰색은 그림을 그리거나 디자인할 때 일반적인 바탕색이다. 인쇄에서 흰색은 색이 없는 색인 반면 검은색은 가장 어두운 색이다. 검은색은 모든 빛을 흡수한 결과이며, 어둠이나 그림자와 동급이다. 이와 같은 대조는 색채 상징의 역사 내내 반복되고 있다.

기독교와 유대교에서 흰색은 깨끗하고 가볍고 안전하고 선한 이미지로 쓰인다. 상징적으로나 실질적으로나 검은색의 반대 개념으로 쓰인다. 검은색은 더러움, 위험과 어둠을 상징한다. 천사는 흰색이고 악마는 검은색이다.

이것이 인종차별과 어떤 식으로 연결될까? 세상에 피부가 흰색이거나 검은색인 사람은 없다. 모든 피부색은 갈색과 분홍색의 변형이다. 아프리카인들이 노예로 팔려 나갔을 무렵부터 유럽인은 백을 자청하기 시작했다. 아프리카인은 흑인, 유럽인은 백인으로 분류함으로써 착취와 노예제도를 정당화하는 데 필요한 인종 서열을 구축했다.

요즘도 시각문화 측면에서 똑같은 상징적 대비가

반복되고 있다. 신데렐라는 금발이고 언니들과 새엄마는 흑발이다. 영화 「스타워즈」에서 루크 스카이워커는 금발의 백인 주인공이다. 사악한 상대역인 다스 베이더는 검은 옷을 입는다. 무의식적인 수준에서 벌어진 일인지 몰라도 검은색과 흰색의 선악 대립 구도는 요즘도 시각언어 도처에 존재한다. 시각커뮤니케이션에서 이런 고정관념에 동의하는 것은 식민주의적인 인종 해석을 반복하는 처사가 된다.

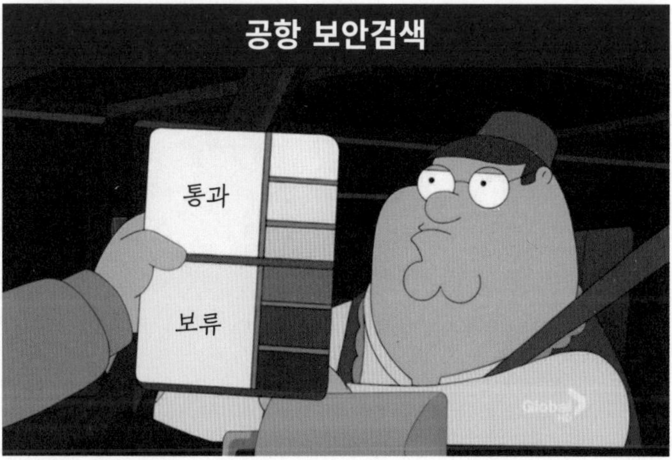

↑ ⓒ i.imgur.com. 「패밀리 가이」 (세스 맥팔레인, 20세기폭스텔레비전)를 토대로 만든 밈

책, 미술관, 언론, 광고, 영화, 텔레비전, 소프트웨어를 조사해보면 누누이 드러나다시피 서구에서는 흰색이 불균형할 정도로 압도적이고, 중요하고 화려한 역할을 맡으며, 규범이자 정상, 표준으로 간주된다.

— 리처드 다이어, 『화이트』(1997)

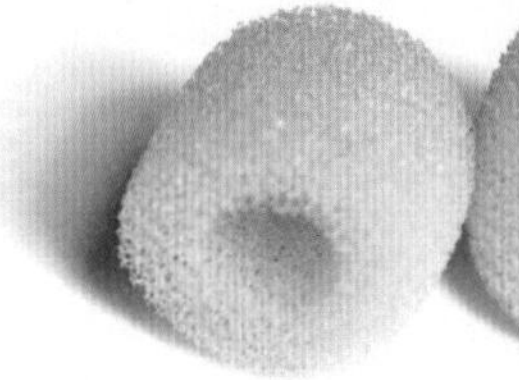
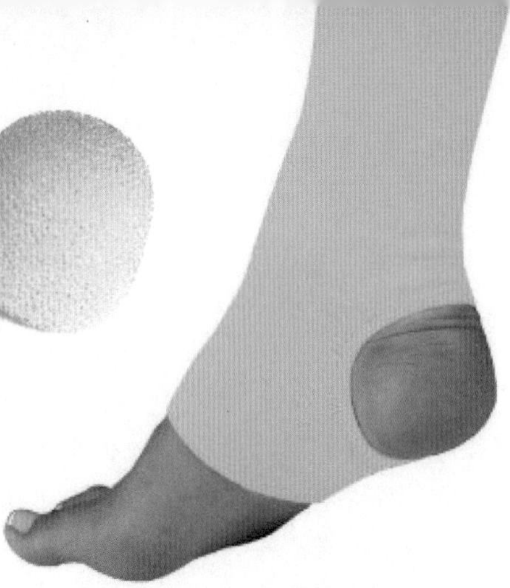
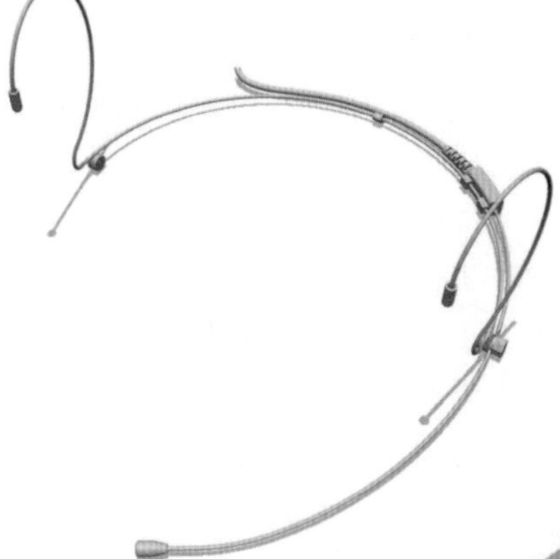
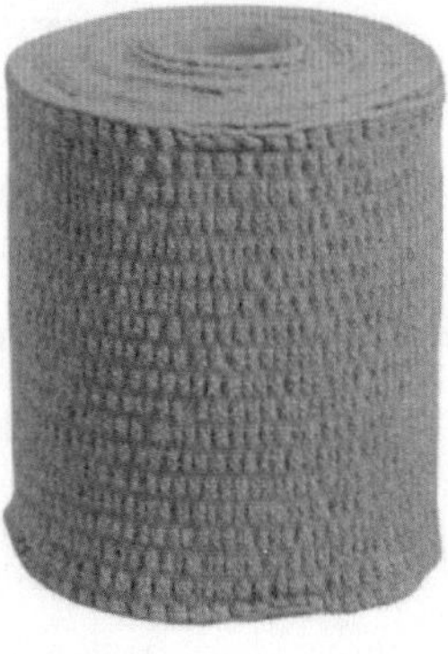
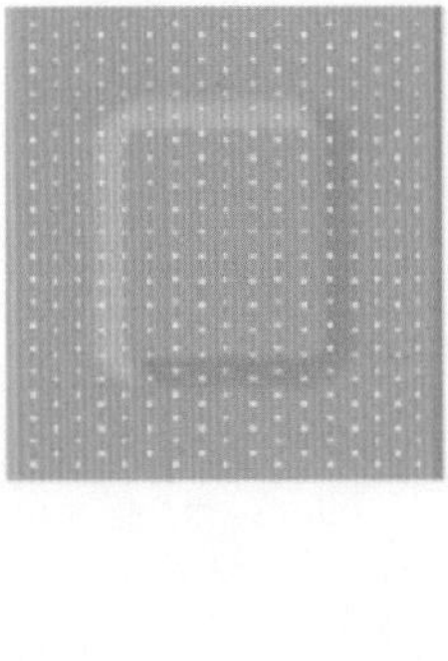
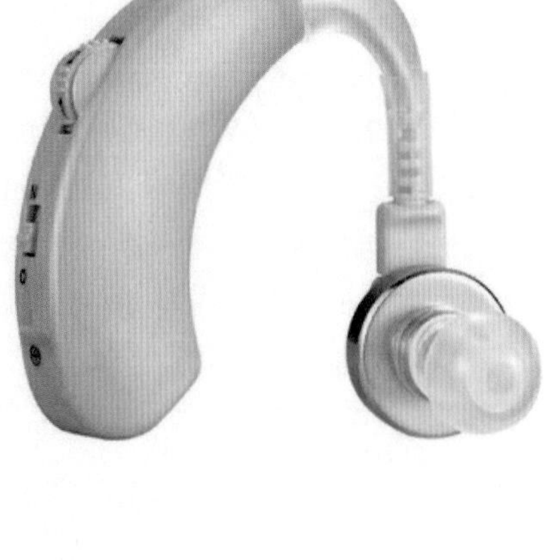

칠하느냐 칠하지 않느냐

색을 무서워하는 일이 있을 수 있을까? 영화업계가 색상에 공포를 느낀 순간이 있었다. 1915년부터 컬러 영화가 있기는 했지만 이것이 대세가 된 것은 1960년대에 텔레비전이 컬러로 바뀌고 난 다음부터였다. 컬러 필름은 어마어마하게 비싸기도 했거니와 무엇보다 흑백보다 예술적인 가치가 떨어지는 것으로 간주됐다. 컬러 때문에 스토리에 집중할 수가 없고 스크린이 천연색을 재현할 수 없으리라는 견해에서였다.

사진과 광고에서는 색을 한층 강조하고 이미지를 또렷하게 만드는 색상 보정이 일상적으로 이루어진다. 다만 색상 보정에는 이미지의 진정성 문제가 제기되기도 한다. 최대한 자연색에 가깝게 보여야 한다는 믿음은 요즘도 변함이 없다.

팔레스타인에서 활동하는 건축가 겸 사진작가인 야잔 알칼릴리는 색 보정으로 언론에 비치는 팔레스타인의 이미지를 바꾸고자 했다. 오른쪽 페이지는 그가 촬영한 라말라 인근의 알아마리 난민수용소 사진이다. 언론에 소개되는 팔레스타인 난민수용소는 항상 갈라진 무채색 콘크리트로 묘사된다.

알칼릴리는 말한다. “난민수용소의 색을 바꾼 것은 어린아이가 색칠 공부를 하듯 잃어버린 것을 채우고, 희망의 싹을 틔우는 상징적인 행위다. 여기서 나는 그들은 그대로 있지만 우리는 사라진 비극을 떠올리게 하는 이 도시의 풍경을 적절한 모습으로 만들고자 한다. 기억을 뒤집어서 바람직한 미래를 가져오기 위해서다.”

채색은 사회적인 관습과 통념에 영향을 미친다. 뉴욕에

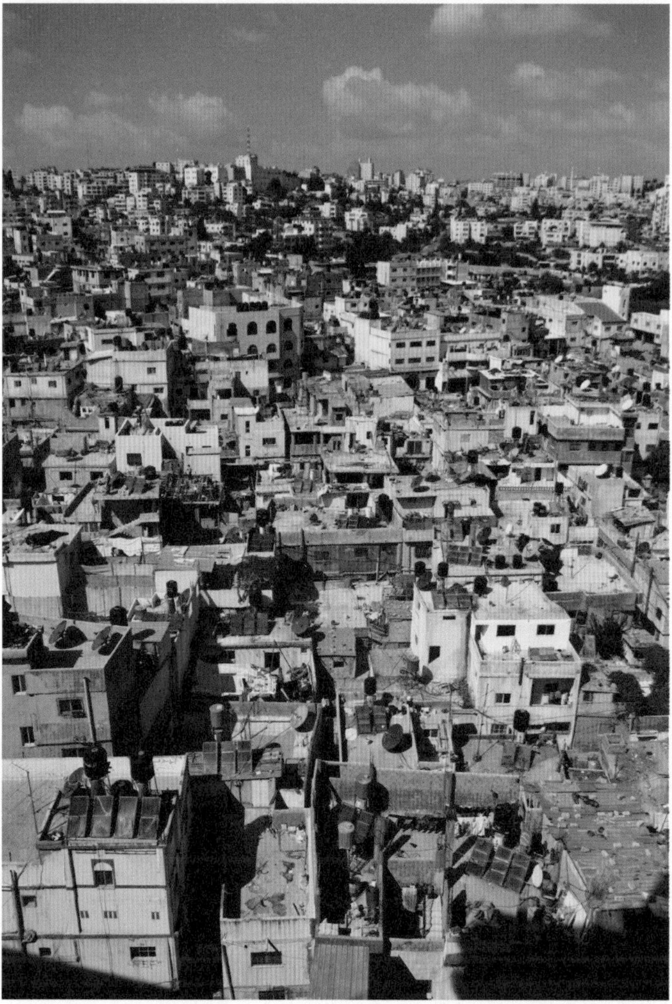

거주하는 라이언 헌터와 테이지 젠슨은 어른용 색칠 공부를 만들었다. "어른용 색칠 공부는 아동용 학습지와는 무책임하게도 하지 않았던 방식을 모두 써서 성인의 암울한 현실에 대비하게끔 돕는다. 세상은 검은색과 흰색, 아니면 빨간색과 파란색 일색이지만 우리 팔레트에는 색을 몇 개 추가할 필요가 있다."

↑ 야잔 알칼릴리, 「색상 보정2: 수용소 연작」 (2007~2010)

중국의 신년을 기념해 중국인을 색칠해봅시다

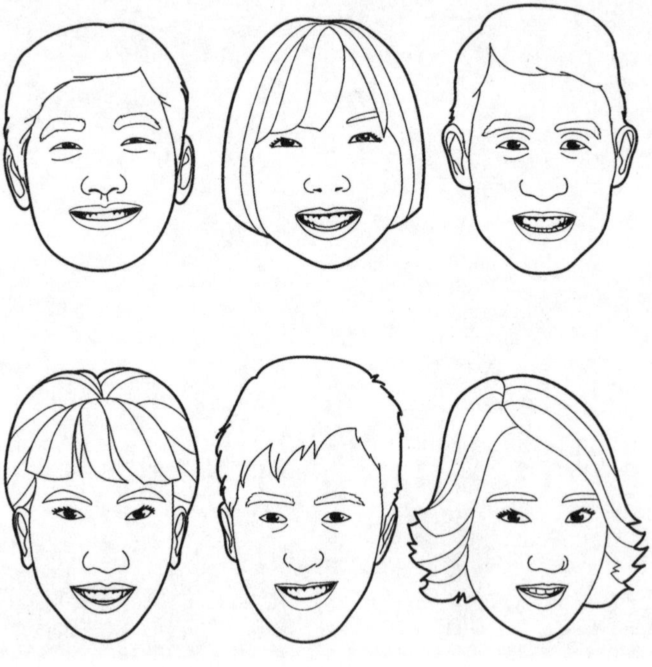

주의: 이 페이지에는 한국인, 일본인, 필리핀인, 아시아의 다른 인종도 있으니 중국인만 골라서 색칠할 것!

↑→ 라이언 헌터 & 테이지 젠슨, 『어른들을 위한 색칠 공부』(2012~2015)

힙스터일까요, 홈리스일까요? 오른쪽 남자가 사회에서 안 보이도록 매직을 씁시다

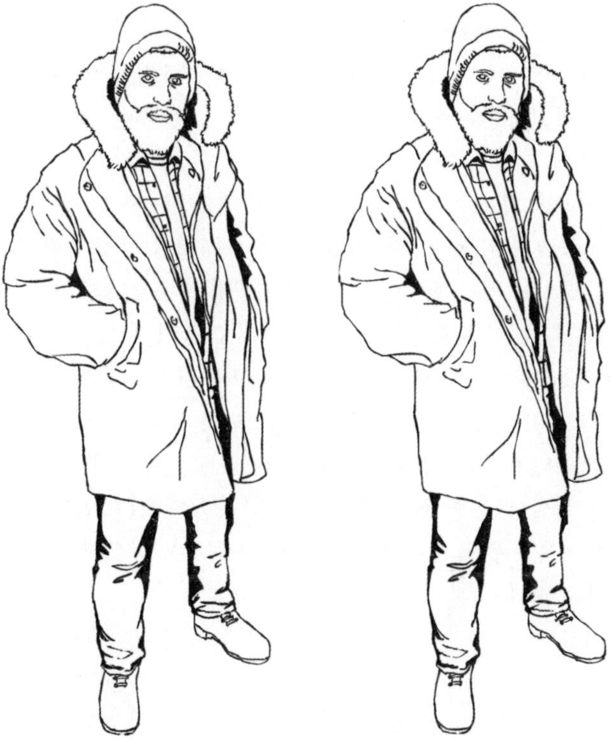

단서: 힙스터와 홈리스는 모두 수염과 해진 옷, 흙먼지의 진가를 알지만 힙스터들은 대부분 목숨 건 컬러 코디로 자신의 정체를 드러낸답니다.

셜리와 도자기 걸

셜리에게 무슨 일이 있었는지는 분명치 않다. 우리가 아는 건 그가 1950년대에 코닥에서 근무했고 코닥 테스트카드의 첫 모델이었다는 사실뿐이다. 이 테스트카드는 피부 톤과 컬러 바를 통해 필름 색상을 조정하는 기준점으로 쓰였다. 셜리 이후에 다른 여자들로 모델이 대체돼도 이 카드는 **셜리 카드**라 불렸다. 피부가 하얗고 **도자기**처럼 매끈한 것이 모델의 조건이었기에 영화업계에서 일하며 영화용 테스트카드 모델로 등장한 여자들은 **도자기 걸**(china girl)이라고 불렸다. 1950년대, 1960년대, 1970년대에 쓰인 코닥 필름은 피부가 흰 사람들 위주였고 여러 인종을 담는 데에는 부적합했다. 흑인과 백인을 한 컷에 넣으면 둘 중 한 명은 너무 밝거나 너무 어둡게 찍혔다. 프랑스의 영화감독 장뤼크 고다르는 1977년에 모잠비크에서 촬영 당시 **인종차별적인** 코닥 필름을 쓰지 않겠다고 했다.

2012년에 사진작가 애덤 브룸버그와 올리버 채너린은 「저조도로 다크호스의 디테일 촬영하기」 프로젝트를 통해 "사진이라는 매체 자체에 편견이 내재되어 있을지 모른다는 극단적인 관념"을 정정했다.

테스트용 이미지의 역할은 기본값, 즉 최적의 이미지 분석을 위한 기준을 제시하는 것이다. 하지만 도구는 절대 100퍼센트 중립적일 수 없고, 도구의 세팅은 그것을 설정한 기술자들의 문화적 편견을 반영하기 마련이다. 브룸버그와 채너린은 작업을 통해 이미지 생산에 쓰인 도구들 안에 어떤 편견이 도사리고 있었는지 보여준다.

1980년대에 이르러 코닥 필름은 어두운 톤을 좀 더 제대로 표현할 수 있게 됐다. 인종차별적이라는 비난 때문이 아니라 고객들이 초콜릿이나 다크호스가 지나치게 어두워 보인다고 불만을 표현했기 때문이었다.

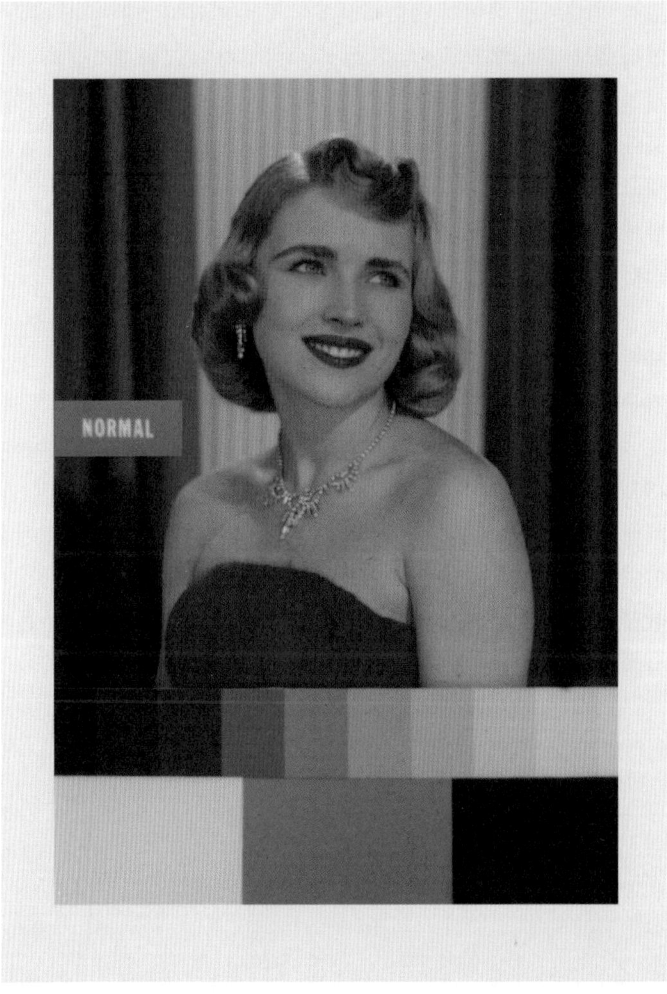

↑ 애덤 브룸버그 & 올리버 채너린, 「저조도로 다크호스의 디테일 촬영하기: 셜리1」(2012).
ⓒ 작가들 및 런던 리슨갤러리

이미지 테크놀로지의 간판모델

그는 70대지만 이미지 테크니션들에게는 영원히 스물한 살이다. 인터넷상에서 레나라 불리는 여성은 이미지 테크놀로지계의 전설이다. 그의 이미지는 1973년, 서던캘리포니아대학교 부설인 SIPI(시그널 및 이미지 처리연구소)에서 처음 사용됐다. 이미지 테크니션들이 평소에 쓰던 테스트용 이미지를 지겨워하던 참에, 누군가가 들고 들어온 잡지에 실려 있던 그의 이미지를 스캔해서 쓴 것이다.

이것이 레나가 이미지 테크니션들 사이에서 유명해진 사연이다. 그는 이미지 소프트웨어와 온라인 이미지 편집 툴의 기준이 되었고 기술 연구 교재에까지 등장한다.

이때 종종 간과되는 사실이 있다면 이 초상이 «플레이보이» 1972년 11월호에 이달의 플레이 메이트로 소개된 레나 쇠네르보르의 브로마이드 크롭이라는 점이다. 많이 공유되는 이미지임에도 다소 선정적인 이미지를 기술적인 기준으로 삼았기에 남성 지배적인 컴퓨터업계의 성차별주의를 보여주는 사례로 종종 언급된다.

영상과학기술협회는 창립 50주년 기념일에 레나에게 인터넷의 퍼스트레이디라는 칭호를 수여했다.

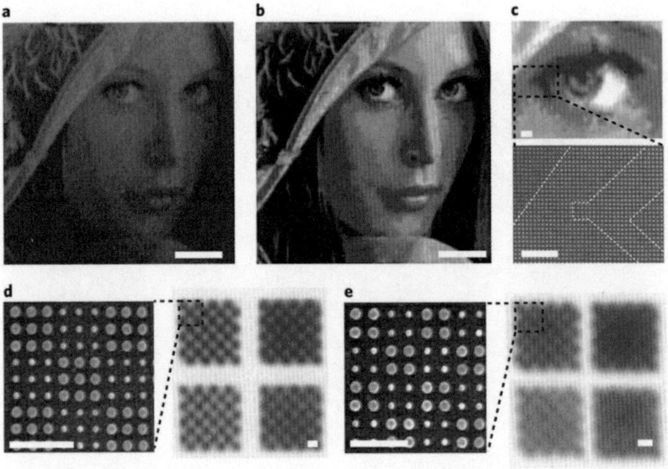

↑ ⓒ 카시크 쿠마르, 훼이가오 두안, 라비 S. 헤그더, 새뮤얼 C.W. 고, 제니퍼 N. 웨이, 「광학 회절 한계에서 프린트컬러」, «네이처 나노테크놀로지 7»(2012. 8.)

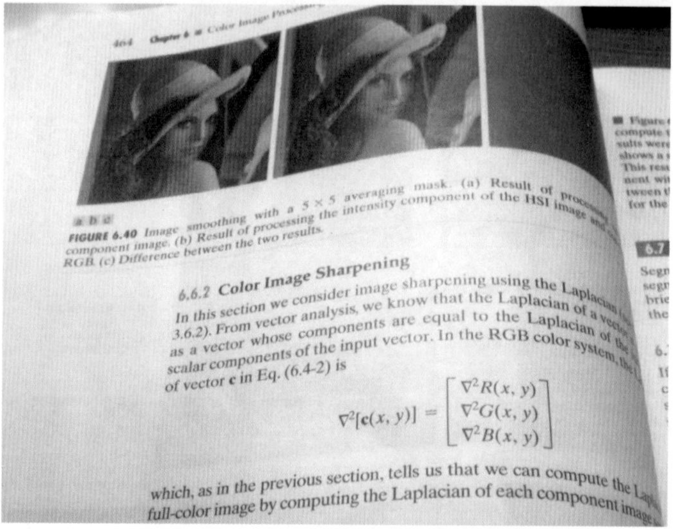

↑ 교재 「디지털 이미지 처리」에 실린 도판

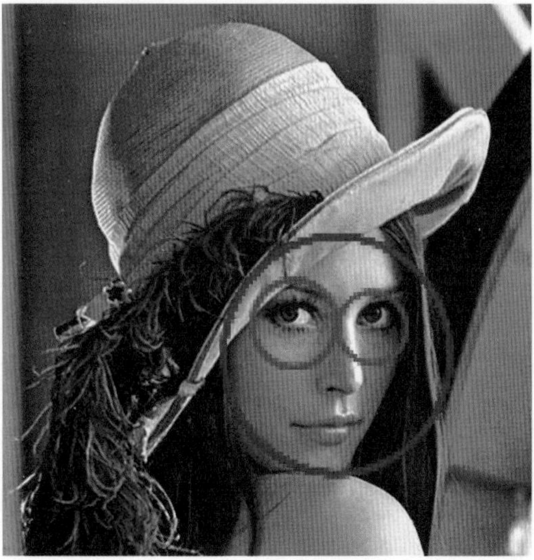

↑ © 아나 우아만, 「캐스케이드 분류기」
(스와스모어대학교 자연과학공학:2014)

주

1. Messo-America. 기원전 20세기부터 기원전 15세기까지 중앙아메리카에서 흥망했으며, 마야, 톨텍, 아즈텍 등이 속한다.
2. Mahomet(570?~632). 이슬람교의 창시자. 메카 교외의 히라 언덕에서 신의 계시를 받아 유일신 알라에 대한 숭배를 가르치기 시작했으며, 정치적·역사적으로 지대한 영향을 미쳤다.
3. Apartheid. 남아프리카공화국의 극단적인 인종차별 정책과 제도를 이른다.
4. 수족의 서부 일파인 라코타족이 사용하는 언어이며 수어의 한 방언이다.

3장 이미지와 사진

원근법의 문제

원근법으로 입체감을 만드는 기법은 13세기 이탈리아에서 개발됐다. 역사상 처음으로 인간이 어떤 이미지를 마주하는 순간, 세상의 중심에 서게끔 된 것이다. 이런 경험은 우주 안에서 인간의 위치를 인식하는 데 엄청난 영향을 미쳤다. 원근법의 등장으로 만물의 척도가 더는 신이 아니게 되었고, 원근법 등장 초기에 수많은 사람들이 반발한 것도 그 때문이었다.

아이들은 본능적으로 동시에 다양한 관점에서 그림을 그린다. 원근법으로 평면에 입체감을 부여하는 것은 만국 공통의 현상이 아니라 교육을 통해 습득하는 문화적 기술이다.

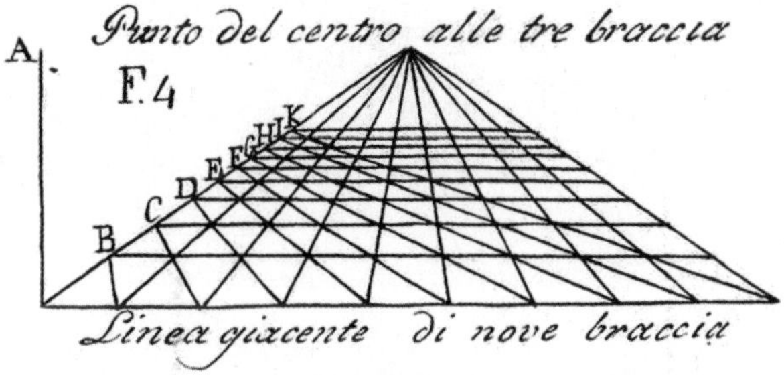

물론 원근법과 다른 관점에서 그려진 이미지가 예술적이나 기술적인 측면에서 수준이 떨어지는 것은 아니다. 일본 미술은 서양의 전형적인 원근법과 전혀 다른, 독특한 방식의 입체 화법을 개발했다. 노먼 브라이슨은 『시각과 시각성』에서 파묵법[1]으로 그린 일본 선종화의 원근법을 이렇게 분석한다. "파묵법으로 그린 선종화의 경우 작품을 온전히 무작위성에

↑ 레온 바티스타 알베르티, 「건축, 그림, 조각상에 대하여」(과학연구원:1782)

맡김으로써 양극의 관점으로 이미지를 해체한다." 그리고 "화가나 서예가는 파묵할 때 우주의 중심이기를 온전히 포기하게 된다."

한 이미지를 보고 원근감을 느낄 수 있는 능력은 시각적인 경험과 연관이 있다. 이미지에 노출된 횟수가 적을수록 이를 읽어내기 힘들다. 1960년대와 1970년대에 인류학자들은 오지 주민들이 이미지를 보고 원근을 파악하지 못한다는 사실을 발견했다. 자주 인용되는 1960년의 실험에서 허드슨은 글을 읽을 줄 모르는 남아프리카의 노동자들에게 그림을 보여주고 그림 속 남자가 무얼 하고 있는 것 같냐고 물었다. 91퍼센트가 그림 속의 원근을 잘못 해석해 남자가 창으로 코끼리를 찌르려고 한다고 대답했으니 이걸 보면 원근법은 만국 공통으로 적용할 수 없는 서양의 관행임을 알 수 있다. 덧붙여 원근법의 상대성을 설명하기 위해 소개했을 뿐, 1960년대에 실시된 실험이라 요즘 남아프리카의 맥락과는 맞지 않다.

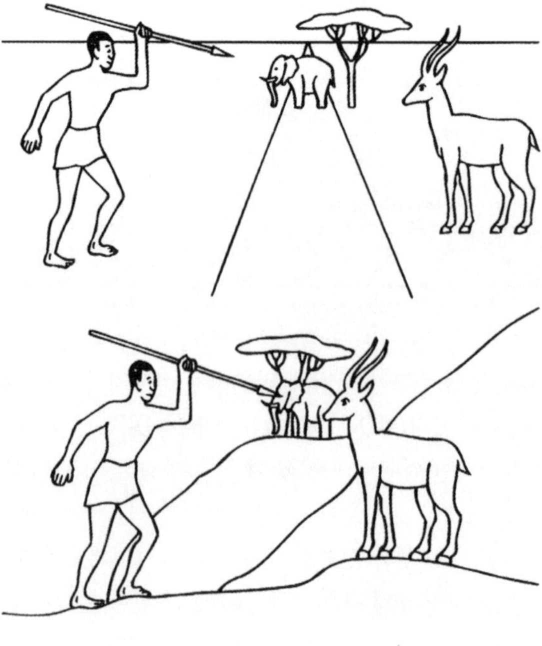

↑ W. 허드슨, 「아프리카의 하위 문화권에서 그린 시각자료의 원근 개념」, «사회심리학 저널 52호»(1960)

역사를 그림으로

1920년, 멕시코내전이 끝나고 수립된 새로운 정부는 한층 평등한 사회를 건설하고자 분투했다. 과거의 독재정권은 수천 년에 달하는 토착 역사를 무시했다. 국민 3분의 2가 문맹이었고 이들은 자기 나라의 역사를 대체로 잘 몰랐다. 이즈음 화가 디에고 리베라는 멕시코시티의 대통령 궁에 멕시코 역사를 소개하는 벽화 시리즈를 그려 달라는 의뢰를 받았다. 벽화를 공교육 수단으로 활용함으로써 글을 읽을 수 있건 없건 모든 국민들이 멕시코의 역사를 이해할 수 있게 된 셈이었다.

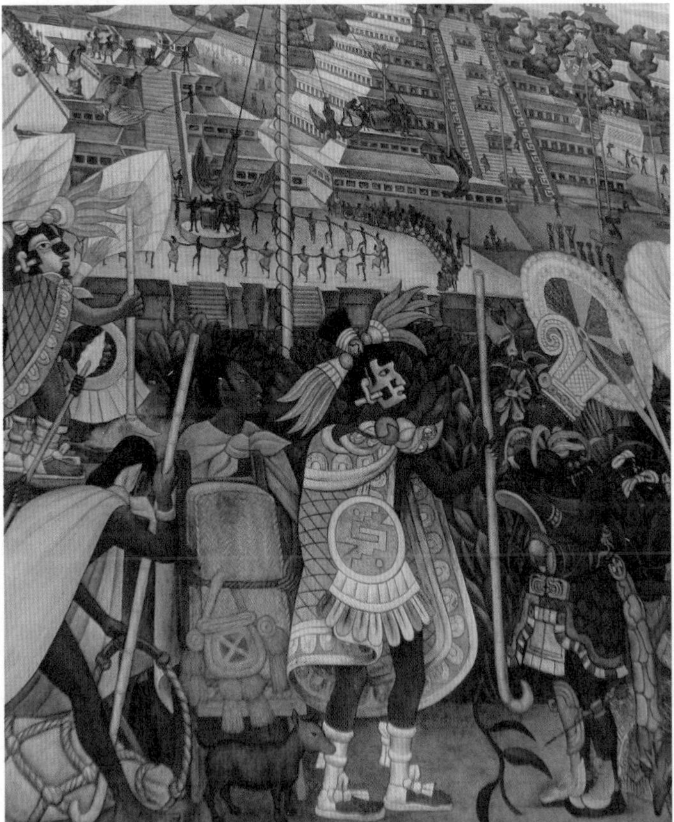

↑ 디에로 리베라가 그린 대통령 궁 벽화 「멕시코시티」(1929~1935).
사진 © 뤼번 파터르

문화적 차이

어떻게 하면 다른 문화권의 사람들과 소통하는 데 따르는 미스커뮤니케이션을 피할 수 있을까? 심리학자, 커뮤니케이션학자 그리고 인류학자들은 수십 년 동안 열심히 고민했지만 이렇다 할 해답을 찾지 못했다. 문화라는 것이 워낙 복잡해서 그걸 지역이나 나라나 인종이나 종교로 분류하면 고정관념만 굳힐 뿐 이해의 지평을 넓히는 데에는 방해가 된다. 사회가 점점 다양한 문화로 채워지고 있으니 이제 디자이너들은 독자가 동일한 시각언어와 가치관을 공유한다고 지레짐작해서는 안 된다.

문화를 아우르는 시각커뮤니케이션에서 관건은 시각정보 해석 능력, 즉 이미지를 읽고 이해하는 능력이다. 시각정보 해석 능력은 문해력과 마찬가지로 학습을 통해 습득된다. 이 능력은 경험이나 얼마나 많은 이미지를 접했는지에 따라 달라지지만 가장 크게 영향을 미치는 요인은 문화적 배경일 것이다. 문화마다 이미지를 서로 전혀 다르게 읽는다. 시각정보 해석 능력의 차이 때문에 커뮤니케이션에서 오해가 생길 수 있다. 이런 오해는 수천 킬로미터 떨어진 문화권에서 벌어질 수 있을 뿐 아니라 한 동네에 사는 두 이웃 간에 벌어질 수도 있다.

일례가 초상화에 대한 인식이다. 서유럽 예술사에서 초상화는 중요한 테마고, 이것이 광고, 잡지, 포스터에 쓰이는 사진의 관행으로 발전했다. 하지만 개인주의가 그리 발달하지 않은 문화권에서는 자아상이 자신이 속한 커뮤니티와 불가분의 관계다. 그런 문화권에서는 단독 초상화가 그 사람의 권위를 상징한다기보다 고독과 고립을 의미할 수 있다.

또 다른 예로 들 수 있는 것이 이미지와 텍스트를 한데 엮어서 메시지를 창조하는 관행이다. 그런 관행에 익숙하지 않은 독자는 이미지나 텍스트만 읽는 것으로는 부족하기 때문에 메시지를 잘못 해석할 수 있다. 양쪽 모두를 읽고 조합해야 메시지를 이해할 수 있으니 말이다. 시각정보 해석 능력은 문화권마다 다르게 발달한다. 이 장에서 여러 사례를 논의하고 분석하며 시각정보 해석 능력이 어떤 식으로 시각 커뮤니케이션에 영향을 미치는지 알아보자.

암스테르담의 융합 캠페인

암스테르담 당국에서는 2007년, 네덜란드의 언어와 문화에 대해 잘 모르는 1만 명의 암스테르담 주민들에게 의무적으로 수강해야 하는 융합 강좌에 대해 알리는 캠페인을 시작했다.

디자인 에이전시 쿠베이던포츠마와 커뮤니케이션 에이전시 멕스IT에서 다음과 같은 슬로건 아래 캠페인을 진행했다. Inburgeren. Een ander woord voor meedoen(융합. 동참의 다른 말입니다).[2] '함께, 같이'를 뜻하는 mee라는 단어가 모든 활동마다 추가됐다. meespelen(함께 놀다), meewerken(함께 일하다) 하는 식으로 말이다.

2008년에 열린 디자인 워크숍 「멀티플리시티」에 참여한 한 참가자가 여러 당사자를 인터뷰하며 이 캠페인을 조사한 적이 있다고 했다. 그는 사람들이 캠페인 웹사이트에 거의 또는 전혀 호응을 보이지 않았다고 했다. 우리는 워크숍을 통해 이 캠페인의 실패 이유를 분석했다.

첫째, 포스터가 네덜란드어로 되어 있었다. 네덜란드어를 잘 모르는 사람들이 타깃 그룹이었는데 그들이 무슨 수로 포스터에 적힌 말을 이해할 수 있었을까?

둘째, 캠페인의 메인 플랫폼이 인터넷이었다. 포스터에 전화번호나 주소는 없고 웹사이트 주소만 기재되었다.

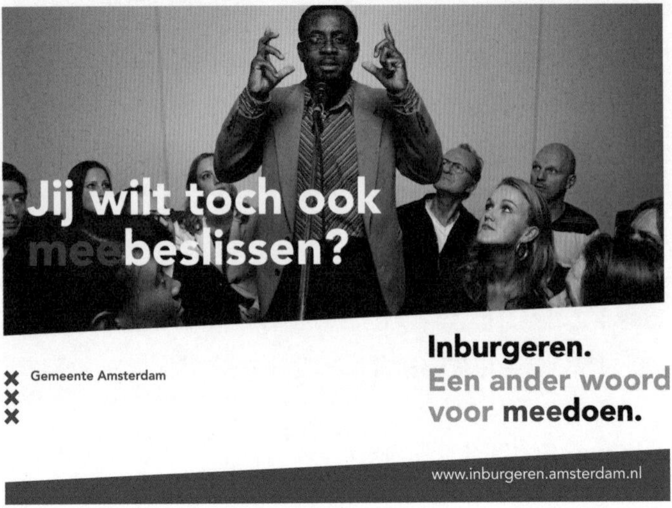

"당신도 의사결정에 참여하고 싶은가요? 융합. 동참의 다른 말입니다."

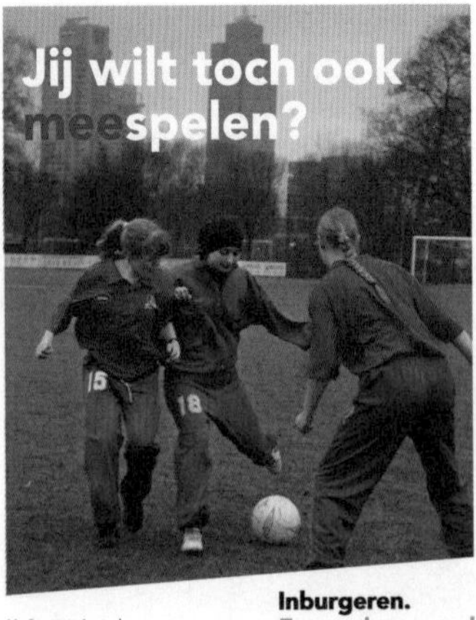

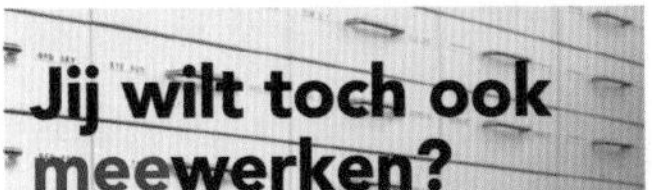

왼쪽: "당신도 함께 놀고 싶은가요? 융합. 동참의 다른 말입니다."
오른쪽: "당신도 함께 일하고 싶은가요? 융합. 동참의 다른 말입니다."

↑ 암스테르담의 「융합」 캠페인(2007).
디자인 © 쿠베이던포츠마

읽는 사람이 인터넷에 접속할 수 있다는 전제를 깔고 있는 포스터였다.

셋째, 이미지와 텍스트가 한데 합쳐져 캠페인의 핵심 메시지를 전달했다. 그 둘을 따로 읽으면 메시지가 달라진다. 이것은 만국 공통이라 볼 수 없는 시각정보 해석 능력과 경험을 요구한다.

이 캠페인에는 암스테르담 자치단체의 로고를 써야 했다. 그런데 그 로고가 문장이나 깃발처럼 권위를 상징하는 도구도 없이 평범한 스타일이었다. 네덜란드 사람들은 그걸 보고도 공문이라는 걸 알 테지만 새내기 주민들은 광고로 착각할 수 있었다.

포스터에서 전달하려는 표면적인 메시지의 이면을 들여다보면 이 캠페인은 상당히 정치적인 메시지를 함축하고 있다. 사진을 보면 **융합**의 대상이 인종적으로 비유럽인에 해당하는 흑인, 무슬림, 동양인이다. **융합되지 않은** 시민의 정형화된 이미지를 재차 강조하는 캠페인인 셈이다.

멕시코의 보건 의료

멕시코 정부에서 시행한 이 캠페인의 목적은 원주민들에게 **보건 의료 제도**를 알리는 것이었다. 앤 부시는 2003년에 작성한 논문 「무료를 넘어」에서 이 사례를 소개했다. 그의 제자였던 에리카 웡이 세미나 때 이 캠페인을 분석하고 원주민 사회에서 호응이 없었던 이유를 파악했다는 것이다.

이 포스터를 보면 웃고 있는 원주민 소년의 흑백 사진과 함께 보건 의료 제도라는 단어가 적혀 있다. 부시의 설명을 들어보자. "웡이 지역 주민들과의 인터뷰를 통해 파악하기로는 다수가 포스터의 의도를 완전히 오해했다."

첫째, 아이는 혼자 사진을 찍었다. 시골에서는 자아상이 준거집단의 영향을 받는 경우가 많다. 혼자인 사람은 슬프고 버림받은 것처럼 보인다. "마을 주민들은 아이 혼자 내버려진 이유를 이해하지 못했다."

둘째, 흑백은 원주민 커뮤니티를 낭만적이고 그리운 곳으로 그리는 외부인들의 시선이 반영된 시각적인 클리셰다. 정작 주민들은 이런 풍의 이미지에 전혀 공감하지 못했다. "처음에 관광지 홍보인 줄 알고 그 포스터를 지나쳤다는 사람들이 많았다. 멕시코 시골의 일상 속 색감이나 활동과 동떨어진 이미지였다."

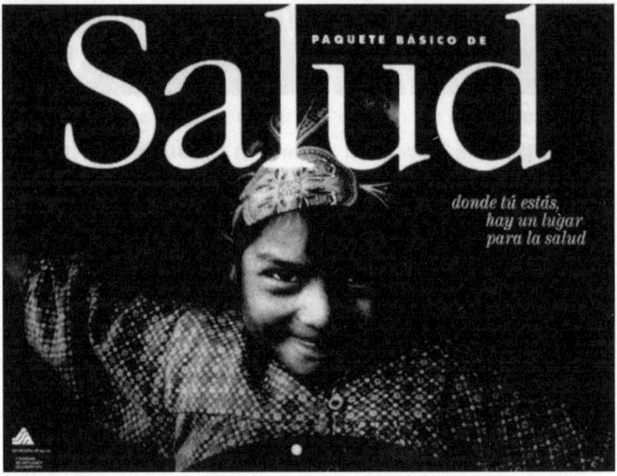

생활 교육

2006년에 디자인 스튜디오 버터플라이워크스와 원월드UK는 나이지리아에서 성 건강을 주제로 한 온라인 학습 프로그램 「생활 교육」을 개발했다. 나이지리아 교육청, 학부모, 교사, 학생들과의 협력 아래 나이지리아 북부 지방의 고등학생들 대상으로 기획한 프로그램이었다.

오른쪽이 현지에서 촬영한 사진을 기반으로 맨 처음에 만들어진 여성 캐릭터였다. 그런데 검증 결과 이 여성이 기혼임을 알리는 스타일로 히잡을 두르고 있다는 사실이 뒤늦게 밝혀졌다. 그 결과 미혼 버전의 왼쪽 캐릭터로 바뀌었다.

버터플라이워크스는 수많은 문화권의 프로젝트를 진행하며

↑ 「시민 디자인」에 실린 이미지.
ⓒ 스티븐 헬러 & 베로니크 비엔

디자인을 할 때는 사전 조사와 검증을 반드시 거쳐야 한다는 교훈을 얻었다. 그들은 현지 디자인 스튜디오와 체계적으로 협업하기를 좋아한다. 디자인을 완성하려면 지역별로 검증하고 수정하는 과정을 수없이 반복해야 한다.

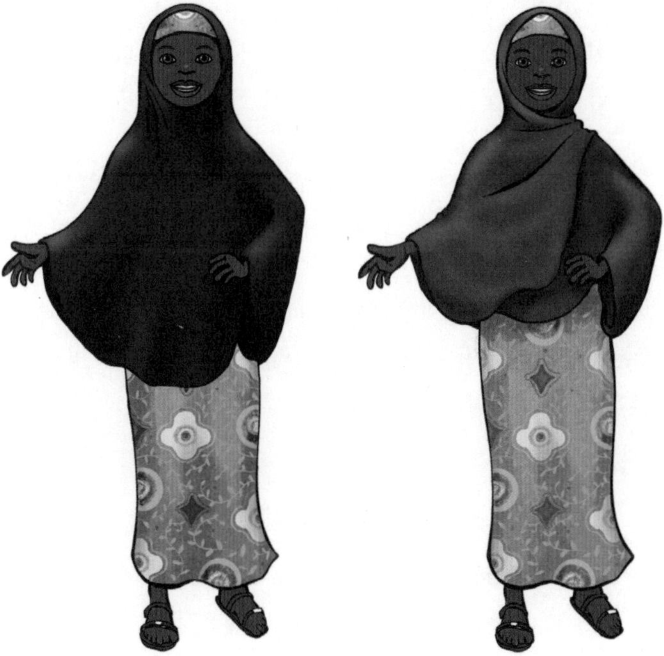

↑ 버터플라이워크스 & 원월드UK, 「생활 교육」(2006). 이미지 ⓒ 버터플라이워크스

포토샵에 의한 죽음

조지 오웰이 쓴 『1984』에서 주인공은 전체주의국가의 공무원이다. 언론에 소개된 적 있는 사람이 체포되거나 처형되면 기사를 고치거나 사진을 바꾸는 식으로 흔적을 지우는 것이 그의 일이다.

오웰의 디스토피아는 1940년대 소련에서 현실이 되었다. 정부에서 정적들을 사진과 공식 기록에서 주기적으로 삭제했던 것이다.

사진 수정이 전체주의정권의 전유물은 아니지만 이 사례가 섬뜩한 것은 지도부가 특정 사람들을 역사에서 지우도록 명령을 내릴 수 있었다는 사실 때문이다.

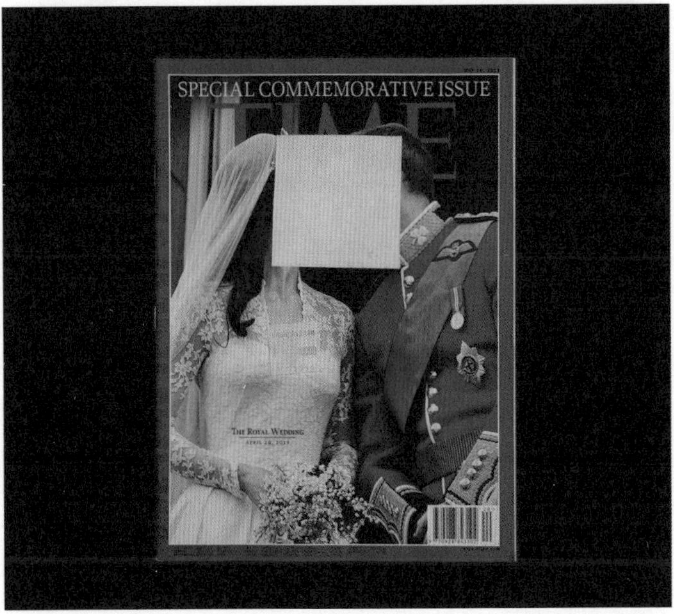

↑ 이란에서 검열을 거친 «타임». 「공화국 내에서의 검열」, «하퍼스»(2013. 8. 29.) 이미지 ⓒ harpers.org

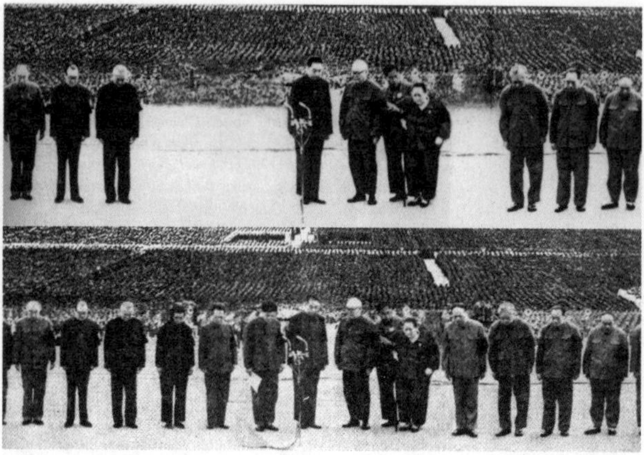

4인방은 거기 없다

1976년에 마오쩌둥이 사망하자 톈안먼 광장에서 장례식이 열렸다. 그때 촬영한 공식 사진에서 4인방이라고 불린 중국 공산당 간부 네 명이 삭제됐는데, 그중 한 명이 마오쩌둥의 아내다. 그들은 마오쩌둥 사후에 공산당 내부에서 권력투쟁이 벌어지자 한 달 만에 체포됐다.

↑ 이미지 © grancanariamaimenes.blogspot.nl

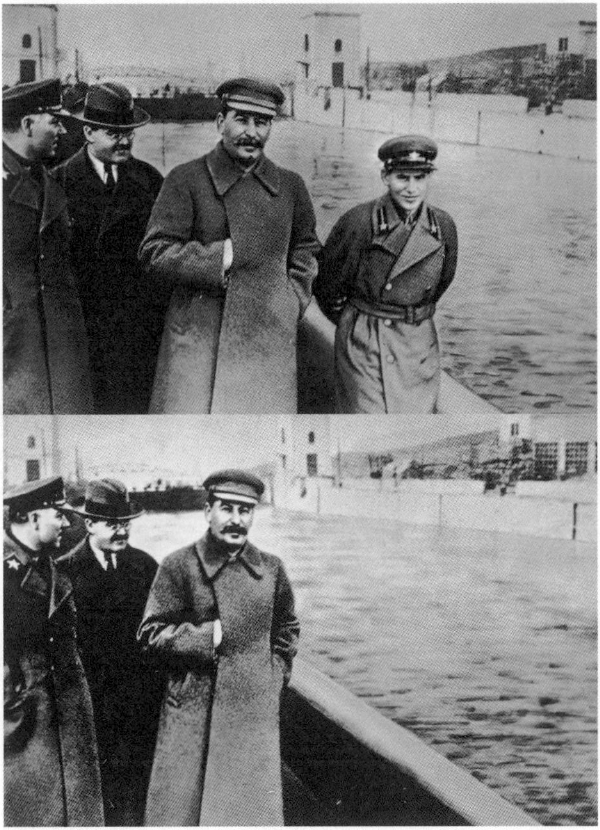

삭제자가 삭제되다

위 사진은 1937년에 모스크바 운하 옆에서 촬영된 것으로 중앙에 스탈린이, 오른쪽에 니콜라이 예조프가 있다. 예조프는 공산당 내부인민위원회 위원장으로 증거 조작을 통해 정적들의 체포와 처형을 주도했던 인물이다. 그런데 1940년에 스탈린의 눈 밖에 나자 예조프 역시 처형되고 기록에서 삭제됐다.

↑ 이미지 ⓒ en.wikipedia.org/wiki/Nikolai_Yezhov

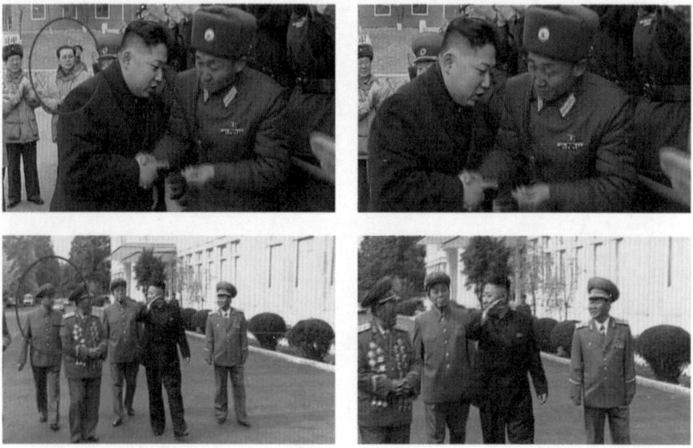

김정은의 고모부
북한의 2인자 장성택은 2013년에 반역죄를 선고받았다. 그는 김정은의 최측근 고문이었을 뿐 아니라 고모부였다. 그랬던 그가 느닷없이 반혁명분자로 낙인찍혀 숙청당한 것이다.

위는 국영 다큐멘터리 「위대한 수령 동지」의 스틸 컷이다. 숙청 이후 방송된 이미지에서 장성택(빨간 동그라미)은 잘리거나 지워져 보이지 않는다.

↑ 이미지 ⓒ theguardian.com

신체 노출을 통제하다

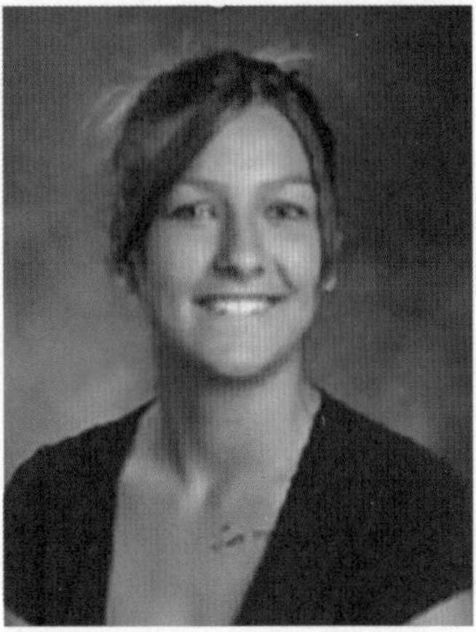
원본

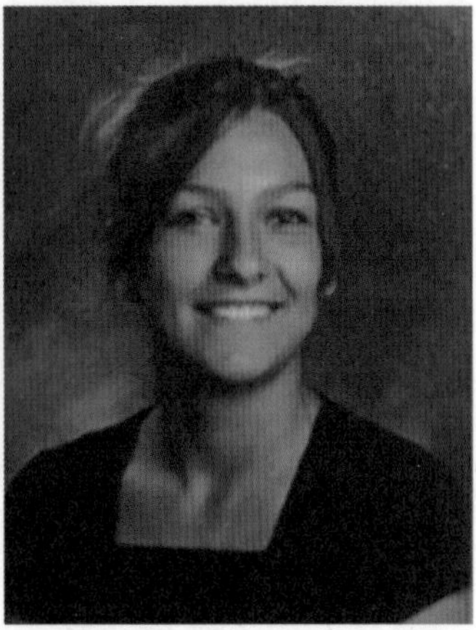
졸업앨범에 실린 수정본

시작은 무화과 이파리였다.[3] 이후로 노출에 대한 검열은 그 수법이 점점 교묘해지고 있다. 이란과 사우디아라비아에서 여성은 엄격한 이슬람 법도에 따라 목, 팔, 다리까지 맨살을 드러내지 못하게 되어 있다. 종교경찰이 모든 언론을 검열해 매직과 테이프로 신체 접촉이나 노출을 가린다. 가끔은 그냥 페이지째로 삭제하기도 한다.

미국 유타의 워새치고등학교에서도 정숙함을 이유로 여성의 신체를 가린 사건이 있었다. 노출이 심한 여학생들의 졸업앨범 사진을 검열한 것이었다. 사우디아라비아와 이란의 종교경찰처럼 수작업으로 사진을 편집했다.

↑ 유타 워새치고등학교의 졸업앨범에 실린 학생 사진. 이미지 © KTSU Fox 13

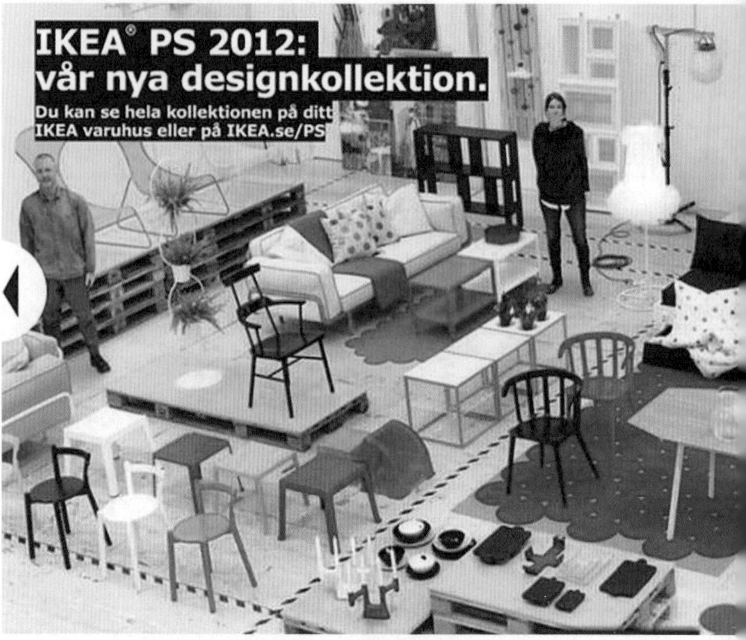
IKEA® PS 2012:
vår nya designkollektion.
Du kan se hela kollektionen på ditt
IKEA varuhus eller på IKEA.se/PS

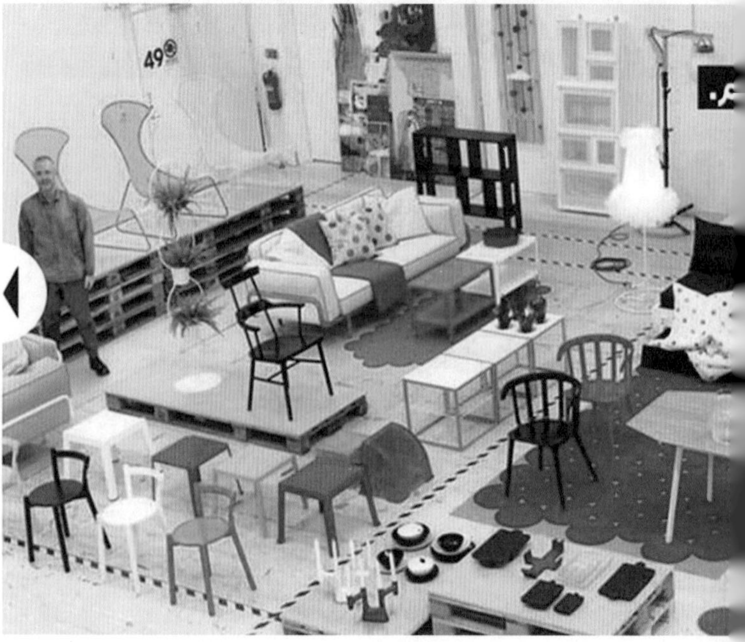
49®

2010년 이케아 이슈를 보면 여성의 이미지를 디지털로 검열하는 행위는 새로운 유행인 것 같다. 사우디아라비아의 이케아 카탈로그에서 다른 모든 건 그대로 두고 여성들만 모조리 디지털로 삭제한 것이다. «메트로»에서 이 소식을 보도하자 회사 측은 **이케아의 가치관에 부합하지 않는 행동이었다고** 사과했다.

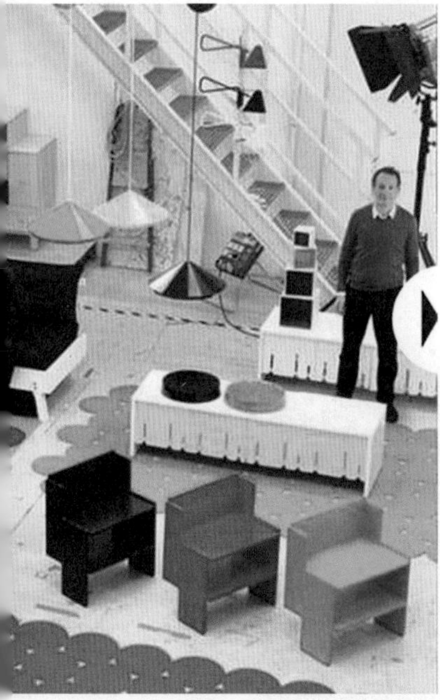

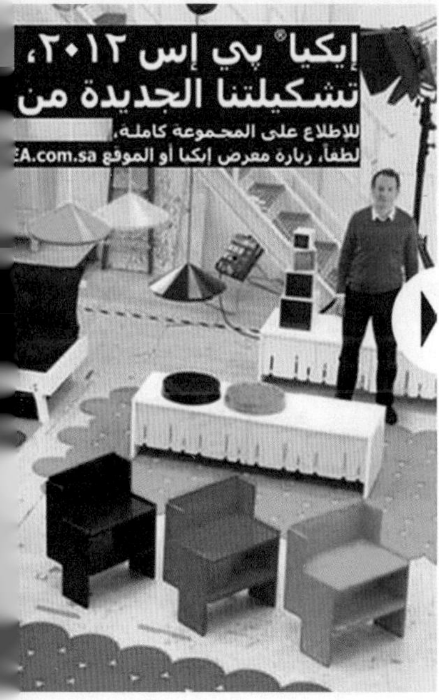

↖ ikea.com 스크린숏.
상: 스웨덴 웹사이트,
하: 사우디아라비아 웹사이트

스무스 크리미널[4]

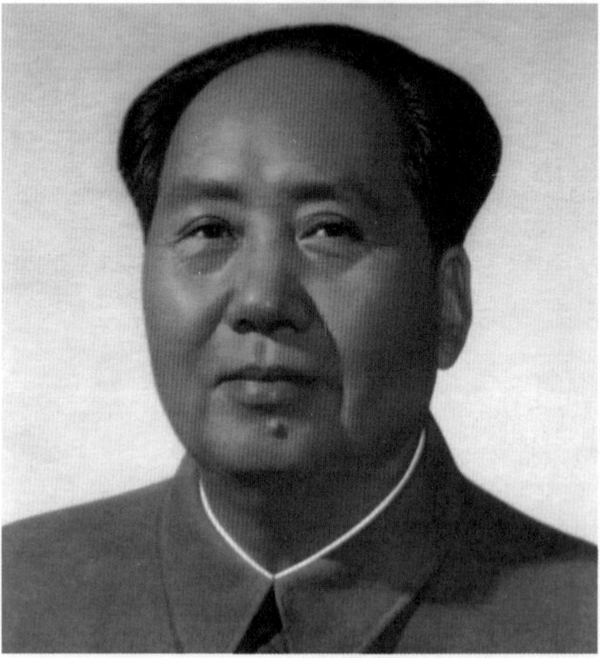

공인의 회춘 작업은 한번 시작하면 돌이킬 방법이 없다. 마오쩌둥의 이 컬러 사진은 그의 가장 유명한 초상이다. 매끈한 피부와 짙은 밤색 머리칼을 보면 촬영 당시 그의 나이가 71세였다는 사실이 믿기지 않는다. 하지만 여기서 어디까지가 진짜일까? 메트로폴리탄미술관의 설명에 따르면 이 이미지는 "흠결 없이 자애로운 인상을 풍기도록 각고의 노력을 기울여 수정한 결과물"이다.

↑ 이미지 © 메트로폴리탄박물관

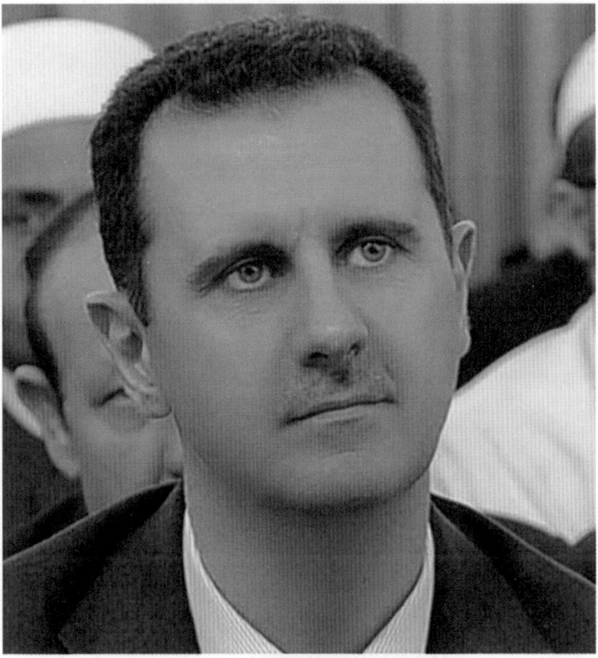

유명 연예인들만 완벽한 외모를 과시하기 위해 고심하는 건 아니다. 한 나라를 대표하는 인물이 나이를 먹기 시작하면 젊은 이미지를 되살리는 데 갖은 노력이 동원된다. 시리아 아사드 대통령의 2012년 사진은 46세의 수반에게 미소년 같은 매력을 부여하기 위해 가해진 수정을 잘 보여준다. 이미지 테크니션이 그의 울대뼈까지 지우는 과욕을 부렸다.

↑ 시리아의 공영 통신사 SANA/AP에서 배포한 사진

여기는 남자들의 세상

광고에서 성차별적인 고정관념이 횡행했던 것은 매드 맨 시절의 문화 아니냐고 생각할지 모르지만, 남성들이 지배하는 광고업계에서는 요즘도 다수 브랜드가 여성을 비하하고 성상품화하며 성차별적인 고정관념을 고수하고 있다. 남자들은 적극적이고 파워풀하게 묘사되는 반면, 여자들은 수동적인 욕망의 대상으로 묘사되는 식이다. 존 버거가 『다른 방식으로 보기』에서 설명했다시피 여성의 이미지를 바라보는 방식은 누드화의 역사에서 그 기원을 찾을 수 있다.

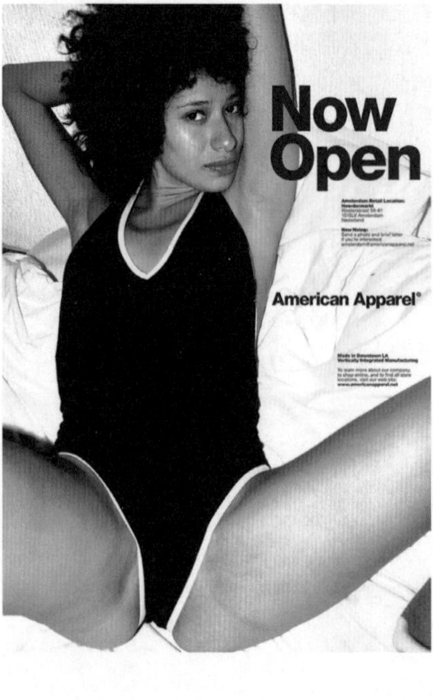

↑ 암스테르담 매장 오프닝 광고(2012).
이미지 ⓒ 아메리칸어패럴

불과 얼마 전까지만 해도 유화를 수집하고 소유할 수 있었던 사람들은 오로지 남성들이었다. 여성 누드화는 남성 관람자들에게 즐거움을 선사하기 위해 그려졌다. 이때 누드화를 그린 기준은 오늘날 광고업계에서 통용되는 기준과 비슷하다. 여성들은 보는 사람 쪽으로 몸을 돌려 자신의 아리따운 육체를 바치는, 수동적이고 성적 접근이 가능한 존재로 그려진다. 아래 소개된 이미지에서 나체인 여성이 아니라 나체인 남성이 똑같은 포즈를 취하고 있었다면 얼마나 다르게 보였을지 상상해보라.

버거도 설명했다시피 누드화의 이런 관례는 세계 보편과는 거리가 멀다. 예를 들어 인도나 페르시아, 아프리카에서는 그림 속에서 여성들만 나신을 드러내는 게 아니라 남녀 모두 성적으로 서로에게 탐닉한 모습으로 묘사된다.

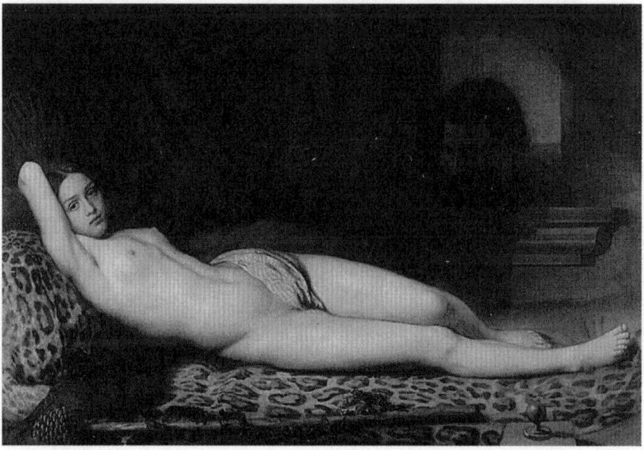

보디 이미지

패션업계와 광고업계에서 여성들에게 들이대는 아름다움의 잣대는 현실에서는 실현 불가능하고 컴퓨터로 조작해야 달성할 수 있는 수준이다. 그들이 제시하는 보디 이미지는 현실적인 아름다움의 기준을 받아들이기 어렵게 만든다. 2007년의 연구 결과에 따르면 자신을 예쁘다고 생각하는 여성 인구가 전 세계적으로 2퍼센트에 불과했다.

↑ 펠릭스 트루타, 「누워 있는 바쿠스 신의 여사제」(1895)

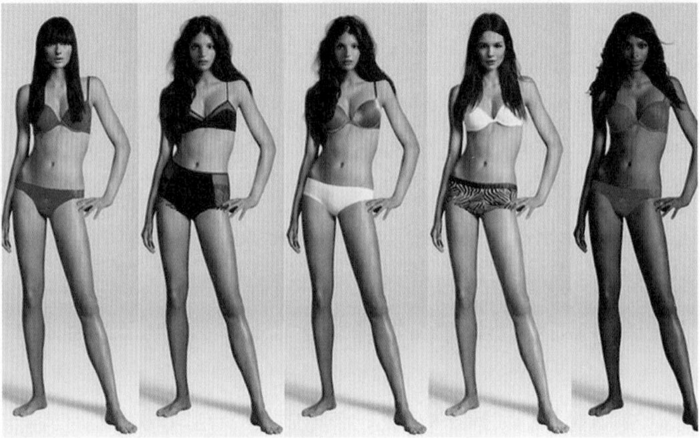

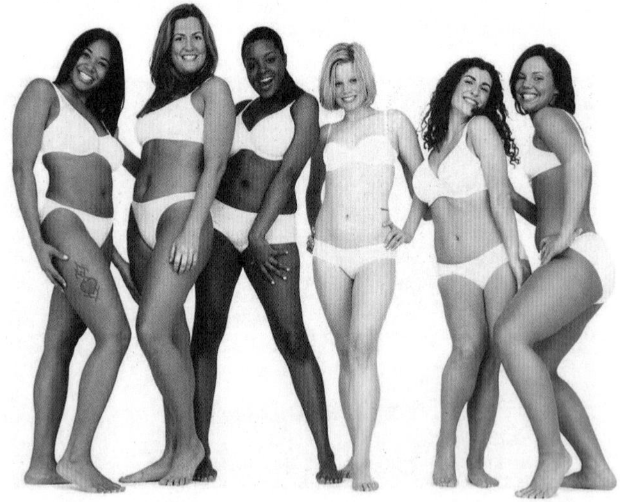

↑ H&M 웹사이트 스크린숏(2011).
이미지 ⓒ H&M
↓ 오길비 & 매더, 「리얼 뷰티」 캠페인(2007).
이미지 ⓒ 도브

패션사진 업계에서는 여성의 몸매를 컴퓨터로 보정하는 것이 일반적인 관행이다. 2011년에 H&M에서는 컴퓨터로 만든 몸에 실제 모델의 얼굴을 합성했다. H&M은 "이상적이거나 완벽한 몸매를 제시하려는 게 아니라 제품을 돋보이게 하기 위한 수단"이라고 설명한다.

화장품, 다이어트 제품, 성형수술, 피트니스 프로그램을 판매하는 업체에서는 이렇듯 비현실적인 아름다움의 기준을 통해 이득을 얻는다. 광고를 통해 여성들에게 자신의 몸에 대한 불만을 조장하고 이 뷰티용품을 쓰면 아름다워질 수 있다고 유혹하는 식인데, 요즘 들어서는 남성을 향한 영업도 느는 추세다.

리얼 뷰티

2007년에 한 화장품 회사에서 좀 더 현실적인 아름다움의 기준을 제시했다. 도브에서 「리얼 뷰티」 캠페인을 통해 거식증 환자로 보이지 않는 몸매를 드러낸 여성들을 등장시킨 것이다. 이 캠페인은 찬사와 비판을 동시에 받았다. 도브가 아름답다고 제시한 이미지는 분명 화장품 업계를 지배한 이미지와 달랐다. 하지만 첫째, 광고에 등장한 여성들은 여전히 일반인과 거리가 있고 누가 봐도 아름다운 외모 덕분에 선택된 모델인 게 분명했다. 둘째, 아름다운 외모가 여성들에게 가장 중요한 자질이라는 전제로부터 여전히 자유롭지 못했다. 셋째, 일각에서 지적하다시피 도브의 모회사인 유니레버의 다른 화장품 브랜드에서는 슬림패스트 다이어트 제품과 미백 크림, 셀룰라이트 분해 크림을 판매하던 시점이었다.

그럼에도 이 캠페인은 아름다움의 기준을 둘러싼 논의에 기여한 바가 컸다. 광고를 연구하는 진 킬본은 말했다. "예나 지금이나 도브는 여성의 아름다움을 어떤 식으로 정의할 것인가에 대해 화두를 던지는 몇 안 되는 주류 광고주다."

책임감 있는 이미지

디자이너와 광고주, 사진작가 들은 남성과 여성을 묘사할 때 자신들에게 따르는 책임을 인식해야 한다. 성별에 따른 고정관념과 비현실적인 아름다움의 기준은 남녀 모두에게 해가 되고, 성형수술, 낮은 자존감, 섭식장애를 유발하곤 한다. 남성들은 왜곡된 미녀상과 섹슈얼리티 이미지에 점점 무뎌지고 있다. **섹스어필이 판매를 촉진한다는** 변명은 2015년에 오하이오주립대학교에서 실시한 연구 결과, 오류인 것으로 드러났다. 소비자들은 성적인 코드로 광고하는 제품을 덜 구입한다.

일부 브랜드에서는 주도적으로 외모에 얽힌 관행에 의문을 제기하고 새로운 롤모델을 제시한다. 네덜란드의 체인 백화점 헤마는 2011년에 오스트레일리아의 트랜스젠더 모델 안드레야 페이치에게 푸시업 브라 광고를 맡겼다.

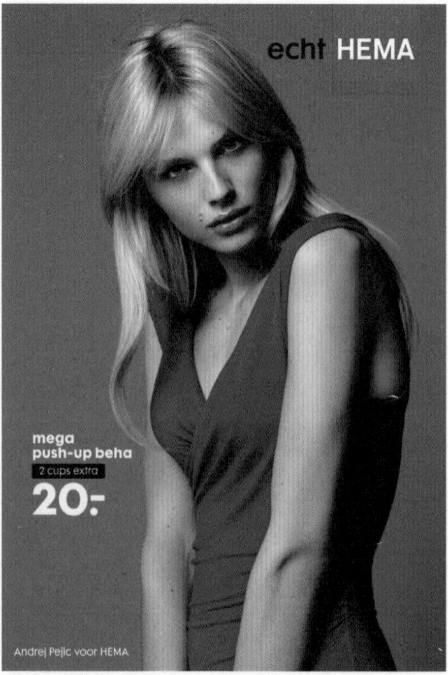

↑ 둠 & 딕슨, 헤마 모델 안드레야 페이치.
사진 © 벤델린 단(2011)

뉴 마사이족

당신도 케냐나 탄자니아를 여행하다 보면 마사이족이 사는 마을에 들러 사진을 찍을지 모르겠다. 얀 훅이라는 예술가는 마사이족을 찍은 사진들의 공통점에 주목했다. 사진 속 마사이족은 다홍색 전통의상에 장신구를 달고 대자연 속에서 높이 점프하고 있다.

그것이 사진작가들이 열렬히 호응하는 아프리카의 진정한 이미지였다. 현대적인 구석이라고는 찾아볼 수 없이 전근대에서 멈춰버린 시계. 얀 훅은 도시에 사는 마사이족이 그 같은 고정관념을 불쾌하게 여긴다는 사실을 알게 됐다. 그는 마사이족을 다른 방식으로 촬영하기 전에 몇 명과 대화를 나누며 자신들이 어떤 식으로 표현되면 좋겠느냐고 먼저 물었다. 시골 생활을 하건 도시 생활을 하건 양쪽 생활을 번갈아 하건 마시아족들이 말하는 자신들의 모습은 외부인의 시각과 전혀 달랐다.

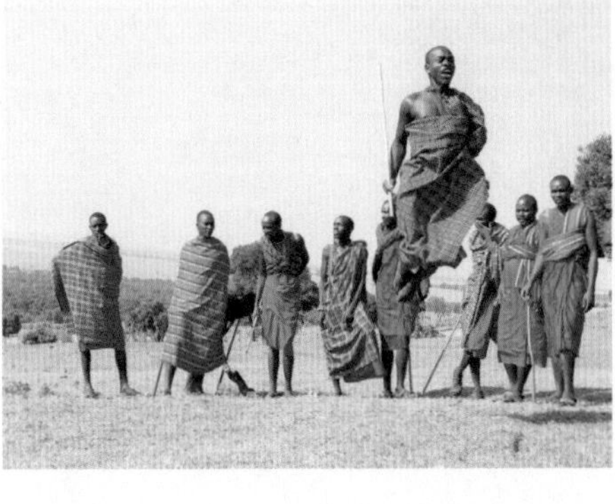

↑ 크리스토퍼 마이클, 「마사이 마라」(2013).
ⓒ flickr.com/photos/cmichel67

마리아(33세) 사육사

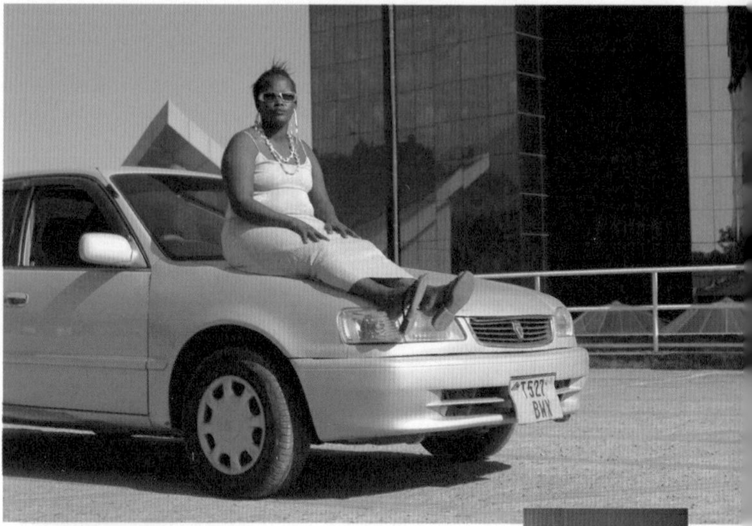

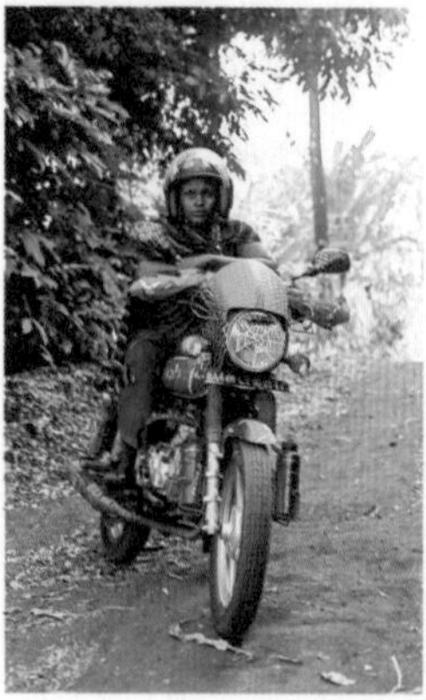

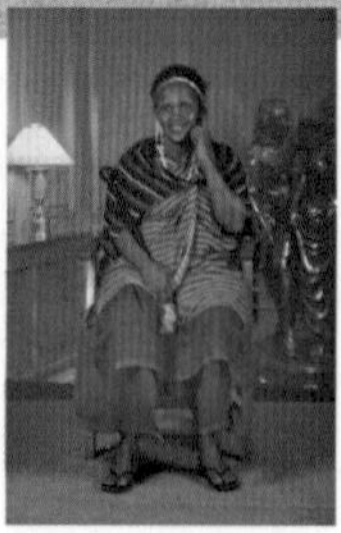

1차 선택

2차 선택

3차 선택

좋아하는 것: 은, 행복하게 웃는 얼굴로 사진 찍기
싫어하는 것: 슬픈 사진

마이크(40세) 사업가

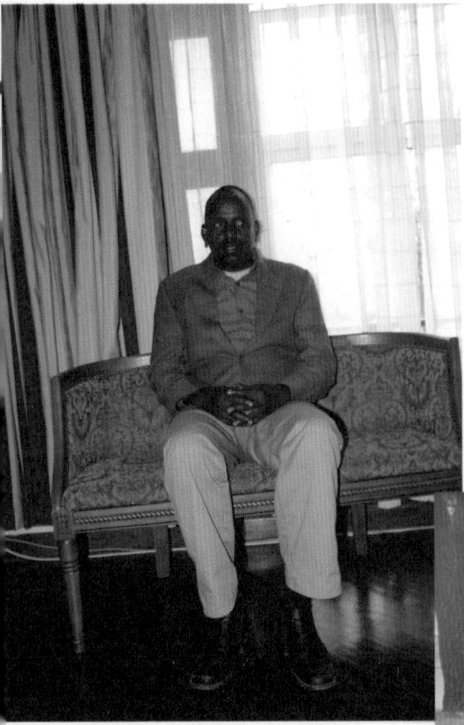

←1차 선택

2차 선택 ↴

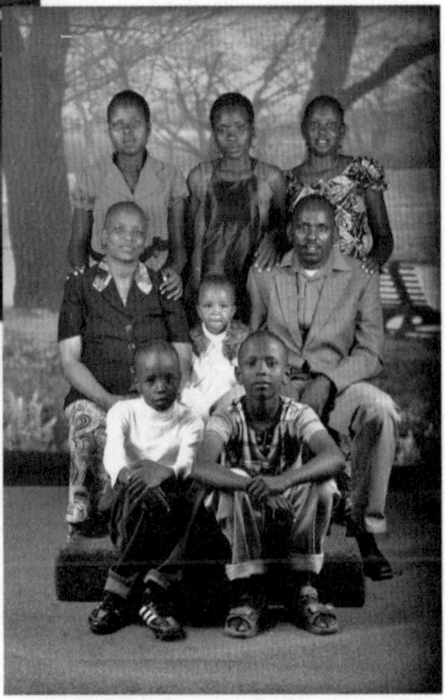

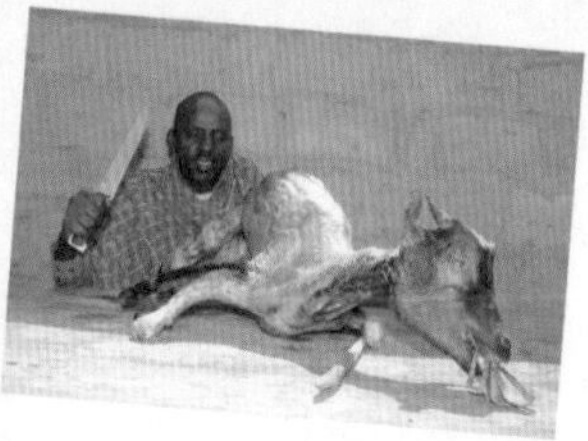

←
3차 선택

좋아하는 것: 마사이족을 요즘 스타일로 찍은 사진

싫어하는 것: 게으른 마사이족 사진

↑ 얀 훅, 「새로운 방식으로 촬영한 뉴 마사이족」(2014)

허울뿐인 다양성

"우리가 고객을 제대로 섬기고 주주들의 이익을 극대화하는 원동력은 다양성입니다." 골드먼삭스 웹사이트에는 이렇게 쓰여 있다. 거의 모든 다국적 기업이 대개 여러 인종이 섞인 직원들의 웃는 사진과 함께 웹사이트에 이 비슷한 선언을 게재한다. 미국에서는 1990년대 말 기준으로 대기업의 75퍼센트가 다양성 프로그램을 선보였다(케이트 매코믹, 2007). 요즘은 직원의 다양성이 기업의 순자산을 확장하는 중요한 요인으로 간주된다.

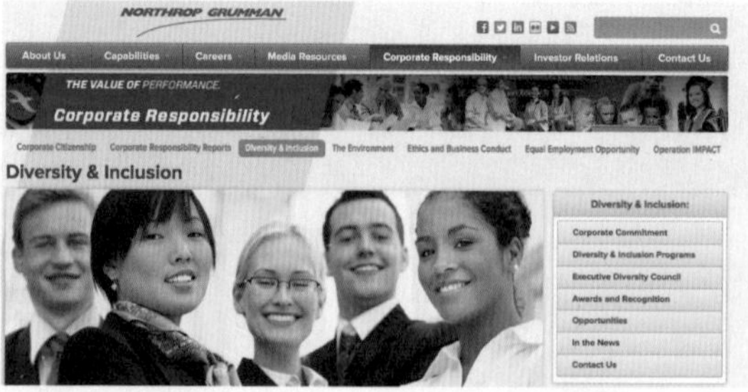

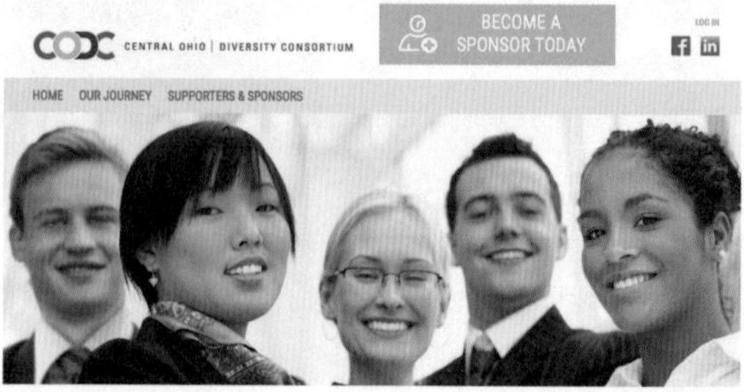

↑ ⓒ 노스롭그루먼 웹사이트(2015)
↓ ⓒ 중부 오하이오 다양성협력단 웹사이트(2015)

실제로 이 회사들은 얼마나 다양성을 확보하고 있을까? 알고 보니 다수의 회사가 스프레드시트에서 뽑기라도 한 것처럼 계산된 비율로 인종과 성별이 뒤섞인 동일한 사진을 쓰고 있는 것으로 밝혀졌다. 이 사진을 역추적해보니 다른 웹사이트에도 숱하게 게재된 스톡 이미지였다. 노스롭그루먼 웹사이트에 쓰인 사진은 중부 오하이오 다양성협력단, 영국의 컨설팅 회사, 남아프리카의 헤드헌트 회사, 프랑스의 국립교사 연수기관에도 동일하게 쓰였다.

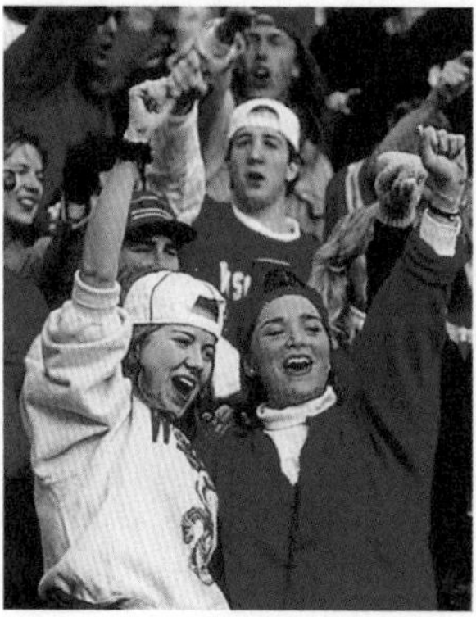

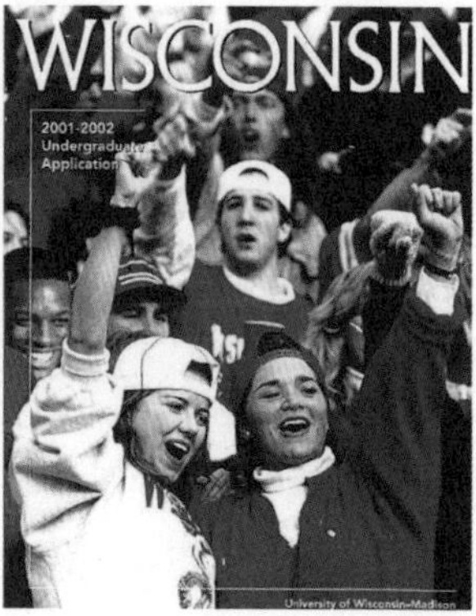

다양성 터치

스톡 이미지가 흔하게 느껴진다면 포토샵으로도 얼마든지 다양성을 연출할 수 있다. 2001년에 위스콘신매디슨대학교는 백인밖에 없는 군중 사진에 포토샵으로 흑인 학생의 얼굴을 삽입했다. 덴버대학교의 법학과 교수 낸시 렁은 이를 가리켜 **인종 자본주의**라고 부른다. 기업들이 장기적으로 다양성을 추구하는 수고로운 작업은 마다하고 소수 인종의 이미지로 이득을 챙긴다는 뜻이다.

이미지를 통해 사회를 좀 더 다양하게 표현하는 것은 시각커뮤니케이션의 균형을 도모한다는 점에서 환영할 일이지만, 이미지를 동원하는 것만으로 실제 다양성을 창출할 수는 없다.

↑ 위스콘신매디슨대학교 브로슈어(2001).
좌: 원래 사진, 우: 브로슈어 표지

어떤 문화는 다른 문화보다 크다

문화는 당연히 국경을 넘나들지만 동일한 비율로 이동하지는 않는다. 1600년대에서부터 1900년대까지는 서유럽 문화가 스스로 우월하다고 선포하며 다른 문화는 발달 초기이거나 발달이 덜 된 것으로 분류했다. 문화는 진화하는 것으로 간주됐고 그 정점에 서유럽 문화가 있었다.

인류학자 프란츠 보아스(Franz Boas)는 이와 같은 문화진화론에 의문을 제기했다. 그는 문화는 보다 높은 단계를 향해 나아가는 과정이 아니라 사람과 생각의 상호작용으로 발전하는 것이라고 했다. 인간은 누구나 자신의 문화라는 렌즈를 통해 다른 문화를 바라보기 때문에 객관적으로 판단할 수 없다.

문화진화론은 대체로 폐기됐지만, 로버트 영이 『포스트식민주의』에서도 지적했다시피 수세기에 걸친 문화 지배와 식민지 지배의 여파로 백인 문화가 예술, 이데올로기, 과학, 언어의 기준이 된 것은 외면하기 어렵다.

냉전시대에는 소련과 미국이 언론을 통해 침투 작전을 벌였다. 무기가 아닌 문화로 다른 나라들을 자기들 편으로 끌어들이려고 한 것이다. 일부 문화평론가들은 심지어 도널드 덕이나 미키 마우스 같은 디즈니 캐릭터마저 라틴아메리카에서 정치적으로 동원됐다고 주창한다. 만화에 등장하는 순진무구한 캐릭터마저 미국의 정치관에 무의식적으로 동화시키는 용도로 쓰였다는 것이다.

교차문화적 커뮤니케이션은 그 자체로 냉전시대의 정치

도구로 이용되었는데, 1965년에 미국 외교위원회는 인류학 연구의 중요성에 대해 이렇게 말했던 것이다. "행동과학의 역할, 즉 인간의 태도와 동기를 결정하는 것은 무엇이며, 어떻게 하면 이 방면의 지식을 정부의 외교정책 수행 사업에 적용할 수 있을지 밝히는 것이 우리 분과위원회의 첨예한 관심사입니다."

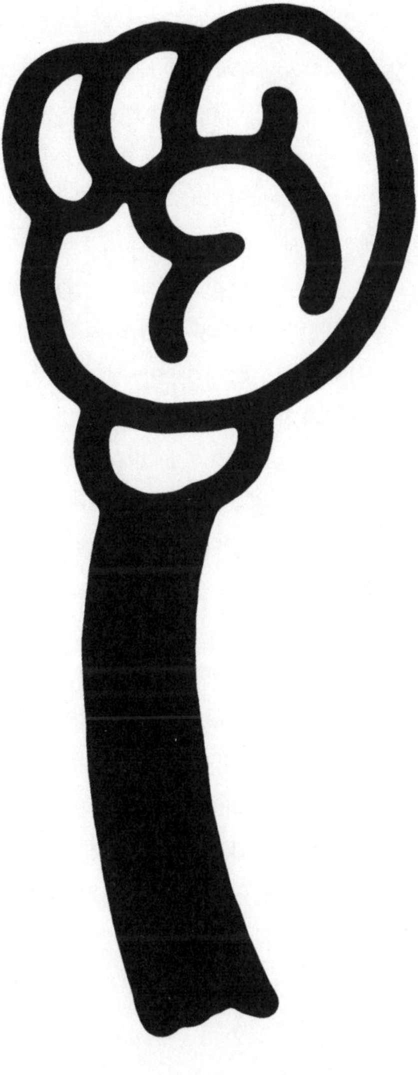

↑ 칼 그란딘, 「민중 혁명」(2009)

인간 가족

2차 세계대전 이후 얼마 동안 미국과 소련은 온갖 수단과 방법을 가리지 않고, 심지어 미술전에서조차 자신들의 이데올로기가 우월하다고 다른 나라들을 설복하려고 했다. 8년 동안 900만여 명의 관람객을 동원해 업계 최초의 블록버스터가 되었던 「인간 가족」이라는 사진전도 그 하나였다.

이 사진전을 기획한 사람은 뉴욕 현대미술관 모마(MoMA) 사진부장이었던 에드워드 스타이컨이다. 온 인류 앞에서 융합과 평등과 자유를 증명하고 싶다는 것이 그의 기획 의도였다. 이를 위해 69개 나라에서 출생, 사랑, 일, 질병, 죽음과 같은 카테고리에 해당하는 사진 503장을 선별했다.

사진을 예술작품이 아닌 기록으로 활용했다는 점에서 참신한 전시였다. 스타이컨은 사진이라는 만국 공통어를 통해 모든 문화권이 이해하는 정보를 전달할 수 있다고 생각했다. 사진은 아무 설명 없이 전시됐다. 작가의 이름과 촬영지만 밝혔을 뿐이다.

다만 선별된 작품은 절대 객관적이지 못했다. 작가의 60퍼센트가 미국 출신이었고, 26퍼센트가 유럽 출신이었다. 동성이나 다른 인종으로 이루어진 커플은 등장하지 않았고, 전통적인 가족의 중요성만 부각됐다. 오른쪽 면에 실린 두 사진 다 가족을 담고 있다. 왼편의 아프리카 가족은 시골의 야외에 있는 반면, 미국 가족은 벽에 가족사진이 걸린 실내에 있다. 양쪽 모두 인간 가족이지만 한쪽은 누가 봐도 선진국다운 가족이고 다른 한쪽은 그렇지 못하다.

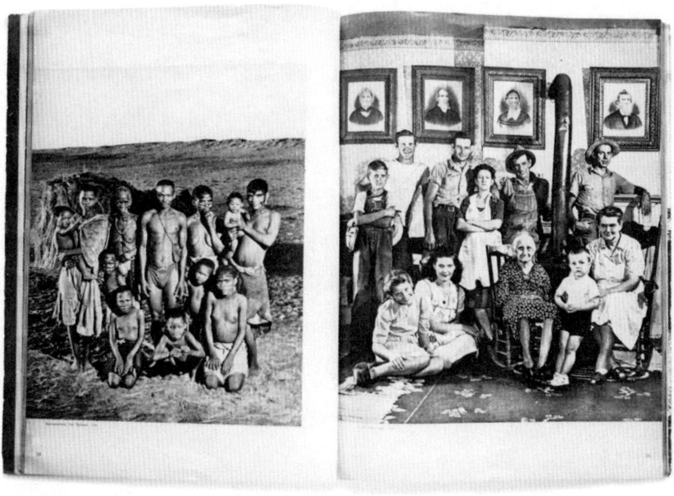

↑ 전시회 카탈로그. 제리 메이슨,
「인간 가족」(모마:1955).
이미지 © 뤼번 파터르.
사진작가 © 좌: 냇 파브먼(미국),
우: 니나 린(미국)

월드투어

1955년에 시작된 「인간 가족」전은 모마의 국제 프로그램에 발맞춰 월드투어에 나섰다. 이후 8년 동안 6개 대륙, 37개 나라, 88군데 전시장에서 관람객을 만났다. 대부분 미국의 관심권 안에 있는 개발도상국이었다. 예술, 정치, 기업의 이해관계가 맞물린 투어였다. 요하네스버그 전시장 입구에는 코카콜라 병으로 둘러싸인 거대한 지구본이 전시됐다. 과테말라에서는 민주적으로 선발된 정부가 미국을 등에 업은 쿠데타로 전복된 지 겨우 14개월이 지났을 무렵 전시가 열렸다. 군사정권은 미국 기업의 수익활동을 전적으로 보호했다.

본 전시는 CIA에서 제공합니다

해외 전시를 주관한 주최 측은 모마 국제 프로그램과 미국 공보처였다. 공보처는 문화를 통해 미국의 정치 이념을 전파하는 업무를 담당한 정부기관이다. 국제 프로그램은 CIA와 연계돼 있었고, 에바 코크로프트가 「추상표현주의: 냉전시대의 무기」(1985)에서 밝혔듯 문화를 통한 선전에 관여한 이력이 있었다.

「인간 가족」전은 자유로움과, 모든 문화와 종교의 아우름을 소련의 폐쇄적이고 엄격한 이데올로기와 대조함으로써 서구의 가치관을 홍보했다. 미국 공보처는 일반 대중이 선전인 줄 인식하지 못할 경우 메시지를 스스럼없이 수용한다는 사실을 간파했다. 「인간 가족」전을 관람한 수백만 명은 이를 인류의 보편적인 가치를 다룬 평범한 사진전으로 받아들였다.

「인간 가족」전만큼 인기가 있었던 전시는 거의 없었고, 이 전시회는 역사적인 가치를 인정받아 2003년에 유네스코에 등재됐다. 현재는 룩셈부르크에서 상설 전시 되고 있다.

문화 절도

표절은 그래픽디자이너들 사이에서 폭넓게 논의되지만 문화 도용은 거의 언급되지 않는다. 문화적인 요소를 허락 없이 도용하는 것이 문화 도용인데, 주류 문화가 변방 문화의 일부 요소를 도용하는 경우가 대부분이다.

유명한 사례를 소개하자면 2009년에 의류 브랜드 어번아웃피터스에서 미국 아메리카 원주민 나바호족의 직물에서 **영감**을 얻은 문양을 넣어 디자인한 **나바호** 라인이 있다. 회사 측에서는 사전에 이 부족과 상의하거나 허락을 구하지도 않았고 판매 수익을 공유하지도 않았다.

나바호족 보호구역에서 옷감 짜는 법을 배우며 자란 재클린 레셜은 말했다. "나바호족이 (……) 살아 있는 부족이라는 걸 (……) 요즘 여성들은 이런 디자인의 옷에 특별한 의미가 담겨 있어서 입는다는 걸 알기나 하는지 궁금해요."

처음에 어번아웃피터스 측에서는 명칭이나 제품 변경을 거부했지만 소셜미디어를 통한 압박이 점점 거세어지자 2011년에 나바호 라인을 접었다.

폰트디자인에서도 문화 도용 사례를 찾을 수 있다. 디자이너 요하네스 쾨니히는 2012년에 **메스티소**(Mestizo)를 출시했다. 메스티소는 혼혈이라는 뜻으로 유럽인과 아메리카 원주민의 피가 섞인 사람을 비하하는 인종차별적인 단어다. 쾨니히는 **엄격한 그리드 시스템에 기반하면서 민족적 상징성을 결합한 폰트**라고 설명한다. 이 폰트의 디자인은 메스티소 문화와는 무관하게 디자이너가 고안한 것이다. 폰트 이름과 사진은 디자인에 가치를 더하기 위한 인종적 양념에 불과하다. 이것은 문화적으로 그릇된 이미지를 생산한다. 사람들은 저 디자인이 실제 라틴아메리카 메스티소의 표현 양식이라 받아들일 수 있기 때문이다.

문화 도용이 비난을 받는 이유는 변방 문화의 요소들이 고유의 맥락 안에서 존중받거나 공표되지 않아서다. 주류 문화에서 이걸 훔치고 재가공하고 팔자 갑자기 널리 받아들여지는 것이다.

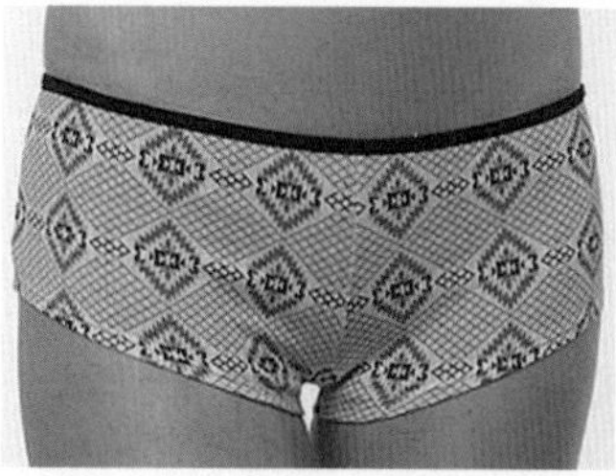

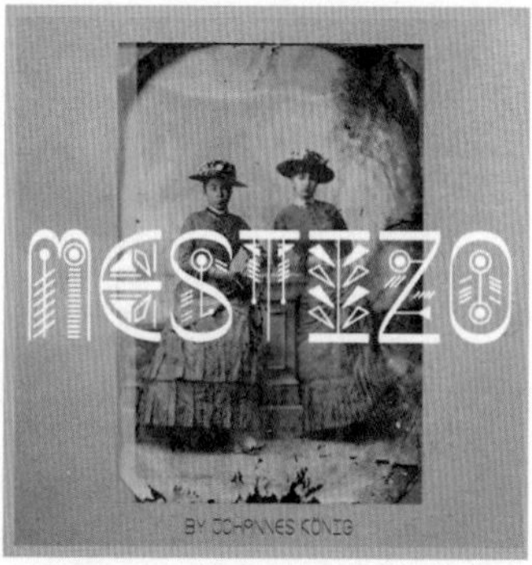

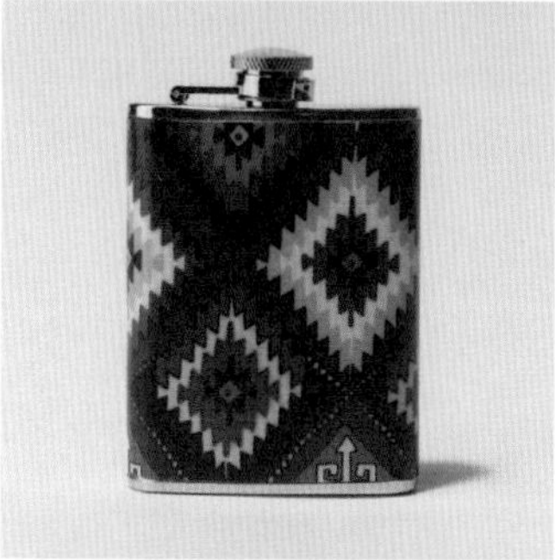

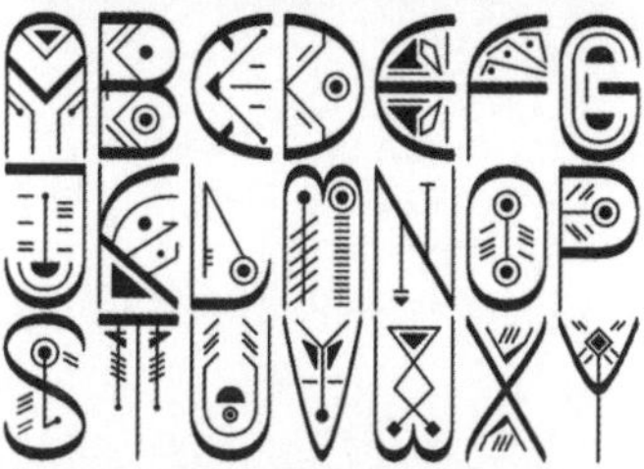

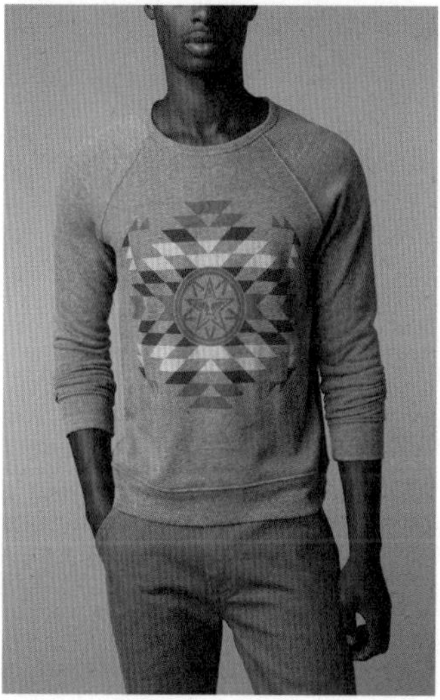

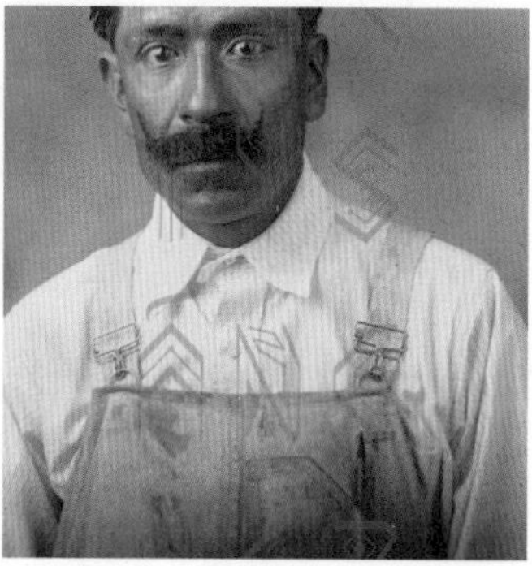

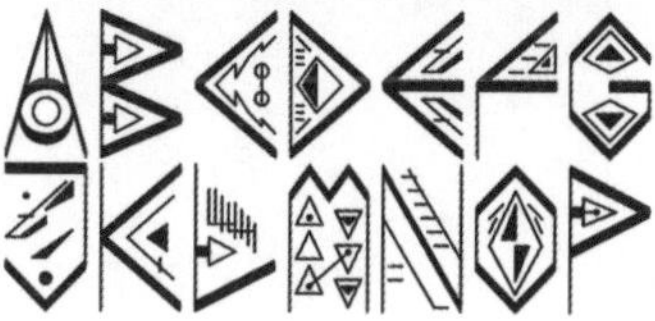

↑ <u>왼쪽 줄</u>: 어번아웃피터스 제품 이미지(2009).
© 어번아웃피터스
<u>오른쪽 줄</u>: 메스티소 글자체.
볼케이노타입에서 출시(2012)

주

1. 수묵화에서, 먹의 바림을 이용하여 그림의 입체감을 나타내는 일 또는 그런 기법.
2. 네덜란드에서 inburgeren(융합)이라는 개념은 논쟁적이다. 시민 의무의 진보적인 양식으로 권장되는 관 주도의 프로그램으로 문화적 동화를 촉진함으로써 시민들 사이의 계급 구분을 공고히 하기 때문이다. — 저자주
3. 부끄럽거나 불쾌한 행위 내지 대상을 가리는 일을 비유적으로 표현한 것으로, 성경에서 아담과 이브가 몸을 가린 데서 나왔다.
4. 「Smooth Criminal(능숙한 범죄자)」(1988)이라는 마이클 잭슨의 곡명을 차용하여, 매끈하게 보정된 인물을 같은 단어 Smooth로 표현한 듯하다.

4장 상징과 아이콘

글은 나누고 그림은 모으고

리서치 도움: 아스야 케이만

1920년대 초, 빈의 철학자 오토 노이라트(Otto Neurath)는 국제그림글자교육기구(International System Of Typographic Picture Education, 아이소타입)라는 그림문자를 만들었다. 그림으로 된 상징을 통해 정보를 널리 전달하는 방식이었다. 노이라트는 "누가 봐도 세부가 명확한 그림은 문자의 한계로부터 자유롭다. 그렇기에 국제적이다."라고 했다. 아이소타입 아이콘을 디자인하는 데 쓰인 기법(디테일을 배제하고 실루엣으로 표현했다.)은 이후 수십 년 동안 아이콘 디자인의 기준으로 군림했다. 아이소타입의 한 가지 원칙이 있다면 단순화한 형체를 사회의 모든 계층이 알아볼 수 있어야 한다는 것이었다.

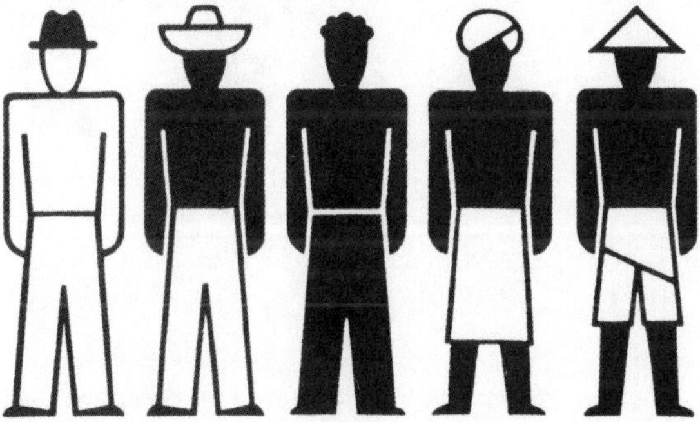

노이라트는 아이소타입으로 중립적이고 객관적인 의미 전달이 가능하다고 생각했다. 하지만 그 중립성은 상징의 배치에 있어서만 존재했다. 정보는 선택과 분류를 통해 시각정보 전달을 최대화하는 방향으로 좁혀졌다. 모든 상징은

↑ 게르트 아른츠, 「디베르세 멘센라센(여러 인종의 남자들)」(1928~1936). A0146H. 이미지 © 게르트 아른츠 & 헤이그시립미술관

가치가 동등하다는 전제 아래 인종, 성별, 문화의 차이를 무시한 채 가로와 세로로 배치됐다.

여기서 잊지 말아야 할 점이 있다면 아이소타입이 식민주의시대의 유럽에서 만들어졌다는 것이다. 아이소타입이 **객관적이며 중립적**이라는 설명이 유럽 식민주의시대의 기준에 바탕한다는 뜻이다. 아래 자료를 보면 비유럽국가는 **기타**로 뭉뚱그려졌다. 인종은 다섯 덩이로 축소돼 백인이 첫 번째였고, 다른 인종은 상의를 걸치지 않은 검정색의 부수적인 존재들로 묘사됐다.

아이소타입은 누가 봐도 중립적이거나 객관적이지 않지만 기술적인 우수성과 일관성으로 수십 년 동안 아이콘 디자인과 정보 디자인에 지대한 영향을 미쳤다.

인류의 인구성장

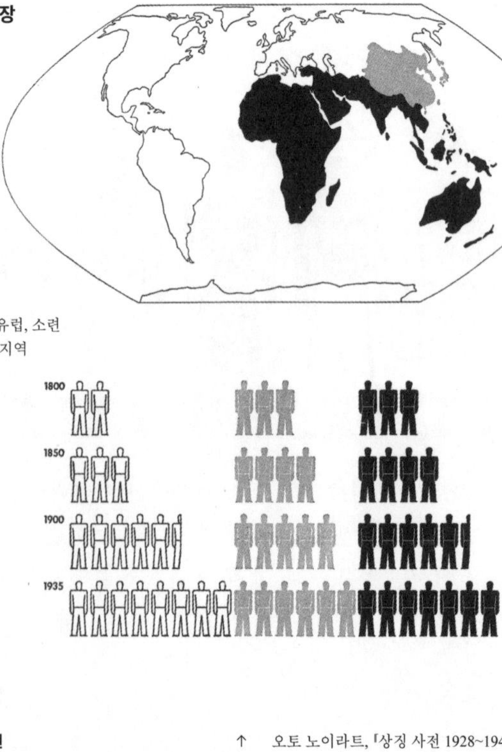

흰색: 아메리카, 유럽, 소련
회색: 중국, 일본 지역
검은색: 기타

단위: 10억 명

↑ 오토 노이라트, 「상징 사전 1928~1940」(1939)

평화를 도용하다

리서치 도움: 아스아 케이만

어떤 상징들은 유명하고, 다른 상징들은 그렇지 않은 이유는 뭘까? 글자체디자이너 아드리안 프루티거(Adrian Frutiger)는 역사적인 측면보다 강렬한 시각적 효과에 좌우되는 바가 많다고 주장했다. 유명한 예로 시간이 흐름에 따라 상징의 의미가 상당히 달라진 만(卍)자와 해골을 들 수 있다.

평화의 상징은 1958년에 영국의 텍스타일디자이너 제럴드 홀텀(Gerald Holtman)이 영국의 핵군축[1] 운동을 기념해 만들었다. N과 D에 해당하는(Nuclear Disarmament, 핵폐기) 깃발 신호를 기반으로 디자인했고 절망에 빠진 인간을 형상화하기도 했다. 1960년대와 1970년대에 베트남 반전 운동과 핵무기 폐기 시위를 거치며 역사상 가장 유명한 심벌로 발전했다.

거꾸로 놓인 포크 모양은 더할 나위 없이 단순했다. 맨 처음 쓰기 시작한 사람이 홀턴은 아니었다. 룬 문자에서 이 심벌은 죽음을 뜻한다. 2차 세계대전 때 룬 문자는 나치 독일에 의해 부활됐고 다른 여러 가지 중에서도 군대를 표시하는 데 쓰였다. 평화의 상징이 만들어지기 수십 년 전에 전혀 평화적이지 않은 목적으로 독일의 전차부대에 쓰인 것도 그 때문이다.

1960년대에 유럽에서 평화의 상징이 유명해지자 과거의 사연이 수면 위로 부상했다. 나치에 얽힌 역사를 들어 사용에 반대한 사람들도 있었지만 그 무렵에는 폐기하기에는 너무 유명해져버렸다. 1973년에 평화의 상징은 남아프리카에서 아파르트헤이트에 반대하는 시위에 쓰이며 다시 논란의 중심에 섰고, 이후에 아파르트헤이트 정권에서는 이 심벌의 사용을 금지했다.

좀 더 최근으로 건너오면 2006년에 미국의 덴버에서는 반기독교적이라고 항의한 이웃들 때문에 주민 둘이 내걸었던 평화의 심벌을 거둔 사건이 벌어졌다. 이웃 주민들이 거꾸로 놓인 포크를 사탄의 심벌인 뒤집힌 십자가로 해석했던 것이다. 심벌이 제아무리 단순하고 강렬해도 어떤 식으로 각색하거나 도용하느냐에 따라, 무엇을 닮았는지에 따라 의미가 180도 달라질 수 있다.

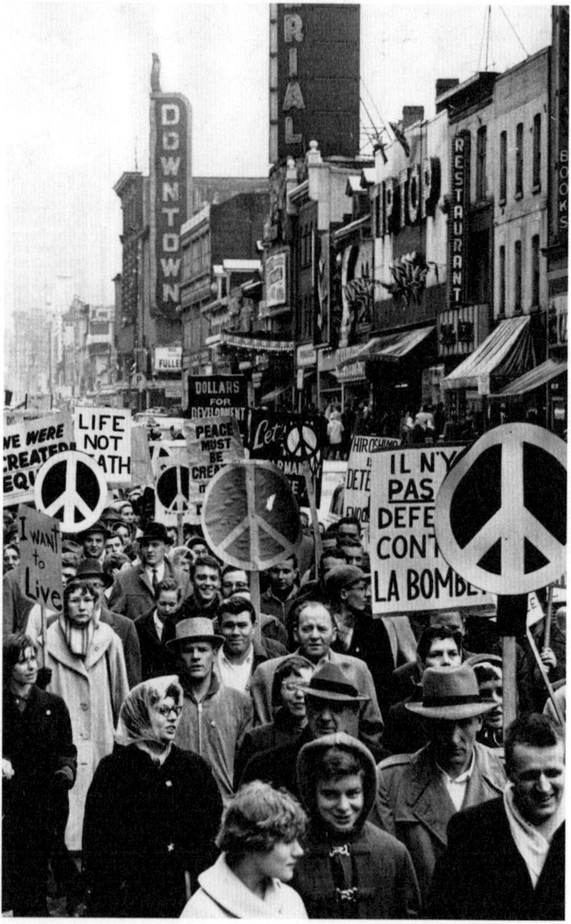

↑ 토론토에서 열린 핵무기 폐기 시위(1961).
사진 © 프랭크 그랜트, «토론토 텔레그램»

로고타입과 아키타입

도시인들 대부분은 아는 새의 종류보다 아는 로고타입의 종류가 더 많을 것이다. 로고디자인 다수는 동그라미, 세모, 화살표, 십자가, 네모처럼 기본적인 형태를 기반으로 만들어져 있다. 이런 형태는 그 기원이 무려 석기시대로까지 거슬러 올라가며, 전 세계 동굴에서 찾아볼 수 있다.

동그라미는 태양, 달, 자연의 주기와 계절을 상징하는 데 쓰였다. 네모는 닫힌 공간을 뜻하고, 고대 중국에서는 땅의 바깥쪽 모서리를 의미했다. 화살표는 기원이 수렵과 채집 문화다. 어딘가를 겨냥하는 화살은 전 세계적으로 방향의 심벌이 되었다. 십자가는 기독교의 심벌로 채택되기 전에 이집트에서 생명이나 삶을 뜻하는 상형문자로 쓰였다.

심벌은 기원이 비슷할지 몰라도 해석은 문화에 따라 천차만별이다. 『디자인 라이팅 리서치』에서 엘런 럽턴과 애벗 밀러는 1931년에 러시아의 심리학자 알렉산더 루리아가 실시한 테스트를 소개한다. 루리아는 동그라미, 세모, 네모를 그려 우즈베키스탄과 키르기스스탄의 오지 주민들에게 보여주었다. 글을 읽는 주민들은 그 추상적인 형태를 보고 동그라미, 네모, 세모라는 걸 알았다. 하지만 글을 읽을 줄 모르는 주민들은 그 형태를 보고 특정 사물을 떠올렸다. 동그라미는 접시나 양동이, 달이고, 네모는 문, 거울, 집인 식이었다. 이걸 보면 시각정보 해석 능력이 문해력과 연관이 있다는 것을 알 수 있다.

『이해한다는 것에 대하여』에서 안드레아스 푸글레상은 이미지 해석이 교육을 통해 습득해야 하는 기술이라고

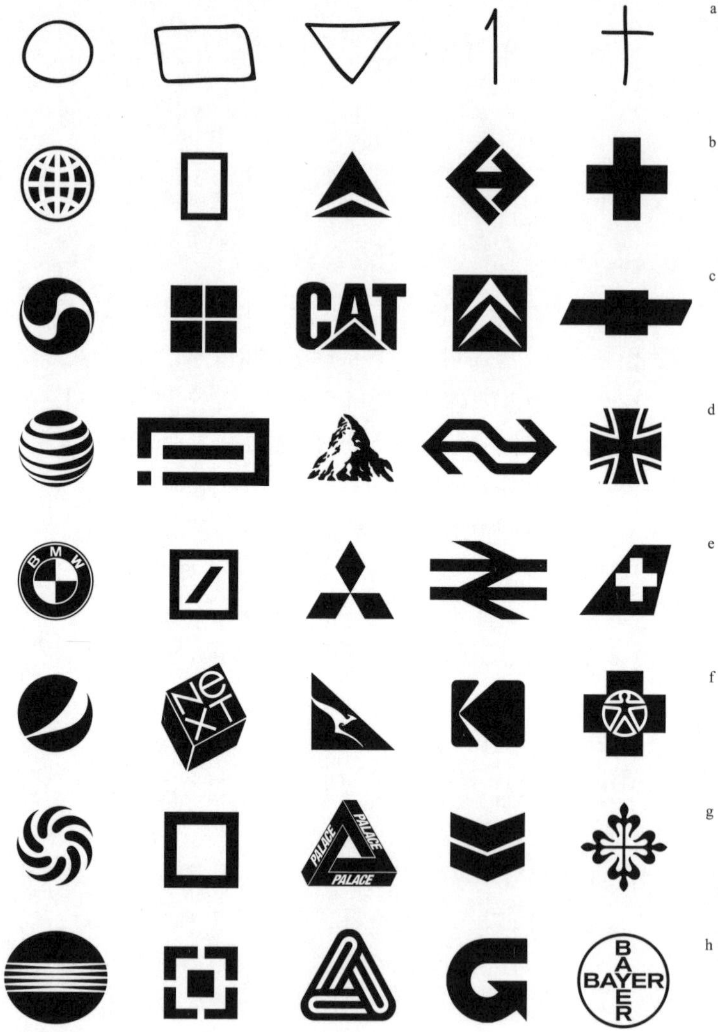

a: 동굴에 그려진 상징
b: 세계은행 | 내셔널지오그래픽 | 델타항공 | 엘렉트라 | 적십자
c: 대한항공 | MS윈도우 | 캐터필러 | 시트로앵 | 셰보레
d: AT&T | 파나매트릭스 | 토블론 | 네덜란드철도 | 독일공군
e: BMW | 독일은행 | 미쓰비시 | 영국철도 | 스위스항공
f: 펩시 | 넥스트 | 콴타스항공 | 코닥 | 청십자
g: 엑설리스 | DTPS프레임워크 | 팔라스스케이트보드 | 셰브론 | 파텍필립
h: 코니카미놀타 | HDFC은행 | 에이버리데니슨 | 게벡 | 바이엘

단언한다. 그의 주장에 따르면 그림을 해석하는 교육이 일상적으로 이루어지기 때문에 사람들이 인식하지 못할 뿐이다. 날마다 다양한 이미지를 접할 수밖에 없는 사회에서는 이런 교육이 저절로 이루어진다. 이미지를 접할 기회가 거의 또는 전혀 없는 경우에는 이미지를 해석하는 능력이 떨어질 수 있다.

일러스트레이터 얀 로튀전은 UNHCR(UN난민기구기구) 로고를 자세히 들여다보았다.

(여자들의) 손이 집의 지붕을 만들고 있다.

도미즈캠프 난민들은 그야말로 파란색 UNHCR와 더불어 살고 있다.

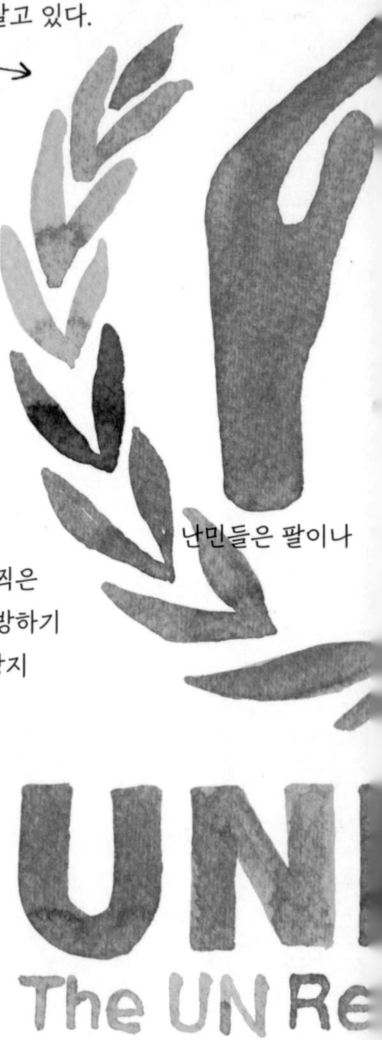

애플 하면 사과 아이콘이고 코카콜라 하면 꼬부랑 글자이듯 이곳에서는 어딜 가나 손 아래에 사람이 서 있는 로고가 보인다.

갈등 지역에서 보호를 상징할까.

아니면 담요, 텐트, 환풍기마다 로고를 찍은 이유가 되팔기를 예방하기 위해서일까?(부패 방지 차원에서?)

난민들은 팔이나

(어느 인터넷 사이트에 따르면 그렇다고 한다.)

로고가 파랑인 이유는 전쟁을 상징하는 빨강의 보색이기 때문이다.

전쟁을 상징하는 색

월계관

……이 아니라 올리브 가지일까?

여기에서는 승리의 상징처럼
쓰였다.

하지만 여기에서
승자는 누굴까?

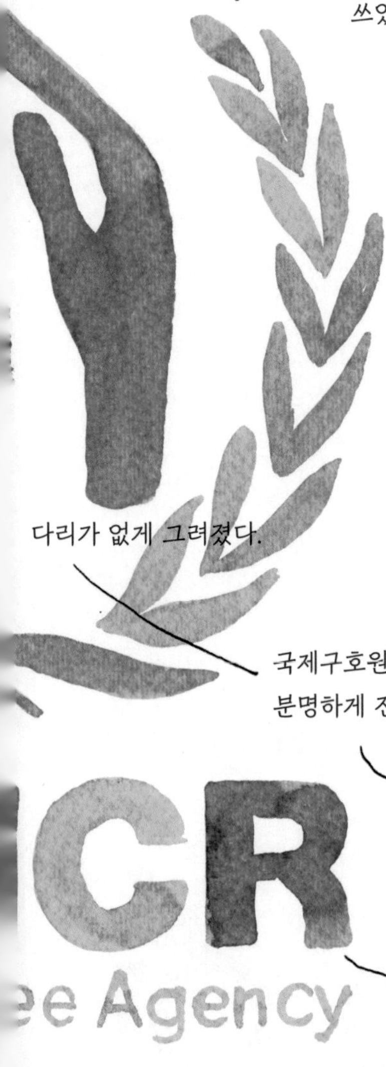

UNHCR에 따르면 난민,
망명 신청자, 국내 실향민
숫자가 1945년 이후 처음으로
5000만 명을 넘겼다고 한다.

그중 1170만 명이
UNHCR의 보호를 받고
있다.

다리가 없게 그려졌다.

국제구호원의 역할을 100퍼센트
분명하게 전달하기 위해서일까?

뭔가(일)에 손을 담그고
싶어서 탈출한 사람은
위협적으로 보이기 때문일까?

UNHCR 로고는 1946년
디자인된 UN 로고에서
파생됐다.

실제 로고는 수채화가 아니다……

↑ ⓒ 얀 로튀전, 난민 공화국(refugee-republic.com:2015)

장애인과 비장애인

휠체어 그림은 대개 장애인 주차구역을 연상시키지만 실제 장애인 중 휠체어를 쓰는 이들은 1퍼센트가 채 안 된다(WHO:2015). 휠체어를 쓰지 않는 대다수 장애인이 장애인 구역에 주차하면 주변의 빈축을 사게 되는 실정이다. 장애인은 생각보다 우리 주변에 많다. 전 세계 인구의 15.3퍼센트가 경증 또는 중증 장애인에 해당한다(케이트 엘리스 & 제라드 고긴, 2015).

전 세계적으로 통용되는 장애인의 상징은 1968년에 열린 디자인 콘테스트를 통해 만들어졌다. 우승자는 수전 코포드라는 디자이너였고, 그의 디자인을 바탕으로 요즘 쓰이는 아이콘이 도출됐다. 머리가 없었기에 당장 도입되지는 않았다. 카를 몬탄이 1969년에 그 심벌을 가장 적절하게 수정했고 이것이 ISO (국제표준화기구)에서 채택된 것이다.

휠체어 아이콘은 다양한 형태의 장애를 반영하지 않은 스테레오타입이라고 여러 기관의 비판을 받고 있다. 그뿐만 아니라 세상을 장애인과 비장애인으로 양분할 수 있다는 듯 장애를 영구적인 상태로 간주하는 착오도 숨어 있다. 우리

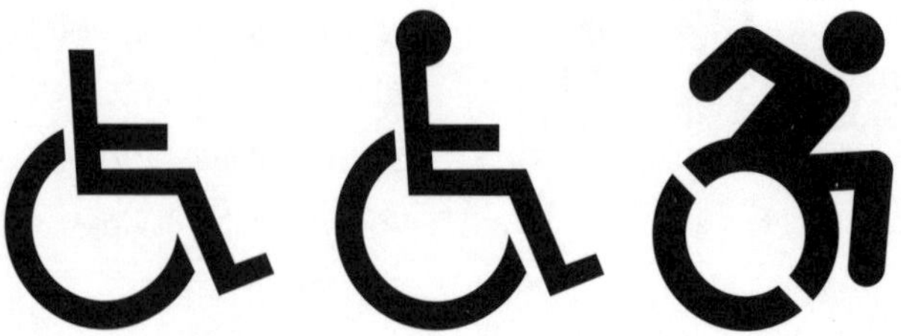

↑ 아이콘의 진화 © 수전 코포드(1968), 카를 몬탄(1969), 새라 헨드런 & 브라이언 글레니(2013)

대다수가 인생행로에서 일시적이거나 변화무쌍한 장애를 겪는데 말이다.

디자이너 새라 헨드런과 브라이언 글레니는 2013년에 이 아이콘의 대안을 마련하는 **다가가기 쉬운 아이콘** 프로젝트를 진행했다. 원본에서 장애인이 수동적으로 그려졌다면 수정본에서는 한층 진취적이다. 하지만 이들의 노고에도 불구하고 국제표준은 여전히 1969년의 로고에 머물러 있다. 또 하나, 그들의 아이콘이 엄청난 발전이긴 해도 휠체어는 여전하다.

불평등의 아이콘

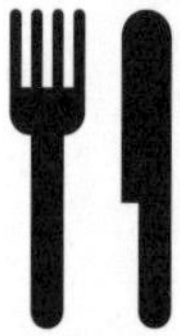

표지판의 세계에서는 1974년이 항상 분수령을 차지한다. 그해에 미국 교통부의 기호가 만들어졌기 때문이다. 이 기호들은 ISO에 채택되면서 전 세계 표준이 되었다. 미국디자인협회, 즉 AIGA는 이를 가리켜 대중성을 갖춘 디자이너들이 보편적인 커뮤니케이션의 욕구를 어떤 식으로 해소할 수 있는지 보여준 사례라고 한다.

ISO 7001로 알려진 이 아이콘들은 전 세계에서 쓰이고 있지만 결코 만국 공통일 리 없다. 음식점의 아이콘만 해도 나이프와 포크를 모든 나라의 표준이라 할 수 없다. 주차의 상징도 영단어 park(주차장)의 P다.

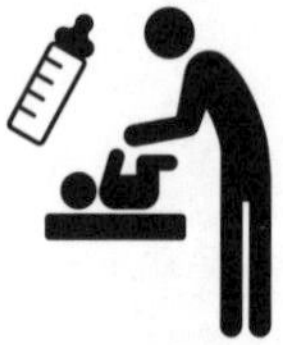

남자는 의사, 여자는 간호사

ISO 7001의 세계에서는 남자들이 기본값이고 여자들은 예외다. 남자 아이콘이 남자와 성중립적인 사람에 쓰이는 반면, 여자 아이콘은 여자라는 성별을 특정할 때만 쓰인다. 성차별이 가장 도드라지는 사례는 남자가 서비스 창구에서 여자에게 표를 사는 매표소 표지다.

2005년에 포르투갈의 아베이라대학교에서는 여성 아이콘의

↖ 미국 교통부, 심벌 표지판(1974). 디자인 © 로저 쿡 & 돈 섀너스키

↗ 빈 시내 표지판(2007). 의뢰 © 빈 시당국, 디자인 © 슈리겔 오트

숫자가 어느 정도 부족한지 알아보기 위해 49종의 표지 시스템을 조사했다. 722개 아이콘 중에서 남자가 360개, 여자가 87개였다. 아이를 동반하는 경우에만 유일하게 여자 아이콘이 남자 아이콘보다 많았다. 직업을 대변하는 아이콘도 고정관념을 뒷받침했다. 의사는 남자, 간호사는 여자로 표현되었다.

성중립 심벌을 향해

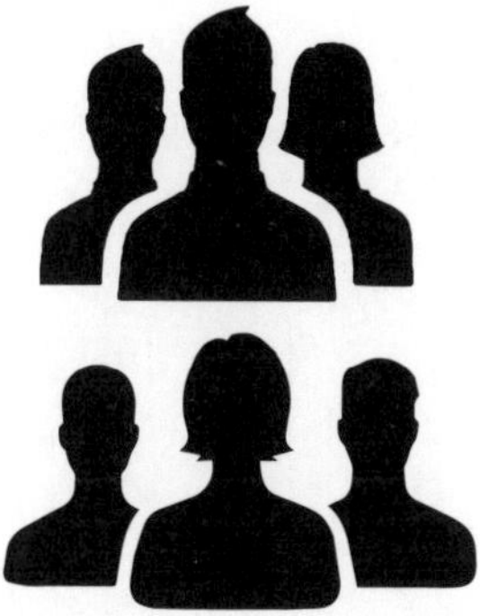

2007년에 빈은 「빈 지츠 안더스(빈은 다르게 본다)」 캠페인을 시작했다. 도시 표지판에서 성별에 따른 틀을 뒤집는 캠페인이었다. 기저귀 교환소에는 엄마와 아이가 아니라 아빠와 아이가 등장했다. 비상구나 도로 공사처럼 남자가 기본값이던 곳에 여자가 자리했다. 하지만 일각에서는 여자를 지나치게 강조함으로써 도로 공사 표지판이 여자를 우스꽝스럽게 묘사한 캐리커처로 전락시켰다고 주장한다.

새로운 공론장은 상황이 어떨까? 디자이너 케이틀린 위너는 페이스북에서 일을 시작했을 때 아이콘이 성차별적이라는 사실을 깨달았다. 친구 아이콘만 해도 남자가 전면에 있고 그 뒤에 남자와 여자가 있었다. 그는 "여자가 말 그대로 남자의 그늘 안에 있었고 적극적으로 나설 수 있는 위치가 아니었다"고 말한다. 그는 성중립적인 아이콘을 책임지고 디자인하기로 마음먹었다. 그는 남녀 간의 서열을 무너뜨릴 뿐 아니라 다양한 설명에 적용할 수 있는 실루엣을 만들었다. 이것이 새롭게 채택된 표준 아이콘이다.

↑ 기존 및 신규 페이스북 그룹 아이콘. 이미지 ⓒ 케이틀린 위너 & 페이스북

외계인부터 선조까지

심벌을 도구로 외계인들과 소통할 수 있을까? 미국항공우주국 NASA에서는 1972년에 파이오니어 우주선에 상징을 새긴 알루미늄 명판을 탑재해 소통을 시도한 적이 있었다. 천문학자 칼 세이건이 직접 디자인한 지구의 위치, 우주선의 여정, 수소 원자 도식과 벌거벗은 여자와 남자의 그림을 새겼다.

1977년에 NASA에서는 보이저호에 실을 메시지 제작을 칼 세이건에게 다시금 의뢰했다. 그는 116개 이미지와 다양한 소리를 금제 음반에 담았다. 전면에는 지구의 위치와 음반 재생법을 도식으로 새겼다.

다음 장에 소개된 도식을 이제 와서 해독할 수 있는 사람은 많지 않을 테고, 젊은 세대는 레코드플레이어를 쓸 줄 모를 것이다. 하지만 외계인들이 수십 년, 길게는 수백 년 동안 연구하면 메시지를 해독할지 모른다는 것이 당시 발상이었다.

경고하는 포스트휴먼

상징으로 미래의 인류에게 경고를 전할 수 있을까? 핵폐기물의 방사능은 2만 4000년이 지나야 사라진다. 1990년에 일군의 과학자들이 뉴멕시코 사막에 있는 핵폐기물 시설의 경고판을 디자인하기 위해 뭉쳤다. 칼 세이건은 해골과 뼈로 표시하자고 했다. 하지만 해골의 의미는 수세기를 지나는 동안 상당히 달라진 전력이 있다. 예전에는 해골과 뼈가 부활의 상징이었고, 얼마 뒤에는 해적의 상징이었다.

처음에는 말로만 쓰는 것도 같은 이유로 폐기처분됐다.

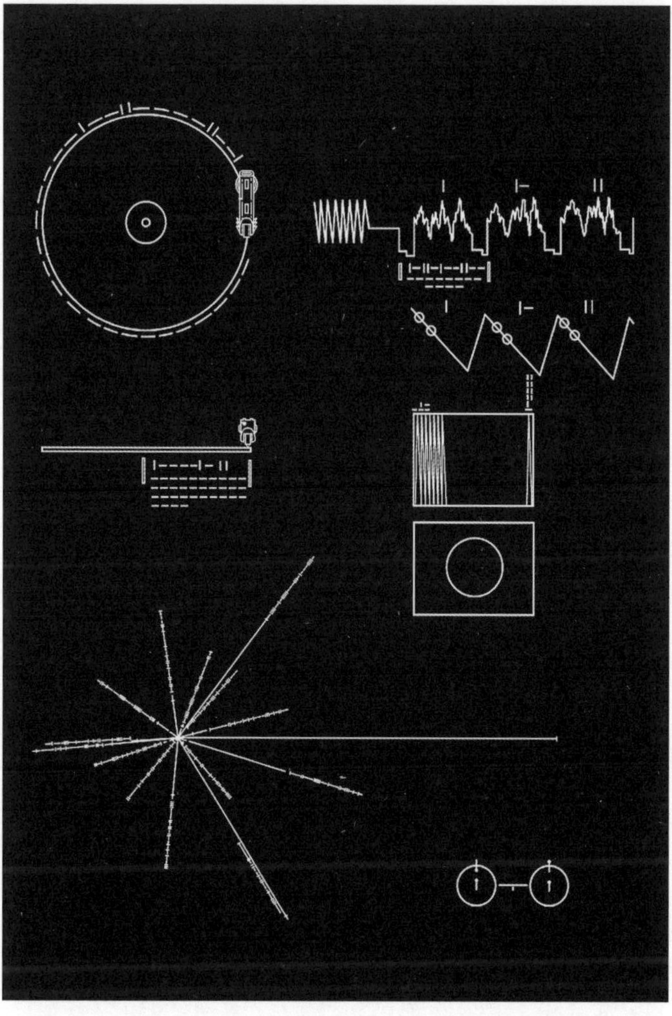

영어는 역사가 약 1200년 됐지만 당시 쓰던 영어를 요즘 사람들은 이해하지 못한다. 과학자들의 제안은 그림문자와 여러 나라 말로 경고의 메시지를 전달하자는 것이었다. 결국에는 8미터 높이 화강암 평판으로 안내센터를 건설하고 여기에 일곱 개 언어를 적되 향후에 추가할 수 있도록 여백을 남겨두기로 했다.

↑ 보이저 1호와 2호에 탑재된 금제 음반에 새겨진 심벌들(1977)

동굴벽화에서 알아낸 것

외계인과 미래의 인류와 소통하려는 것은 인간 인지 능력의 한계를 시험하는 일이다. 사진예술 작가 트레버 패글렌은 이를 프랑스 라스코의 동굴벽화를 이해하려고 하는 것에 비유했다. "동굴벽화나 피라미드, 이스터 섬의 모아이 같은 것들만 해도 우리가 보기에는 정말 신기한 유물이죠. TV 인기 프로그램에서 그들의 수수께끼를 풀겠다고 나설 정도로 신기한 유물이요."

사실 동굴벽화에서는 요즘도 새로운 수수께끼들이 등장하고 있다. 2010년에 고인류학자 제너비브 본 페칭어는 기호언어로 볼 수도 있는 반복되는 기호를 발견했다. 멀게는 남아프리카의 다른 동굴에서도 이 비슷하게 기본적인 기호가 발견됐다.

뉴호라이즌

외계인 소통 프로젝트는 최근 다시 시작됐다. 1977년에 금제 음반 작업에 동참했던 존 롬버그가 2006년에 발사된 뉴호라이즌 우주선에 버전 2.0을 탑재하자고 제안한 게 시작이었다. 세계 각지 사람들이 메시지, 이미지, 사운드, 비디오를 전송하면 뉴호라이즌호가 명왕성을 지나자마자 디지털로 스트리밍하게 된다. 지구에서 일반 공모로 스트리밍된 메시지는 부적절한 내용이 선택되지 않도록 롬버그와 NASA가 살핀다.

한편 보이저 1호와 2호는 우리 태양계를 떠났으니 이 금제 음반은 인류가 만든 것 중에 지구와 가장 멀리 떨어진 사물이 되었다. 음반은 10억 년 동안 버티게끔 만들어졌으니 금방 못쓰게 되지는 않을 것이다.

트레버 패글렌은 이 모든 것의 의미를 이렇게 요약한다. "생경한 외계인에게 전달할 메시지를 디자인하는 것은 본질적으로 불가능하다. 그러기 위해서는 철저하게 인간 바깥에서 생각을 하고 상상력의 한계를 넘어 상상해야 할 테니 말이다."

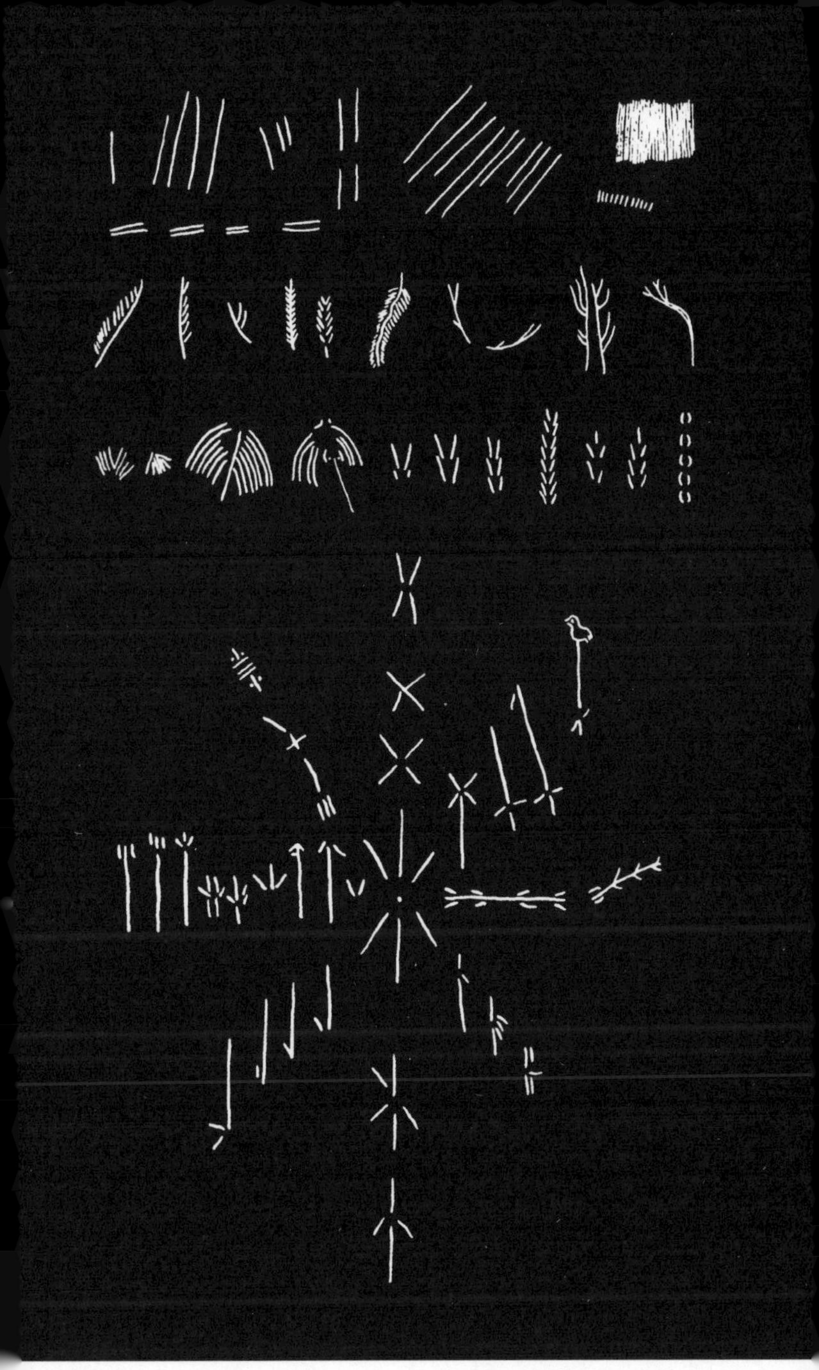

↑ 라스코동굴에서 발견된 심벌들(기원전 1만 8000년). 브리지트 들뤼크 & 질 들뤼크, 「라스코를 찾아서」(2006)

이미지 읽기

이미지를 통해 문화의 차이를 터득할 수 있을까?
다음은 네덜란드에서 이민자들을 상대로 네덜란드어를 가르치는 자원봉사자들에게 시각문화의 차이를 설명하기 위해 고안된 시각자료다.

삶의 그늘에 가장 어울리는 표정은 어느 것일까요?

나무와 천둥이라는 단어를 넣어 아래에서 벌어진 일을 한 문장으로 묘사해보세요.

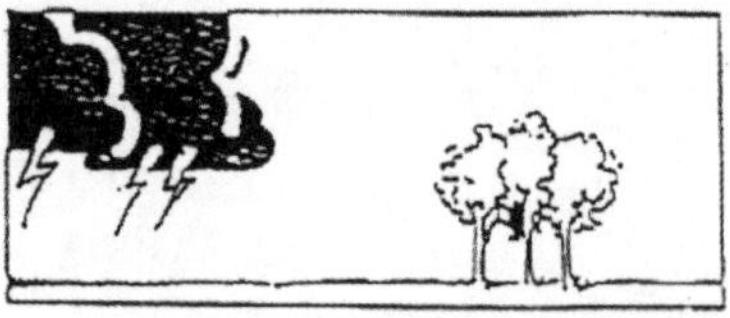

그늘이 춥고 불쾌한 이미지기에 첫 번째 이미지를 보고 추운 나라에서 사는 사람들은 오른쪽 표정을 고를 가능성이 크다. 하지만 열대지방에 사는 사람들은 그늘이 시원하고 좋은 것이기 때문에 왼쪽을 고를지 모른다.

두 번째 질문의 경우 왼쪽에서 오른쪽으로 글을 읽는 사람이라면 천둥이 나무를 향해 다가가고 있다고 하겠지만 오른쪽에서 왼쪽으로 글을 읽는 사람이라면 천둥이 나무에서 멀어지고 있다고 할 것이다. 이런 사례를 보면 문화가 텍스트 읽기뿐 아니라 상징 읽기에까지 영향을 미친다는 사실을 알 수 있다.

↑ 「암스테르담 이웃을 위한 자원봉사자 가이드」(2015. 1.)

시계나 비행기에 투표하기

요즘 같은 시대에 문맹률을 실감하기는 힘들지도 모르겠다. 아프가니스탄에서는 읽고 쓸 줄 아는 인구가 세 명당 한 명꼴이고, 사하라 이남의 여러 나라에서는 인구의 절반이 문맹이다. 유네스코에서는 2030년이면 문맹이 사라질 거라고 내다보지만, 그때까지 시각커뮤니케이션 다수자들이 고려하지 않고 있는 전 세계의 7억 5700만 명을 잊지 말아야 한다(유네스코:2015).

인도는 25퍼센트의 국민이 문맹이라 투표 용지를 디자인하는 것 자체가 난제다. 인도의 정당들은 유권자들이 알아볼 수 있게 로고를 만든다. 선거관리위원회에서 준비한 수백 개 로고 중에서 선택하기도 하고, 정당에서 직접 만들기도 한다. 로고의 예를 들자면 우산, 손, 연꽃, 자동차부터 낫과 망치까지 있다.

문맹률이 높은 아프리카 여러 나라에서는 얼굴 사진을 쓰지만 인도에서는 후보가 열여덟 명 이상이기 때문에 누군지 헷갈리기 십상이다. 1990년대에 브라질에서는 숫자를 썼지만 글을 읽지 못하는 사람들은 두 자리 수를 읽기 힘들어했다. 로고의 효과가 좋은 이유는 TV로 홍보하기 좋기 때문이다. 로고는 분명하고 단순하며 쉽게 기억된다.

아프가니스탄의 유권자들도 로고를 보고 투표한다. 2013년 선거 때 각 정당이 직접 로고를 선택하자 흥미로운 현상이 벌어졌다. 인권 유린 혐의가 있는 지하디즘[2] 분파를 이끄는 쿠트부딘 헬랄이 정당 로고로 정의의 저울을 택한 것이다.

로고를 쓴다고 해서 선거가 간단해지는 것만은 아니다. 로고는 후보자 이름, 번호, 얼굴 사진에 추가하는 용도다. 인도는 공식어가 스물두 개이기 때문에 문맹이 근절되더라도 로고가 투표 용지를 디자인하는 데 시각적으로 귀중한 보탬이 될 것은 분명하다.

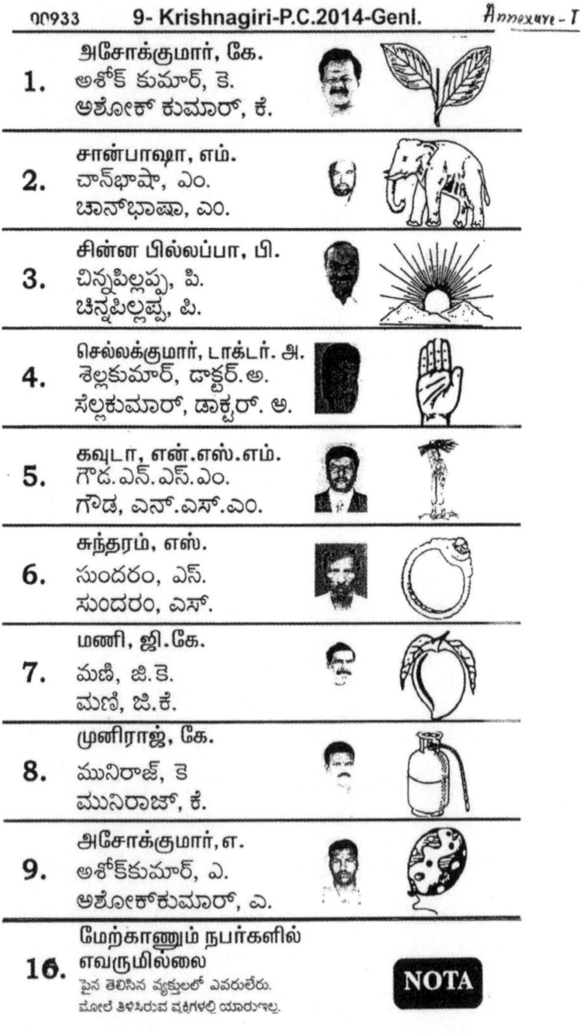

↑ 인도의 투표 용지(2014).
이미지 © 인도 선거관리위원회(2015. 3.)

불쾌한 스포츠팀

팀명과 마스코트는 스포츠에서 중요한 역할을 하고, 팬들은 여기에 엄청난 소속감을 느낀다. 협회에서 불쾌감 유발을 이유로 팀명이나 마스코트 교체를 요청하면 팬들 입장에서는 격한 반응을 보이게 된다. 워싱턴 레드스킨스의 구단주 대니얼 스나이더는 2013년에 "우리는 이름을 바꿀 생각이 없어요. 이상입니다."라고 했다.

미국 스포츠계에서 아메리카 원주민만큼 전형적으로 묘사된 인종은 없다. 아메리카 원주민의 이름과 마스코트가 문화적으로 도용되기 시작한 것은 인종차별이 법적으로 제도화된 20세기 전반부터였다. 연방정부의 문명 규제가 여전히 효력이 있던 1932년에 아메리카 원주민들은 보호구역에 갇혔고, 전통 춤과 의식이 금지됐고, 문화적 유산을 몰수당했고, 아메리카 원주민 삶의 전통이 대거 불법으로 규정됐다.

이처럼 인종차별이 합법이던 시기에 아메리카 원주민의 이름과 마스코트를 사용하는 스포츠 팀들은 절정의 인기를 구가했다. 선수 중에 아메리카 원주민이 있는 팀은 없었고, 아메리카 원주민을 야만인 또는 이교도로 묘사한 로고는 부족의 풍습이나 현실을 고려하지 않은 디자인 결과물이었다.

이와 같은 1930년대의 고정관념이 1990년대까지 죽 이어졌지만 아메리카 원주민 단체의 압력으로 이름과 마스코트를 바꾸는 팀들이 생겨났다. 그래도 아메리카 원주민의 이름과 이미지를 도용하고 있는 스포츠 팀이 아직도 2129개나 되고 대부분 고등학교나 대학교처럼 커뮤니티 내 교육을

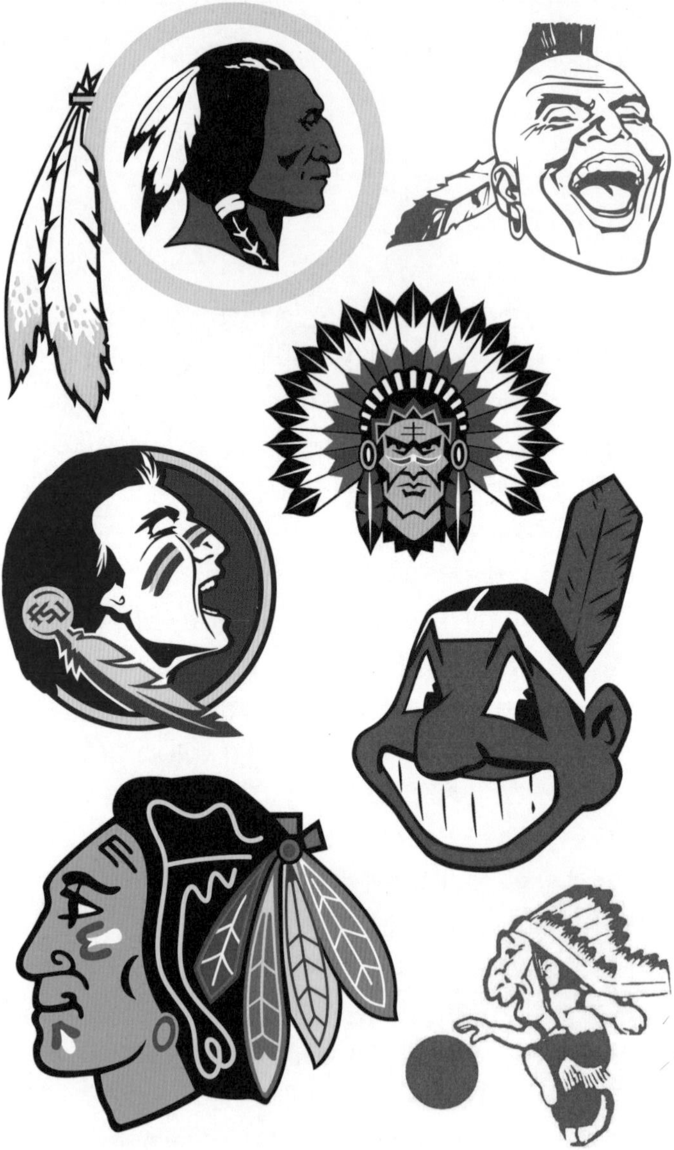

책임지는 교육기관에 소속되어 있다.

인종에 따른 고정관념이 해로운 이유는 해당 집단의 역사와 문화적 현실을 좀 더 많은 사람들이 이해할 기회를 가로막기 때문이다. 원칙적으로 디자이너들은 다른 문화나 인종이나 국적을 희화화하거나 정형화해서는 안 될 것이다.

← 상단 왼쪽에서부터 하단 오른쪽까지 차례대로: 워싱턴 레드스킨스의 NFL팀 로고(1972~). 애틀랜타 브레이브스의 MLB 마스코트 노카호마 추장(195×~1986). 플로리다스테이트 세미놀스의 대학 풋볼팀 로고(1976~). 프뢸룬다인디언스의 하키팀 로고, 예테보리, 스웨덴(197×~). 클리블랜드인디언스의 MLB 마스코트 와후 추장(1951~). 시카고 블랙호크스의 NHL 팀 로고(1937~1955, 1991~). 세인트존스레드맨의 대학 농구팀 마스코트 블랙섁 추장(1928~1994)

주

1. 核軍縮. 핵무기를 줄이는 일.
2. Jihadism. 이슬람 근본주의에 바탕한 무장투쟁을 의미한다.

5장 인포그래픽

식민주의와 지도 제작

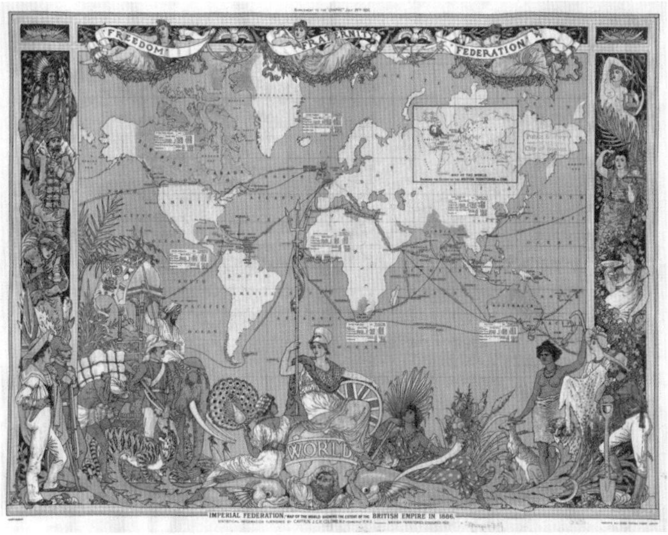

2014년 11월에 러시아가 우크라이나와 크림반도를 침공하자 구글지도 위에서 가상의 전쟁이 벌어졌다. 애초에 구글 측은 분쟁 지역이라는 뜻으로 크림반도의 접경을 점선으로 표시했다. 이후에 러시아에서 압력을 행사했고, 구글에서는 지도를 변경했다. 러시아에서 구글지도에 접속하면 그곳이 러시아 영토로 표시된다. 러시아 밖에서는 여전히 분쟁 지역이다.

지도가 세계를 객관적으로 또는 과학적으로 묘사한다는 발상은 근거 없는 사회 통념이다. 지도는 도표의 특성상 현실을 단순화하며, 제작자와 사용자에게 사회적, 생태학적 책임감이 수반되지 않는 권력을 손에 쥔 듯한 느낌을 부여한다. 일부

↑ 대영제국이 빨간색으로 강조된 지도.
J.C.R. 칼럼, 『메르카토르 도법』
(영국:1886). 이미지 © commons.wikimedia.org

지역에 색을 칠하거나 타이포그래피에서 크기를 다르게 하는 것과 같은 사소한 부분들이 정치적으로는 지대한 영향력을 발휘하게 된다. 이를테면 어떤 도시의 이름을 지도에서 생략하면 그곳이 무관심 지역이라는 뜻이 되고, 반대로 이름과 세부사항, 기타 정보를 추가하면 중요한 지역이라는 방증이 될 수 있다.

지도 제작은 아주 오래된 사업이지만 현대 지도 제작법은 유럽 식민주의시대에 만들어졌다. 선박으로 바다를 항해하려면 지도가 필수였고, 이로써 영토 정복을 정당화할 수 있었다. 육지에 상륙하거나 그곳에서 어떤 사람들이 어떤 역사를 계승하며 살고 있는지 파악하지도 않은 채 새로 발견한 영토의 지도를 그리는 것만으로 정복이 끝나는 경우도 있었다.

심지어 북쪽을 위로 해서 지도를 그리는 관행은 1500년 이후 서유럽이 경제를 장악한 결과다. 지도상 방향에는 서열이 있을 수 없다. 따지고 보면 지구에는 위아래가 없고 지리적으로 정중앙도 없는 것이다.

세계를 설명하기에 가장 좋은 방법은 지구본을 보여주는 것이지만 구체로는 온 세상을 한눈에 보여줄 수 없기 때문에 평면으로 전환할 필요가 생긴다. 구체를 평면으로 전환하는 일을 투영(projection)이라고 한다. 곡선을 왜곡 없이 투영할 방법은 없기 때문에 가장 훌륭하거나 가장 정확한 투영이란 개념은 있을 수 없다. 앞으로 몇 페이지에 걸쳐 유명한 사례를 몇 가지 살펴보려고 한다.

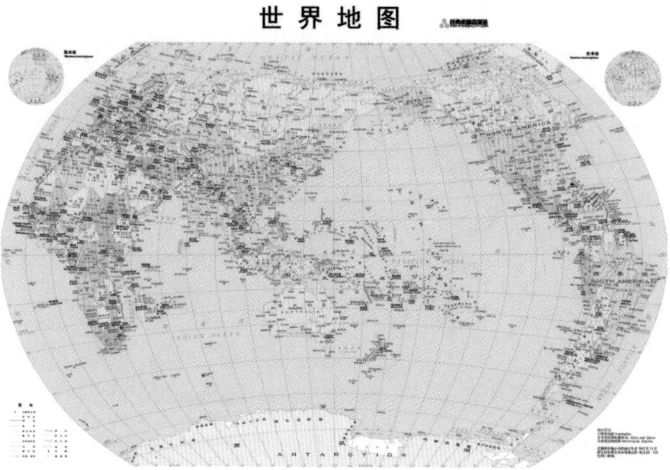

↑ 중국의 세계지도.
ⓒ hongkong-expat.over-blog.com

식민주의 국가의 세계지도

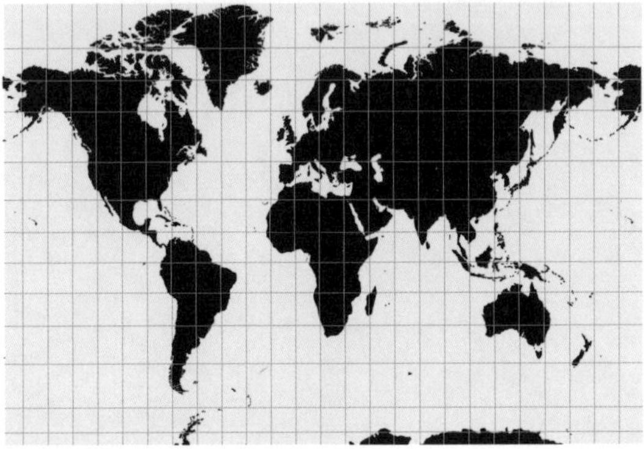

식민주의시대적이다, 부도덕하다, 틀렸다는 딱지가 붙은 메르카토르 지도는 사라질 줄 모르는 괴물이다. 여러분도 수업시간에 이 지도로 지리를 배웠을 테고, 구글과 빙, 애플의 표준 지도도 바로 이것이다. 메르카토르 지도는 1569년에 지도 제작자 게라르두스 메르카토르가 방위를 직선으로 설정하고 항해용으로 제작한 것이다. 그 바람에 북극과 남극에 가까워질수록 면적이 늘어나 아프리카와 남아메리카가 너무 작게 그려졌다. 오스트레일리아가 이 지도상으로는 그린란드보다 작아 보이지만 실제로는 그린란드 면적의 세 배가 넘는다. 유럽은 실제보다 크게, 식민지 국가들은 실제보다 작게 그려진 메르카토르 지도는 16세기의 세계관을 보여준다. 독일의 영화 제작자 아르노 페터스는 1973년에 백인의 존재를 과대평가하고 그 당시 식민지 주인들의 입맛에 맞게 세계의 형상을 왜곡했다며 메르카토르 지도를 비판했다. 선택의 여지가 없지 않은 한, 메르카토르 지도를 써서는 안 될 것이다.

가장 안전한 선택지가 될 수 있는 세계지도

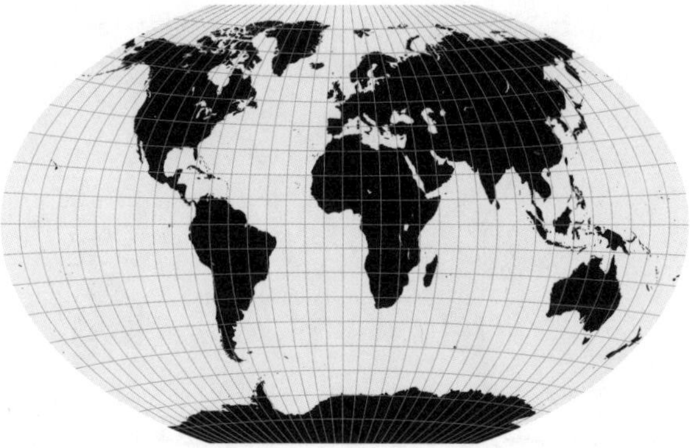

세계지도는 3차원 공간을 평면에 투영한 결과다. 이 과정에서 거리와 방향, 면적이 왜곡될 수 있으므로 지도 제작자들은 무엇에 가장 중점을 둘지 선택해야 한다. 어떤 지도는 방위 면에서 낫고 또 어떤 지도는 면적이 좀 더 정확하게 구현된다. 빈켈트리펠은 독일의 지도 제작자 오스발트 빈켈이 1921년에 제작한 세계지도다. 그가 세 가지 방면의 왜곡을 최소화하려고 했기 때문에 빈켈트리펠(또는 빈켈III)이라고 불린다. 무명으로 묻혀 있던 빈켈트리펠은 1998년에 내셔널지오그래픽협회에서 권장하는 도법으로 선정됐다. 이후로 수많은 교과서와 교육기관에서 선례를 따랐다. 빈켈트리펠도 북극과 남극의 표현에는 살짝 왜곡이 있지만 다수의 다른 지도들보다는 양호하다. 세계를 정확하게 옮겨놓은 지도를 찾는다면 빈켈트리펠이 안전한 선택지다.

정치적으로 올바른 세계지도

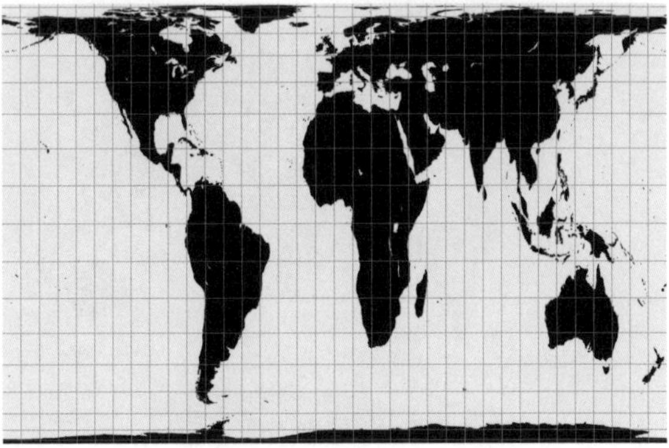

앞서 메르카토르 지도를 식민주의적이라고 비판한 아르노 페터스는 좀 더 평등한 대안을 제시했다. 그의 해결책은 대륙과 나라의 크기를 비교하는 데 쓰이게끔 각 지역의 면적을 실제와 동일하게 투영하는 것이었다. 알고 보니 제임스 골도 1855년에 똑같은 시도를 했었고, 결국 이 지도는 골 페터스 지도라고 불리게 됐다. 이 지도의 각 지역은 실제와 비율이 같다. 아프리카와 남아메리카가 너무 작게 그려진 메르카토르 지도에 익숙해진 사람 눈에는 이상하게 보일지 모른다. 골 페터스 지도는 가장 훌륭한 세계지도의 하나로 꼽히고, UN에서 표준으로 홍보되며, 영국 공교육에서도 채택되었다. 유일한 단점이 있다면 면적의 비율을 맞추느라 대륙의 형태가 왜곡됐다는 것이다. 북극은 납작하게, 적도는 길쭉하게 보인다. 만약 실제 크기가 그대로 반영된 지도를 찾는다면 이 지도가 정치적으로 올바른 선택지다.

디자인이 가장 훌륭한 세계지도

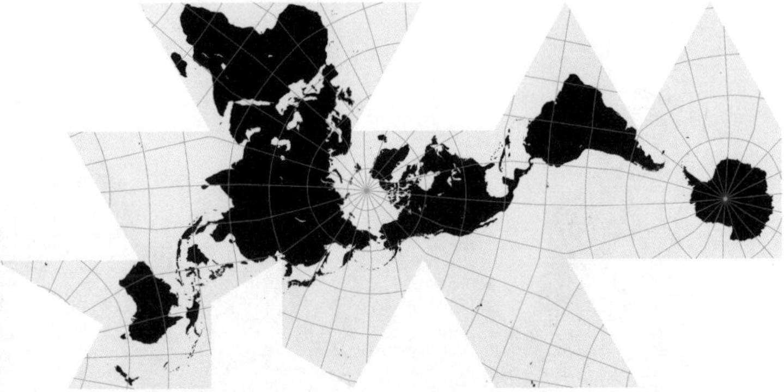

왜 지도는 항상 북쪽이 위로 가야 할까? 왜 특정 대륙이 중앙에 있어야 할까? 이런 것들은 문화적 편견에서 자유로울 수 없는 선택이자, 그간의 지도 제작자들이 남긴 안타까운 선택의 결과다. 디자이너 겸 발명가 벅민스터 풀러가 1943년에 위아래, 좌우가 없는 다이맥시온 지도[1]를 디자인한 이유가 여기에 있다. 지도를 삼각형 스무 개로 나눠서 공 모양의 20면체로 접을 수 있기 때문에 지도 제작자가 머릿속으로 해석하여 그려낸 방식이 아니라 사용자가 원하는 방식으로 지도를 볼 수 있다. 유일한 단점이 있다면 풀러가 전문적인 지도 제작자가 아니라는 사실이다. 삼각형마다 다른 위도와 경도가 쓰였기 때문에 방위에 심각한 오류가 있고 여러 삼각형에 걸쳐진 지역은 왜곡을 피하지 못했다. 다이맥시온 지도가 본격적인 지도로는 별로 쓸모가 없을지 몰라도, 모든 대륙이 서로 연결돼 있다는 탈민족주의 세계관을 반영한다는 점에서 주목할 만하다. 풀러의 표현에 따르면 우리는 지구라는 하나의 섬에 살고 있다.

지도와 범례

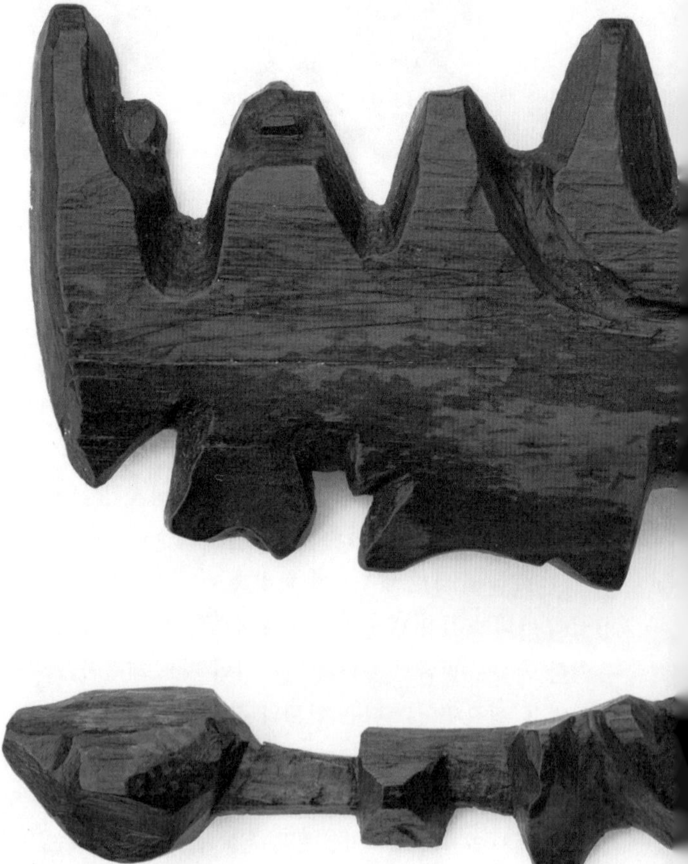

북극 원주민은 독창적인 디자인으로 유명하다. 그린란드 동쪽 해안의 섬 아마살리크에 사는 이누이트는 오래전부터 나무를 깎아서 눈으로 보는 게 아니라 손으로 느낄 수 있는 해안선 지도를 만들었다. 물에 뜨는 소재를 써서 손에 쥘 수 있는 크기로 만들면 카약을 타고 북극의 어둠 속을 항해할 때 안성맞춤이었다. 지도에도 여러 가지 형태와 기능이 있다는 것을 보여주는 실용적이고 기발한 아이디어인 셈이다.

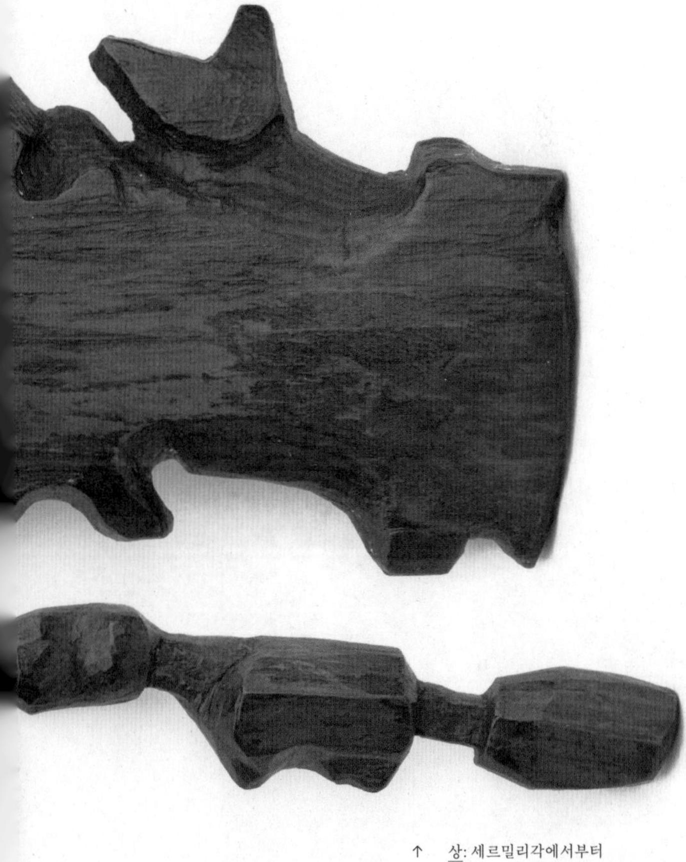

↑ 상: 세르밀리각에서부터 캉게르들루아르시카직까지 나무를 깎아서 만든 그린란드 동쪽 해안 지도.
하: 캉게르들루아르시카직에서 시에라릭까지 나무를 깎아서 만든 그린란드 동쪽 해안 지도(1885).
© 그린란드국립박물관

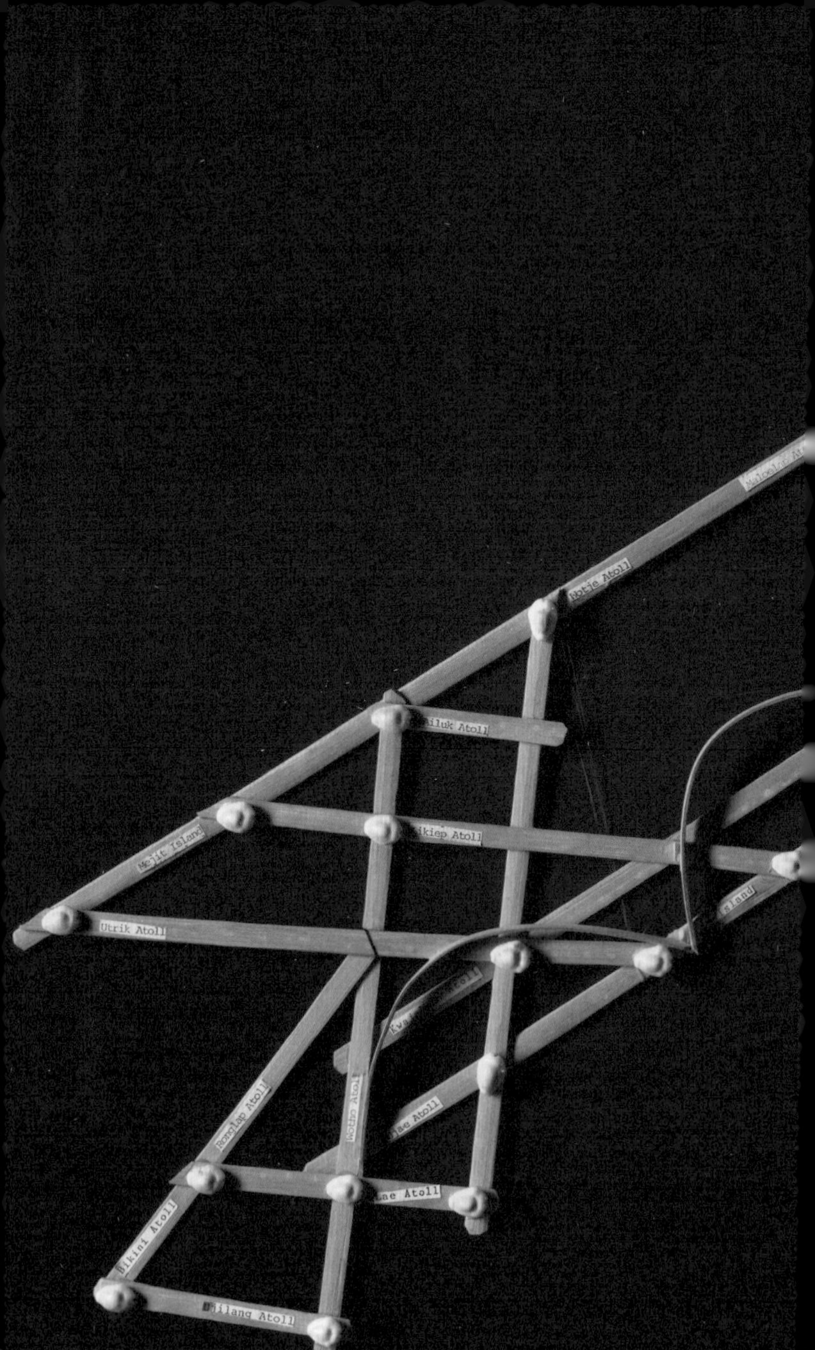
Mejit Island
Utrik Atoll
Ronglap Atoll
Wotho Atoll
Bikini Atoll

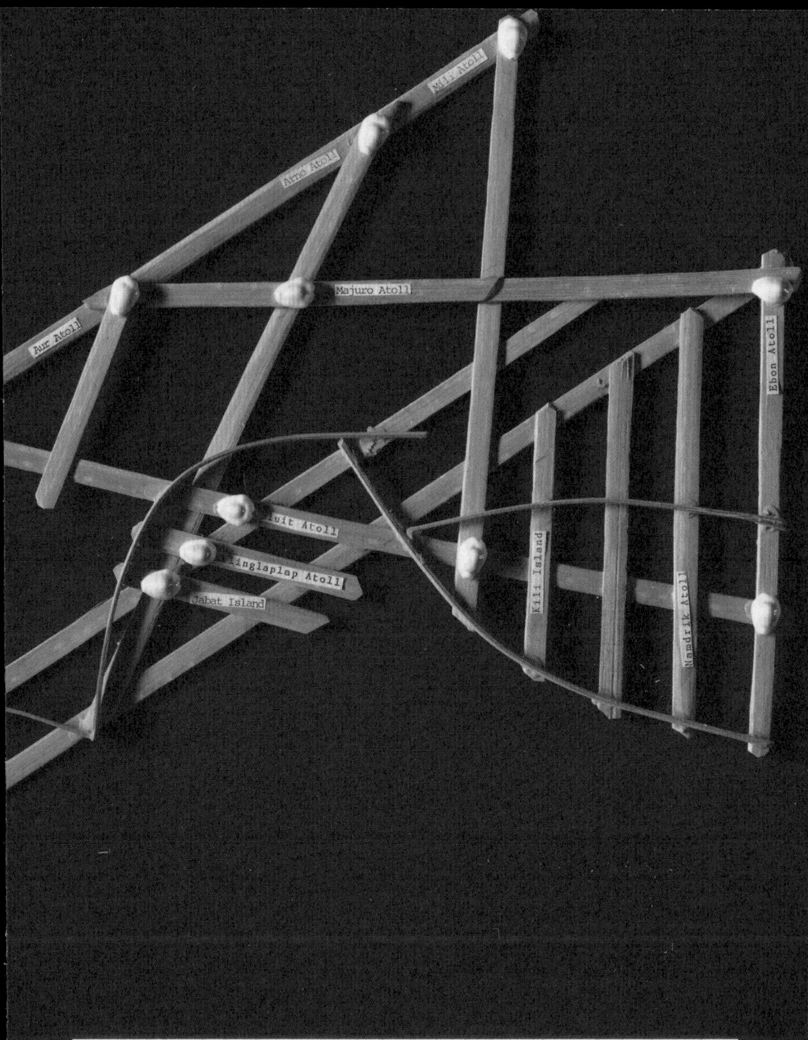

가장 특별한 지도를 들라면 나무 막대로 만든 마셜 제도의 해도를 꺼내고 싶다. 태평양 한가운데 있는 이 섬나라 주민들은 막대 해도로 선원들에게 너울의 패턴을 가르쳤다. 조개껍데기는 섬, 막대는 서로 다른 너울을 상징한다.

막대로 해도를 만드는 기술은 극소수만 알고 있었고 아버지에게서 아들에게 전수됐다. 지도는 항해에 들고 가는 게 아니라 수석항해사가 사전에 외웠다. 이 막대 해도가 특별한 이유는 세계 최초로 너울을 기록한 지도이기 때문이다.

↑ 마셜 제도의 막대 해도. 환상 산호도와 마셜 제도의 라탁(동쪽)에서 라릭(서쪽)의 열도로 가는 뱃길을 알려준다.
이미지 ⓒ 오스트레일리아국립도서관

이민 행렬 지도

시리아내전이 한창이던 2015년 한 해 동안 수백만 명에 달하는 시리아 주민이 인접국과 유럽으로 피신했다. 난민 수용 문제를 놓고 유럽에서 격론이 벌어지고, 정치적 혼란이 일었다. 인포그래픽을 통해 난민의 탈출 규모가 어느 정도인지 설명하려는 시도는 이즈음 두 차례 이루어졌다.

이 페이지에 실린 인터랙티브 지도는 루시파이 팀에서 만든 것으로, 유럽으로 향하는 난민의 행렬을 표시했다. 점 하나는 UNHCR 데이터를 근거로 산정한 난민 20~25명에 해당한다. 지도상으로는 점의 크기와 난민들의 자취 때문에 유럽의 면적에 비해 그들의 숫자가 어마어마하게 많게 느껴진다. 게다가 중동으로 망명한 난민은 제외했기 때문에 모든 난민이 유럽으로 건너간 것처럼 묘사되었다.

뒷장의 스웨덴의 통계분석 서비스 갭마인더에서 제공한 영상을 보면 알 수 있다시피 사실 중동으로 피신한 난민이 유럽으로 피신한 난민보다 마흔여덟 배 많다. 나무블록으로 표시한 것이 중동의 난민 수와 유럽의 난민 수다. 같은 데이터로 전혀 다른 이야기를 할 수 있다는 것을 보여주는 사례다.

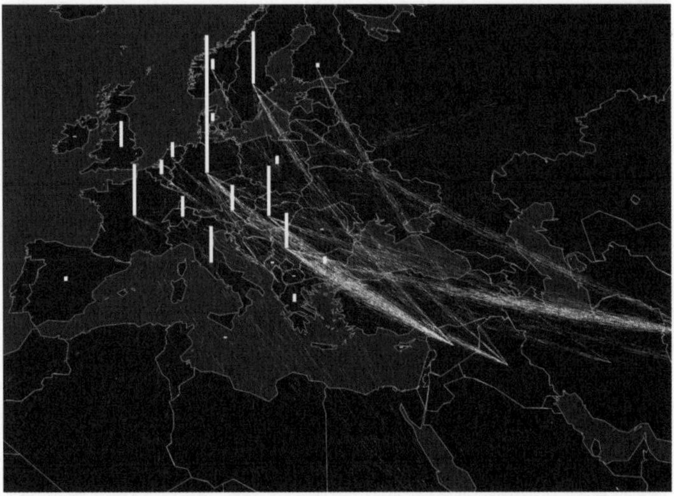

↑ 루시파이, 「유럽으로 향하는 행렬」(2015)

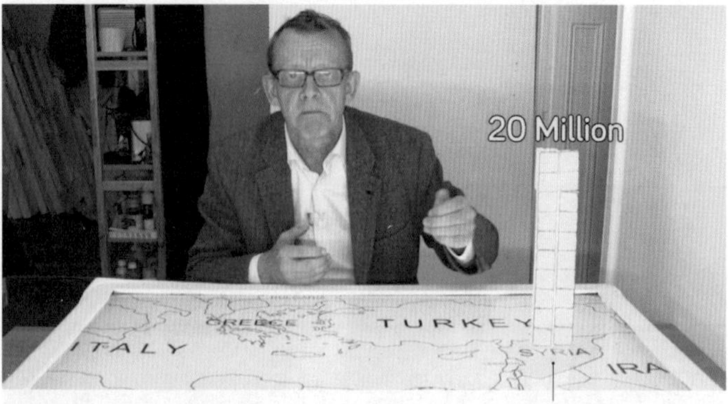

시리아, 2000만 명

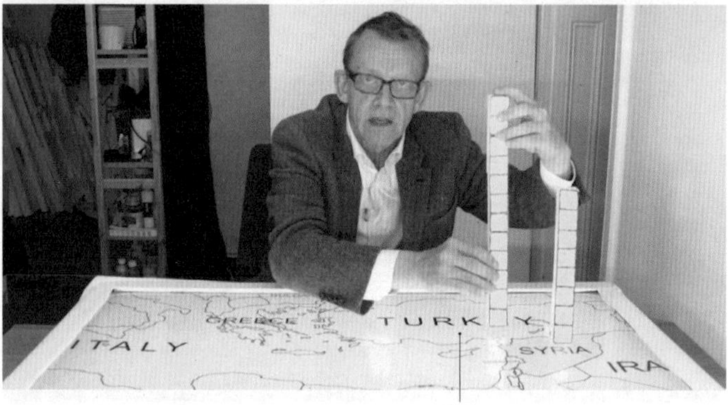

터키

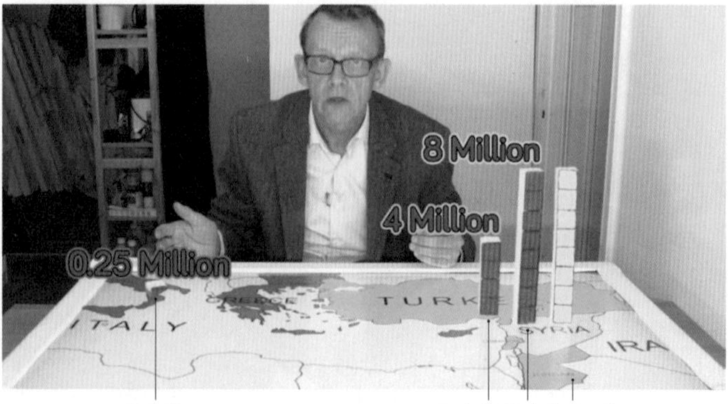

25만 명 400만 명 800만 명 요르단

↑ 갭마인더, 「시리아 난민들은 어디 있을까」(2015)

미스인포그래픽

도움: 펀센트 에이르던

그래프는 시각적 메세지를 유도하는 아주 효과적인 도구가 된다. 심지어 위조한 데이터를 가지고 다양한 방법으로 보는 이의 해석을 조작하거나 영향을 미치기도 한다. 보는 이를 속이거나 의견을 조장하기 위해 의도적으로 인포그래픽으로 거짓말을 하는 경우도 있지만, 그저 디자이너가 내용보다 디자인에 너무 집중한 결과일 때도 많다. 인포그래픽의 권위자인 디자이너 에드워드 R. 터프티는 데이터 시각화의 진실성을 광범위하게 글로 설명한 바 있다.

좌표축 줄이기

데이터 시각화에 영향을 미치는 가장 간단한 방법은 눈금을 조작하는 것이다. 그래프의 하단을 생략하면 증가나 감소폭을 극적으로 늘릴 수 있다. 다음 그래프는 2012년에 폭스비즈니스에서 방영된 영상으로 최고 세율이 35퍼센트에서 39.6퍼센트로 급격하게 증가한다고 되어 있다. 하지만 좀 더 자세히 들여다보면 차이를 부각하려고 그래프의 하단 34퍼센트와 상단 60퍼센트를 잘라놓은 것을 발견하게 된다. 하단 그래프는 수치는 같지만 눈금이 0에서부터 100까지로 설정되어 있다. 4.6퍼센트로 비율은 같은데 다른 눈금을 사용하자 그래프가 보여주는 그림의 인상이 현저하게 달라졌다.

누적 그래프

2013년에 발표된 아이폰 판매 그래프를 보면 판매량이

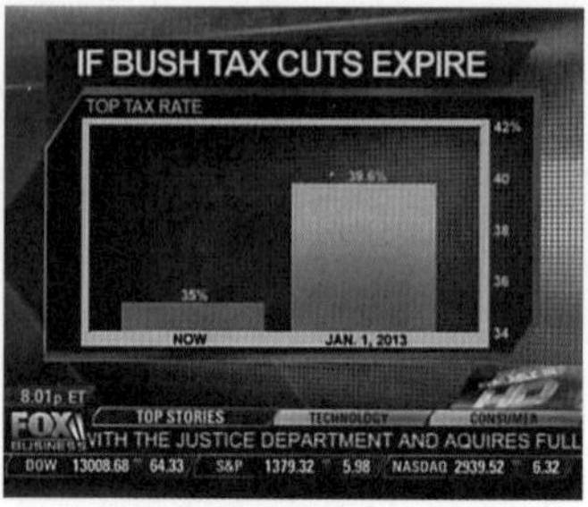

부시의 감세 혜택이 종료되면

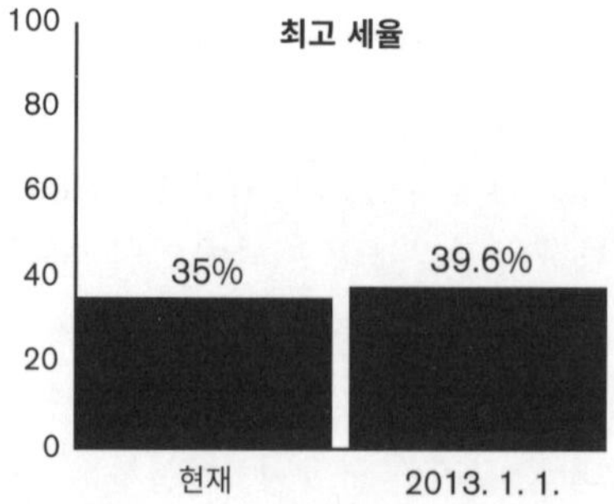

↑ © 폭스비즈니스(2012)
↓ 직접 그려본 같은 그래프. © 뤼번 파터르

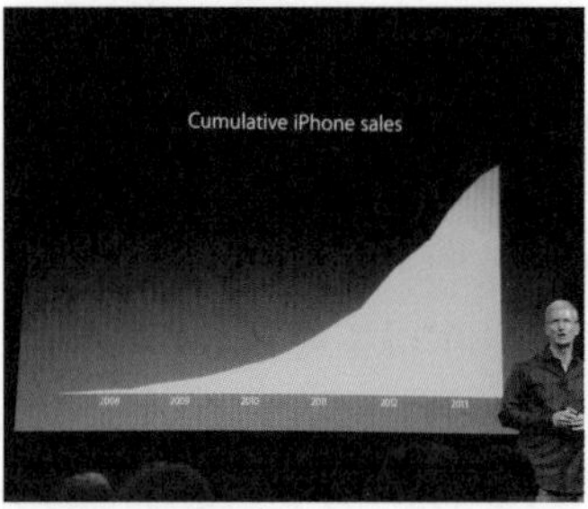

누적 아이폰 판매량

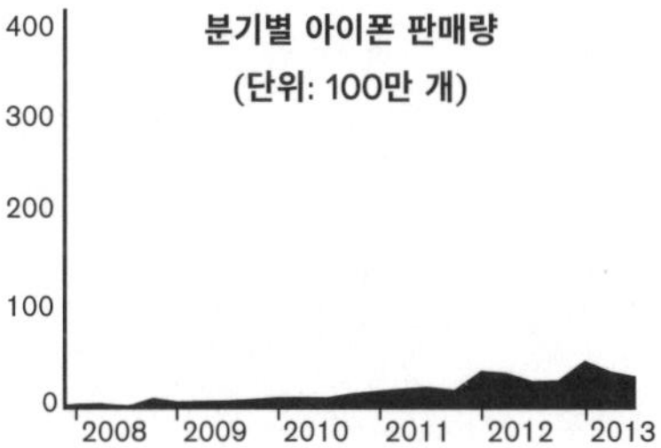

↑ 애플 프레젠테이션(2013).
이미지 © 더버지(미국 뉴스웹)
↓ 그래프 © 데이비드 야노프스키
재구성 © 뤼번 파터르

급격하게 증가한 것처럼 느껴진다. 전년도 판매량을 해마다 더하는 누적 그래프라서 그렇다. 201쪽 상단은 애플에서 발표한 그래프인데, 애플에서 직접 발표한 분기별 보고서를 참고해 저널리스트 데이비드 야노프스키가 그린 오른쪽 그래프를 보면 지난 3분기의 판매는 오히려 감소 추세임을 알 수 있다. 언제나 상승곡선을 그리는 누적 그래프는 실망스러운 결과를 감추고 싶을 때 꽤 유용한 도구다.

인과관계가 아니라 상관관계

연관이 없는 두 개의 데이터를 나란히 배치하면 인과관계가 있는 듯한 착각을 유도할 수 있다. 타일러 비건은 서로 전혀 연관이 없는데도 놀라우리만치 비슷한 데이터를 한 세트로 묶어서 그래프를 만든다. 예를 들면 미스 아메리카의 연령과 김, 뜨거운 수증기나 뜨거운 물체로 저지른 살인 건수를 비교하는 식이다. 그의 유머러스한 접근을 보면 그래프로 상관관계가 있다는 인상을 풍기기가 얼마나 쉬운지 알 수 있다.

색을 입힌 지도

인포그래픽에는 데이터 지도가 종종 쓰이지만 여기에는 기본적으로 결함이 있음을 알아야 한다. 네덜란드 신문에 실린 오른쪽 지도에는 네덜란드에 거주하는 비유럽 출신 1세대, 2세대 이주민이 얼마만큼 증가했는지 표시되어 있다. 언뜻 보기에는 간단한 지도 같지만 여기에는 세 가지 문제점이 도사리고 있다.

첫째, 지도는 지방 자치단체로 나뉘었지만 수치 파악은 시군 단위로 이루어졌다. 2025년 사진에서 까맣게 처리된 지역의 일부분은 사실상 자연보호구역 내지는 사람이 거의 살지 않는 오지인데 지도를 시각적으로 해석하는 데 영향을 미친다.

둘째, 이 지도는 명도의 차이가 가장 큰 흰색과 검은색, 그 사이의 중간색으로 칠해져 있다. 그런데 검은색은 전체

미스 아메리카의 연령
과 연관해서 보는
김, 뜨거운 수증기, 뜨거운 물체로 저지른 살인 건수

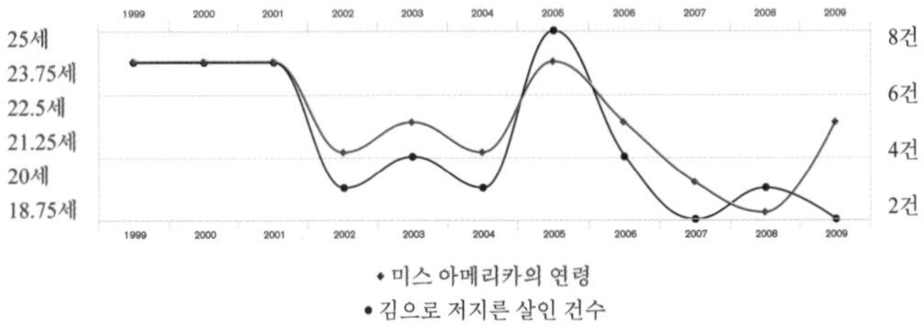

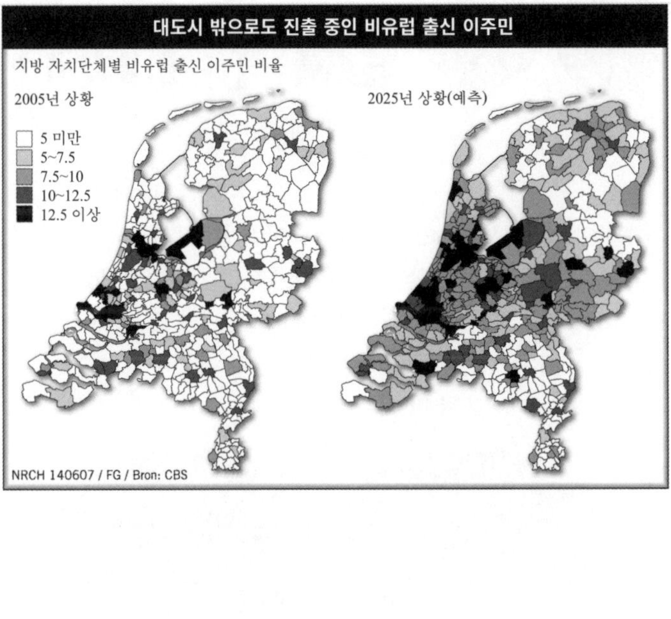

↑ 이미지 © 타일러 비건
↓ «NRC 무역 잡지»(2007. 6. 14.)

인구의 겨우 12.5퍼센트, 흰색은 5퍼센트 미만에 해당하는데도 명도의 차이 때문에 가장 높은 숫자와 가장 낮은 숫자의 차가 실제보다 더 크게 느껴진다.

셋째, 지도의 주제가 비유럽 출신 이주민이다. 그런데 명도의 차이가 가장 큰 흰색과 검은색을 선택해 시각적으로 피부색을 연결하게 된다. "네덜란드가 점점 흑인들 세상이 되어가고 있다"는 뜻으로 해석될 수 있는 것이다. 의도적인 선택이 아니었을지 몰라도 해석에 영향을 미치는 것은 분명하다.

그래프 유형 고르기

그래프의 유형도 내용 해석에 영향을 미칠 수 있다. 예컨대 같은 데이터라도 원 그래프, 막대 그래프, 아이콘 나열등 형태에 따라 전혀 다르게 보인다. 하단의 그래프를 보면 알 수 있듯, 같은 정보라도 형태에 따라 전혀 다르게 해석될 수 있다.

추가된 차원

그래프에 입체감을 부여하면 그럴듯하게 보일지는 몰라도 정보 해석에 영향을 주게 된다. 도표를 왜곡하는 한 가지 수법이 정보와 무관하게 원근을 가미하는 것이다. 아래 원 그래프를 보면 둘 다 25퍼센트를 표시했지만 원근감 때문에 오른쪽 그래프의 검은 부분이 더 커 보인다.

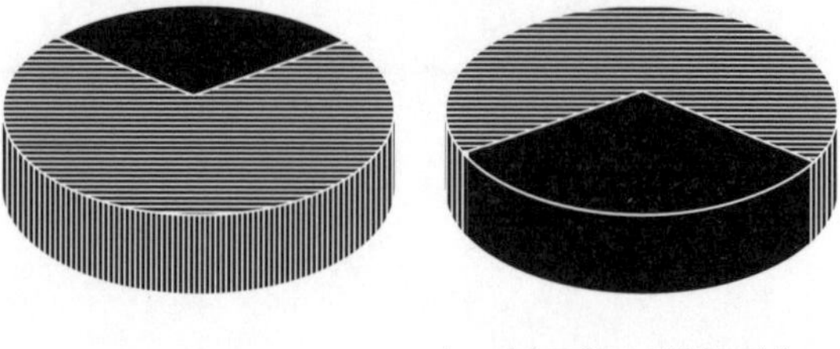

↑ 여러 그래프로 표현한 40퍼센트. 이미지 ⓒ 뤼번 파터르

↓ 두 개의 원 그래프. 모두 25퍼센트를 나타낸다. ⓒ 뤼번 파터르

데이터 시각화의 힘

요즘 같은 정보사회에서는 데이터를 훌륭하게 시각화하면 전 세계적으로 벌어지는 사태를 좀 더 많은 사람들에게 전할 수 있다. 프랑스의 디자인리서치 그룹 뷔로데튀드에서는 글로벌 파워와 인포그래픽에 얽힌 정치적인 복잡성을 지도로 시각화한다. 평소 보이지 않는 부분을 드러내는 것이 그들의 목표다. 그들의 웹사이트에서 여러 언어로 지도를 내려받을 수 있기 때문에 폭넓은 대중이 정보를 접할 수 있다. 전체 지도는 bureaudetudes.org에서 살필 수 있다.

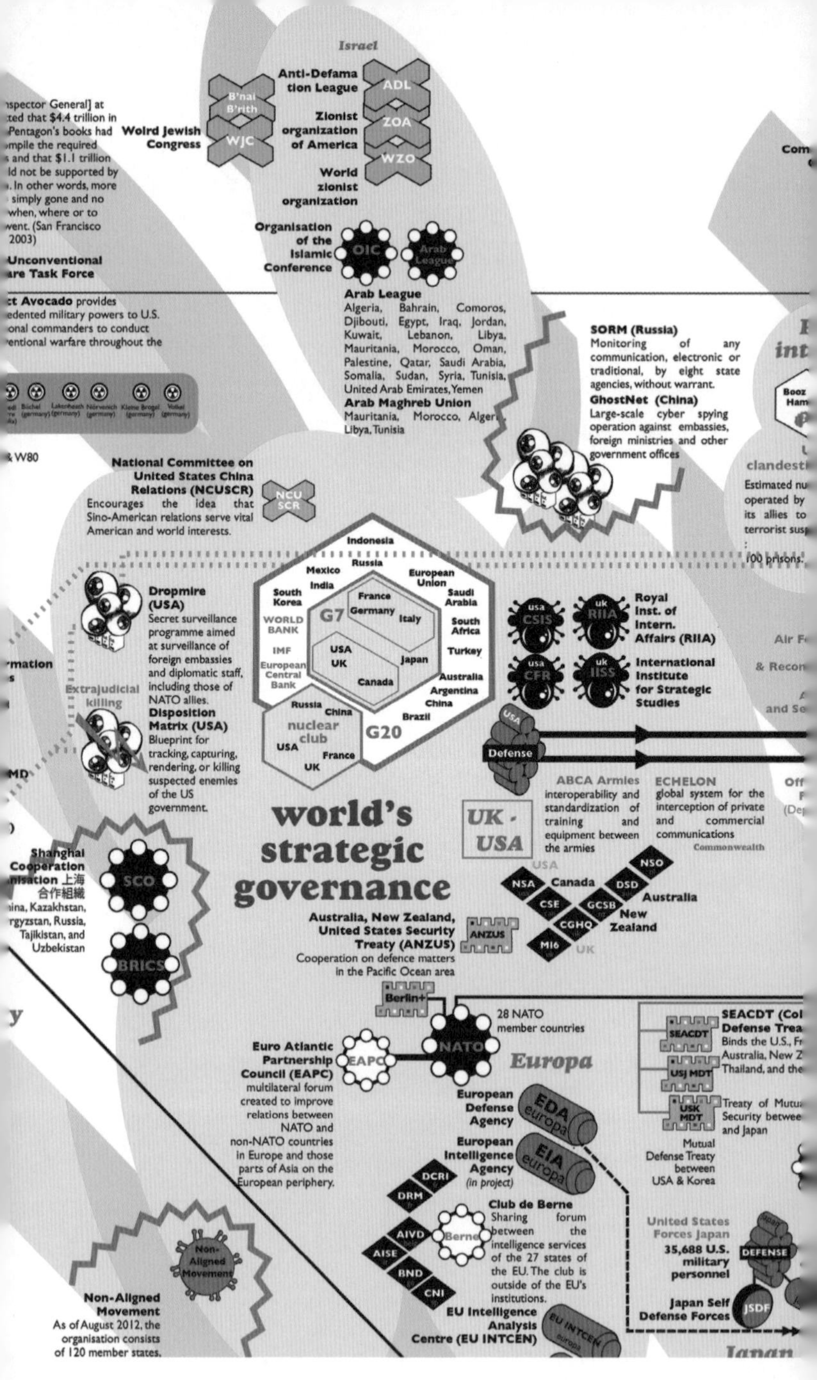
Israel
Anti-Defamation League
ADL
B'nai B'rith
Zionist organization of America
ZOA
Woird Jewish Congress
WJC
World zionist organization
WZO
Organisation of the Islamic Conference
OIC
Arab League
Arab League
Algeria, Bahrain, Comoros, Djibouti, Egypt, Iraq, Jordan, Kuwait, Lebanon, Libya, Mauritania, Morocco, Oman, Palestine, Qatar, Saudi Arabia, Somalia, Sudan, Syria, Tunisia, United Arab Emirates, Yemen
Arab Maghreb Union
Mauritania, Morocco, Libya, Tunisia
Unconventional
SORM (Russia)
Monitoring of any communication, electronic or traditional, by eight state agencies, without warrant.
GhostNet (China)
Large-scale cyber spying operation against embassies, foreign ministries and other government offices
National Committee on United States China Relations (NCUSCR)
Encourages the idea that Sino-American relations serve vital American and world interests.
NCU SCR
Dropmire (USA)
Secret surveillance programme aimed at surveillance of foreign embassies and diplomatic staff, including those of NATO allies.
Extrajudicial killing
Disposition Matrix (USA)
Blueprint for tracking, capturing, rendering, or killing suspected enemies of the US government.
Indonesia
Mexico
Russia
European Union
South Korea
India
Saudi Arabia
France
Germany
Italy
G7
WORLD BANK
South Africa
IMF
USA
UK
Japan
Turkey
European Central Bank
Canada
Australia
Argentina
China
Russia
China
Brazil
nuclear club
USA
France
UK
G20
CSIS
CFR
RIIA
IISS
Royal Inst. of Intern. Affairs (RIIA)
International Institute for Strategic Studies
Defense
ABCA Armies
interoperability and standardization of training and equipment between the armies
ECHELON
global system for the interception of private and commercial communications
Commonwealth
UK - USA
USA
NSA
Canada
NSO
DSD
Australia
CSE
GCSB
CGHQ
New Zealand
MI6
UK
world's strategic governance
Shanghai Cooperation Organisation 上海合作組織
Kazakhstan, Russia, Tajikistan, and Uzbekistan
SCO
BRICS
Australia, New Zealand, United States Security Treaty (ANZUS)
Cooperation on defence matters in the Pacific Ocean area
ANZUS
Berlin+
28 NATO member countries
NATO
Euro Atlantic Partnership Council (EAPC)
multilateral forum created to improve relations between NATO and non-NATO countries in Europe and those parts of Asia on the European periphery.
EAPC
Europa
European Defense Agency
EDA europa
European Intelligence Agency (in project)
EIA europa
DCRI
DRM
AIVD
AISE
BND
CNI
Berne
Club de Berne
Sharing forum between the intelligence services of the 27 states of the EU. The club is outside of the EU's institutions.
EU Intelligence Analysis Centre (EU INTCEN)
EU INTCEN
SEACDT
USJ MDT
USK MDT
Treaty of Mutual Security between ... and Japan
Mutual Defense Treaty between USA & Korea
United States Forces Japan
35,688 U.S. military personnel
DEFENSE
Japan Self Defense Forces
JSDF
Non-Aligned Movement
Non-Aligned Movement
As of August 2012, the organisation consists of 120 member states.

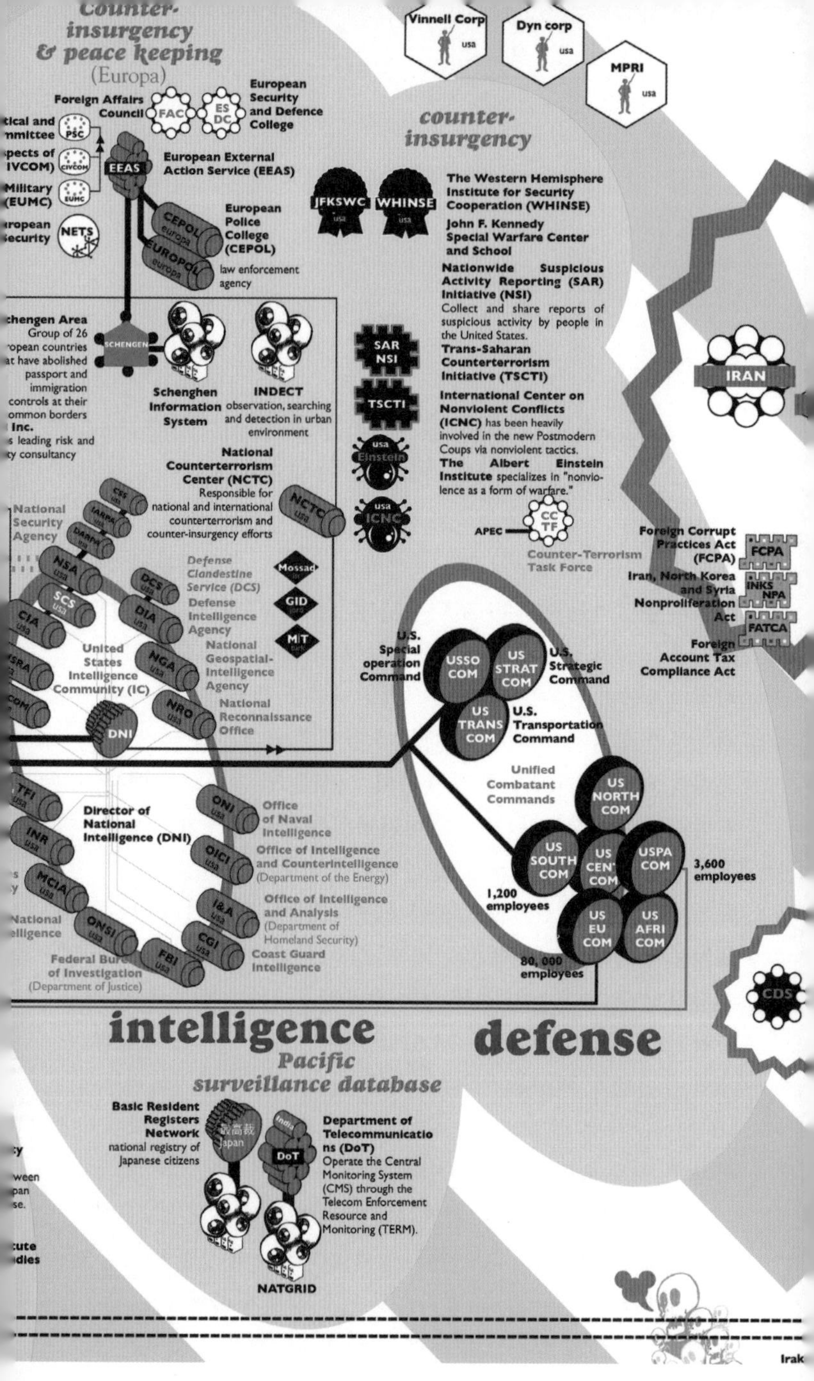

↑ 뷔로데튀드, 「세계의 여러 정부」
영어판(2013)

선택 설계

☑ 스팸 메시지를 받지 않고 싶지 않다면 박스 체크를 해제하세요.

비자를 신청하건 세무서류를 작성하건 서식에 적힌 질문에 순순히 응답하는 이유는 그 디자인 때문이다. 만약 컬러 사진과 코믹산스 글자체가 쓰였다면 진위 여부에 의심이 생길 것이다. 서식디자인의 기본은 권위다. 서식디자인을 할 때는 가독성과 기능성만 신경 쓰면 되는 게 아니라 알맞은 권위를 풍길 색상, 그래픽 요소, 글자체를 골라야 한다. 서식은 권력 구조를 매우 직접적으로 시각화한다. 서식 디자이너는 선택 설계자가 된다. 선택 설계자는 독자에게 보일 선택지를 신중하게 선정하고, 독자가 결정에 이르기까지 관여하는 요소들을 정리한다. 사람들은 서식의 권위에 민감하고, 선택 설계는 교묘히 조작되기 쉽다. 훌륭한 선택 설계자는 서식디자인을 통해 좀 더 바람직한 결과를 도출할 수도 있다. 자선단체의 기부 신청서를 예로 들어보자. 원하는 기부액을 20, 50, 75유로로 설정하면 5, 10, 20파운드로 설정하거나 선택지가 20유로 하나일 때보다 좀 더 많은 액수를 기부받을 수 있을 것이다.

선택 설계자는 정보 수신자에게 득이 되는 방향으로 선택하도록 사람들을 유도한다. 일례로 작성자의 성별을 필수로 체크하게 한 서식이 많다. 법적으로 필수 정보가 아닌데도 성별을 체크하게 하는 이유는 추후에 한쪽 성별에 집중되는 상품의 마케팅에 활용하기 좋기 때문이다. 서식에 적힌 질문은 타당하고 연관성이 있어 보이기 때문에 작성자가 응답할 가능성이 높다.

다크 패턴

선택 설계의 세계에서는 사용자의 의지가 배제된 선택을 유도하기 위해 다크 패턴이라는 방법이 동원된다. 특히 UX(사용자 경험) 디자인에서 이런 전략이 쓰이는 경우가 많다. 예컨대 웹사이트에서 태블릿 PC를 주문하면 보호용 케이스가 장바구니에 저절로 담긴다든지, 온라인으로 비행기를 예약하면 저절로 여행자보험에 가입된다든지 하는 식이다. 양쪽 경우 모두 요청하지 않은 구매를 취소하려면 추가적인 작업을 수행해야 한다. 선택 설계자들은 대다수 사람들이 화면상 문구를 대충 읽는다는 사실을 잘 알고, 이를 적극적으로 활용한다.

슈퍼마켓에서는 선택 설계를 활용해 특정 제품의 구매를 유도한다. 예를 들어 유기농 사과가 두 봉지 있는데, 하나는 700그램에 2유로(약 3000원)이고 다른 하나는 1킬로그램에 2.5유로(약 4000원)이라 치자. 그램당 가격을 따져보면 4000원짜리가 더 싼데도 사람들은 3000원짜리를 사는 경향이 있다.

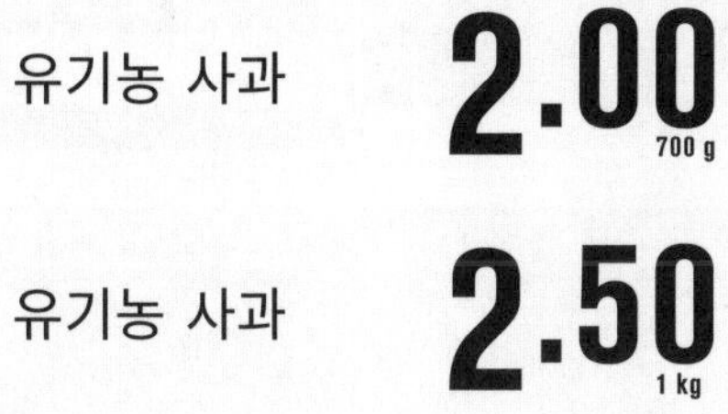

↑ 사례 인용 ⓒ darkpatterns.org

선택 설계의 원리를 꿰고 있는 디자이너들은 그것으로 우리에게 선택 설계의 힘을 느끼게 만들 수도 있다. 디자이너 마르틴 엥겔브레히트는 서식의 권위를 시민 저항운동의 전략으로 활용한다. 텔레마케터가 전화해 정해진 문구를 읽기

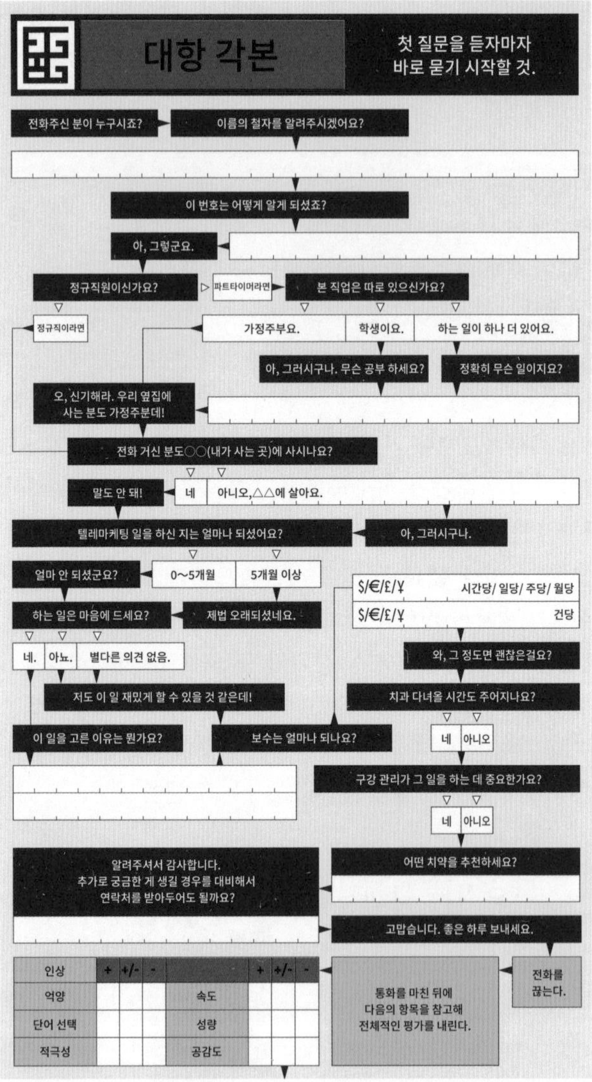

시작하면 대항 각본을 내미는 것이다. 텔레마케터에게 역으로 질문함으로써 역학구조를 뒤집는 것이 그의 작전이다.

↑ 마르틴 엥겔브레히트, 「대항 각본」(1994~2005)

서식의 오류

서식디자인이 잘못됐을 때 생길 수 있는 상황의 가장 단적인 예가 2000년에 미국에서 벌어진 그 유명한 선거 사태다. 이 박빙의 선거에서 디자인이 잘못된 투표 서식 때문에 다수의 오류가 발생했고 총선 결과에까지 영향을 미쳤다. 팜비치의 펀치형 투표용지에서 민주당 후보는 두 번째 칸을 배당받았지만 유권자들이 민주당에 투표하려면 세 번째 동그라미에 구멍을 뚫어야 했던 것이다. 두 번째 동그라미는 개혁당의 자리였다. 개표 결과 개혁당 후보가 이 카운티에서 유난히 좋은 성적을 거둔 것으로 드러났다.

미국에는 중앙 선거 관리 시스템이 없기 때문에 단일하지 않은 복수의 디자인이 쓰인다. 투표용지에는 종종 헷갈리는 용어와 작은 폰트, 헷갈리는 그래픽이 쓰인다. AIGA에서 선거 디자인의 여파를 조사해 개선 방향을 가이드라인으로 정하고 모든 선거 공무원에게 발송한 이유가 그 때문이다. AIGA의 가이드라인 열 개 항목은 요약 버전으로 다음 페이지에 소개해놓았다. 좀 더 자세한 정보는 designfordemocracy.org에서 참고하기 바란다.

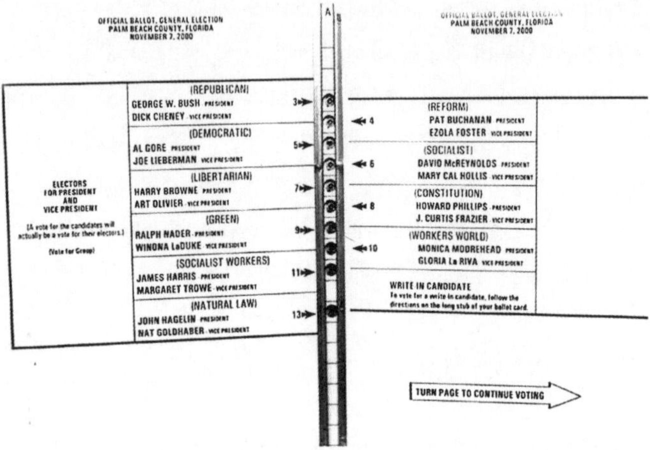

↑ 2000. 1. 7. 미국 플로리다 팜비치 총선 당시의 공식 투표용지

좀 더 나은 투표 용지 디자인을 위한 가이드라인 10

글: AIGA

01.
소문자를 쓴다. 전부 대문자로 쓰는 것보다 소문자로 쓰는 편이 더 읽기 쉽다.

02.
가운데정렬을 피한다. 중간에 자꾸 끊어 읽어야 하는 가운데정렬보다 왼쪽정렬이 더 읽기 쉽다.

03.
글자를 충분히 큼지막하게 쓴다. **자잘한 글자**는 읽기 힘들 뿐 아니라 유권자들에게 위협감과 소외감을 줄 수 있다. 최소 글자 크기는 광학스캔 기준 12포인트, 터치스크린 기준 25포인트다.

04.
산세리프 폰트를 쓴다. 생소한 폰트를 쓰면 눈이 용지를 읽다 말고 적응해야 한다. 이중언어를 쓰는 경우에는 제1언어는 볼드체로, 제2언어는 일반체로 적는다.

05.
절차대로 잘 진행할 수 있도록 돕는다. 광학스캔 투표의 경우에는 종합적인 설명을 제공하고 페이지 번호를 적도록 한다.

06.
분명하고 단순한 표현을 쓴다. 지시사항과 선택지를 최대한 간단하게 설명한다.

07.
정확한 지침을 제공하는 일러스트레이션을 쓴다. 문자 해독률이 낮은 일반 대중에게는 시각적인 설명이 도움이 된다. 사진은 권장하지 않는다.

08.
정보 전달용 아이콘만 쓴다. 정당의 로고는 피한다. 중요한 정보에 시선을 집중시키고 절차에 도움이 되는 아이콘만 제한적으로 사용한다.

09.
색상과 대비는 목적에 맞게 활용한다. 색상과 음영은 일관되게 사용한다. 광학 스캔 투표의 경우에는 지침과 본문을 구분할 때, 그리고 본문끼리 서로 구분할 때 쓴다. 중요한 정보를 변별하여 전달하는 유일한 수단이 색상이어서는 안 된다.

10.
가장 중요한 것을 정한다. 지면과 스크린 레이아웃, 텍스트 크기로 정보의 위계를 정한다. 예를 들면 투표 제목이 후보자 이름보다 눈에 잘 들어와야 하며, 후보자 이름이 정당보다 굵게 쓰여 있어야 한다.

시간 도둑

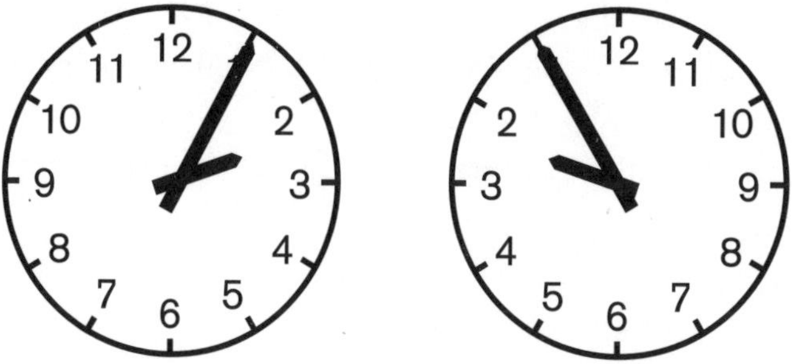

시계가 발명되기 전에는 태양을 보고 시간을 짐작했다. 각 마을마다 시간이 달랐다는 말이다. 19세기에 철도와 전신이 등장하자 이런 방식의 실용성이 떨어졌기 때문에 1884년에 세계를 경도 15도씩 묶어 스물네 개의 표준시간대로 나누기로 했다. 당시 영국이 가장 강대국이었기 때문에 영국의 그리니치가 표준시간대의 시작점이 됐다.

인접한 나라들끼리는 여러 실용적인 이유로 같은 표준시간대를 공유하지만 자신의 표준시간대를 정하는 것은 각 나라의 고유 권한이기에 정치가 개입된다. 예전에 중국은 표준시간대가 다섯 개였지만 1949년에 마오쩌둥이 중국은 하나의 시간대라야 한다고 선포했다. 그렇게 넓은 나라에 전혀 걸맞지 않은 발상이라 서쪽 끝 지역에서는 겨울이면 정오가 되어서야 해가 뜬다.

시간대를 다시 설정하는 것이 역사 속 정적에게 반기를 드는 상징적인 제스처가 될 수도 있다. 2015년 북한의

↑ 좌: 식민주의시대 시계. 우: 남쪽 시계, 볼리비아. © 뤼번 파터르

김정은 국무위원장은 일본 점령기 이전으로 표준시간대를 되돌려놓았다. 심지어 볼리비아는 2014년에 시계 방향을 식민주의시대적이라고 선언하기에 이르렀다. 이제 정부 공관의 시계는 모두 반시계 방향으로 움직인다. 볼리비아의 외교부장관 다비드 초케완카는 이를 **남쪽 시계**라고 불렀다.

표준시간대가 국수주의의 영향에서 벗어났다 하더라도 특정 이데올로기를 반영한다는 사실은 여전하다. 대부분의 표준시간대는 평일 7~17시의 근무시간대를 맞추기 위해 일출 시간보다 세 시간 늦게 설정되어 있다. 다음 두 페이지의 지도는 전 세계의 표준시간대다. 1884년에 이루어진 표준시간대 지정에서 벗어나기로 결정한 나라가 어느 나라인지 국경이 없어도 알 수 있을 것이다.

시간여행

"올해가 몇 년이죠?"는 SF 영화가 아닌 이상 자주 듣는 질문이 아니다. 하지만 어디에서 그 질문을 들었는지에 따라 답은 달라질 것이다. 국제 달력은 그레고리력이 기본이다. 현재 쓰이는 달력의 종류는 수십 가지고, 날짜를 세는 방식과 표기법도 저마다 다르다. 이란과 아프가니스탄에서는 페르시아력을 쓰고, 에티오피아는 에티오피아력을 쓰며, 사우디아라비아는 이슬람력을, 방글라데시는 방글라력을, 인도는 인도 국정력을, 이스라엘은 히브리력을 쓴다. 따라서 어디에서 그 질문을 들었는지에 따라 답은 수천 년씩 달라질 수 있다.

올해는 몇 년일까?
이란 테헤란에서는 1394년,
방글라데시 다카에서는 1422년,
사우디아라비아 리야드에서는 1437년,
인도 뉴델리에서는 1937년,
에티오피아 디스아바바에서는 2008년,
캘리포니아 힐밸리[2]에서는 2015년,
이스라엘 텔아비브에서는 5776년에
해당한다.

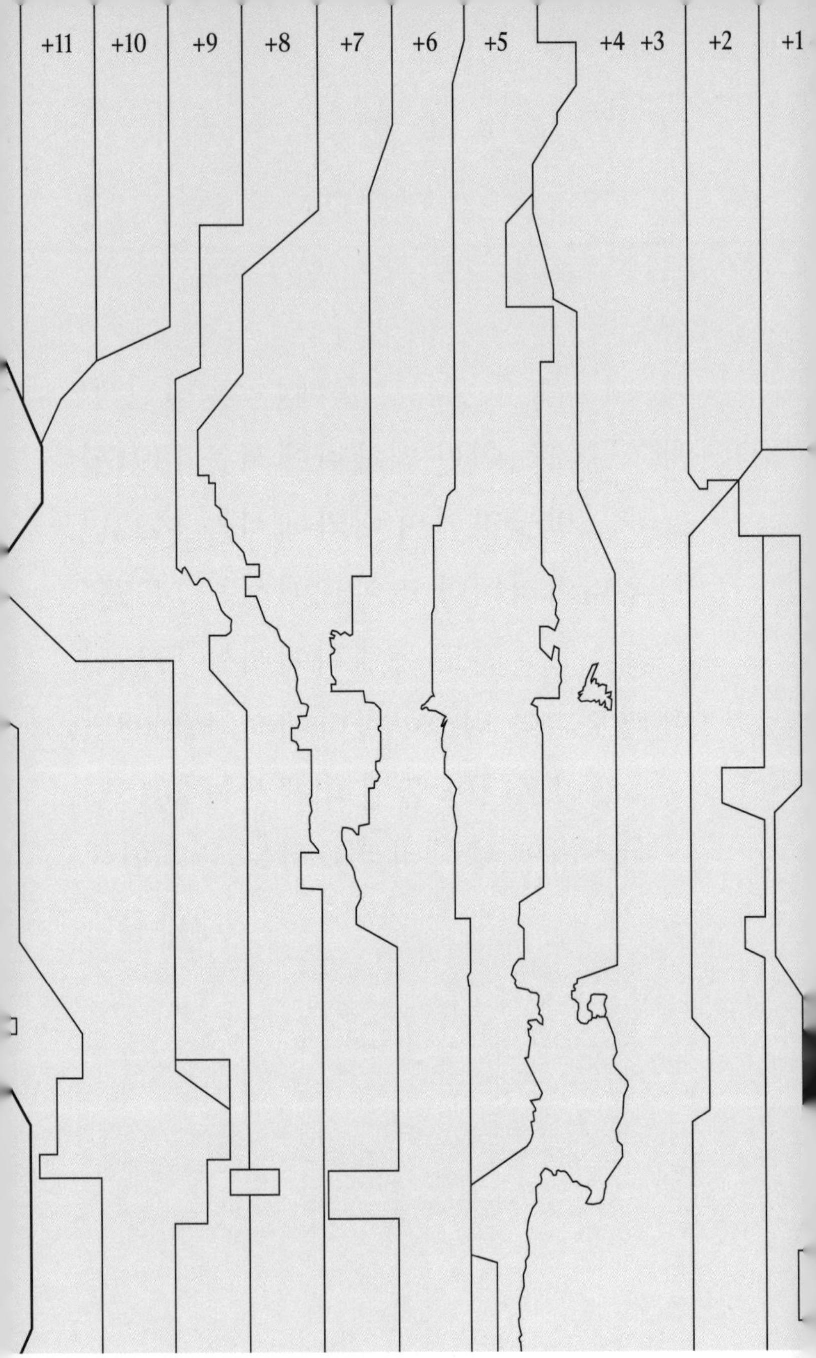
+11
+10
+9
+8
+7
+6
+5
+4
+3
+2
+1

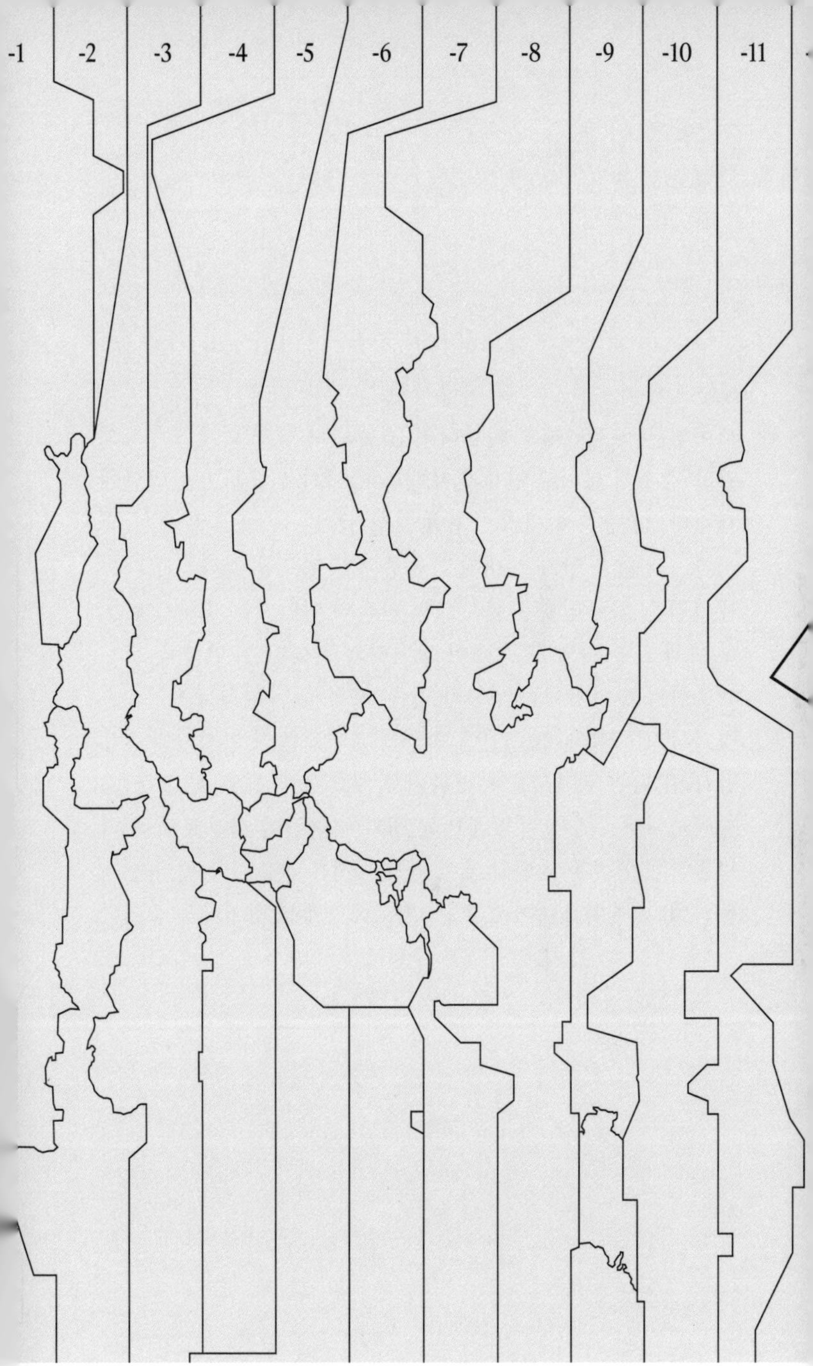

↑ 메르카토르 도법으로 본 전 세계 표준시간대.
ⓒ 뤼번 파터르

우주 인종

NASA에 따르면 인간은 어떻게 생겼을까? 미국의 천문학자 칼 세이건은 1972년에 파이오니어 10호 발사 당시 외계 생명체와 만날 경우에 대비해 인류가 보내는 메시지를 알루미늄 명판에 새겼다. 이 명판에 새긴 그림을 보면 남자는 손을 흔들고, 여자는 왼발을 앞으로 내밀고 순종적인 포즈를 취하고 있다. 세이건은 모든 인종을 아우르는 인간의 이미지를 추구했지만, 누가 봐도 두 사람 모두 백인의 머리와 체형이다. 인류를 대표한다고 하기에는 성별과 인종, 양쪽 모두 편견에서 벗어나지 못했다. 2015년에 일군의 과학자들이 외계지적생명체 탐사 SETI 프로젝트를 논의하기 위해 리즈에 모였다. 그들은 파이오니어호에 실린 알루미늄 명판에 편견이 개입됐고 좀 더 평등하게 인류를 대변할 새로운 메시지를 만들어야 한다는 데 동의했다. 파이오니어 10호는 현재 태양계를 벗어나는 중이다.

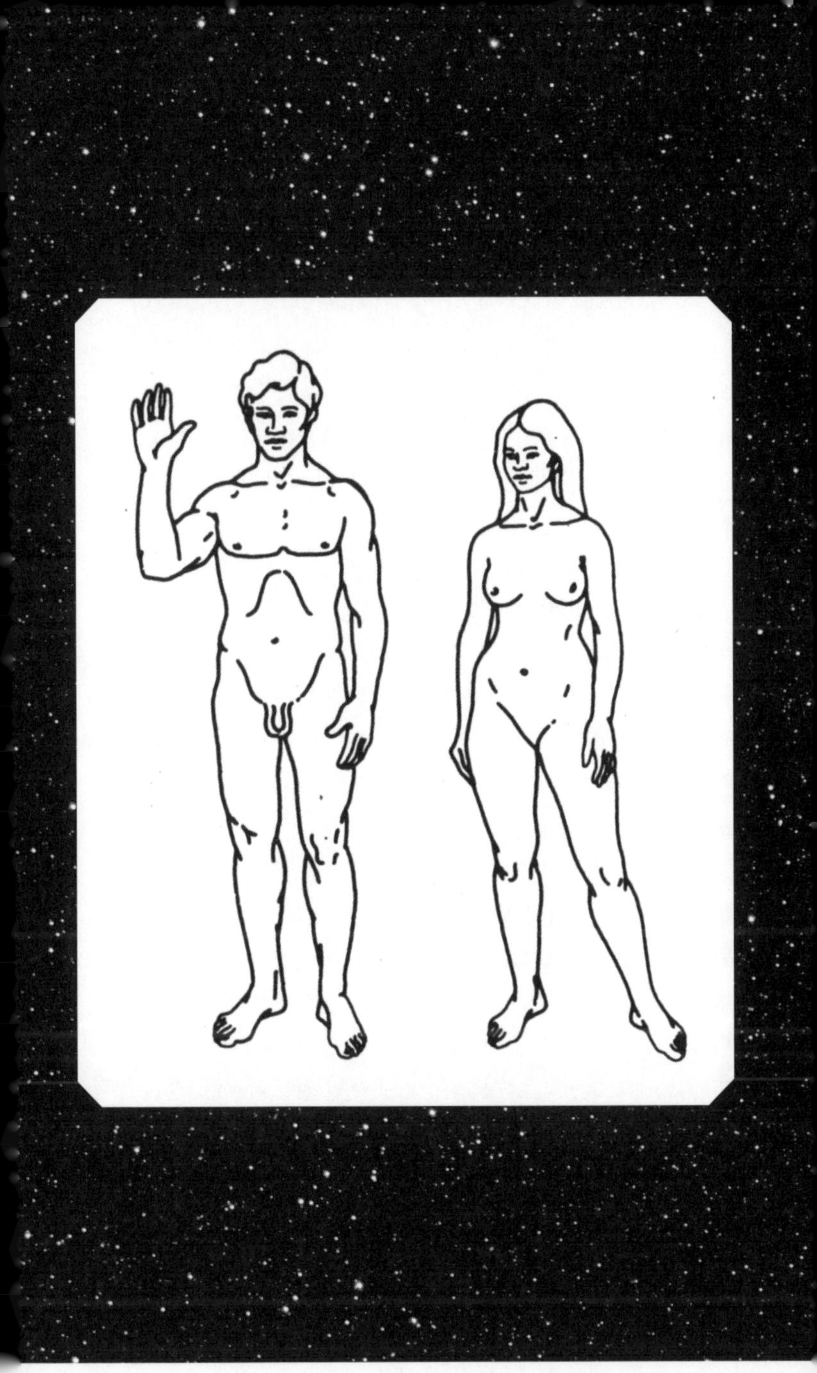

↑ 파이오니어호에 실린 알루미늄 명판
(부분 확대) ⓒ NASA(1972),
디자인 ⓒ 칼 세이건 & 프랭크 드레이크
아트워크 ⓒ 린다 샐즈먼세이건

표준과 일탈

여성의 평균 신장은 160.5센티미터이고 체중은 62.5킬로그램이다. 남성의 평균 신장은 175.5센티미터고 체중은 78.4킬로그램이다. 만약 이 표준 치수에 공감하지 못한다면, 디자이너의 눈치고는 일반적이지 않은 셈이다.

오른쪽은 디자이너 헨리 드레이퍼스가 1959년에 쓴 『인체 측정』에 실린 그림이다. 그는 상품디자인에 신체 치수를 대거 도입했고, 그 덕분에 우리는 다칠 위험이 줄어들었다. 드레이퍼스가 이끄는 팀은 앉거나 서거나 운전하는 데 필요한 모든 치수를 측정했고 이것이 국제표준이 되었다. 『남녀 측정』으로 개정된 그의 책은 요즘도 디자인스쿨과 대학교에서 교재로 널리 쓰인다.

표준은 대량생산에 유용하지만 착각을 불러일으키기도 한다. 그의 책에 실린 오른쪽 페이지의 그림은 여러모로 문제가 많다. 일단 우리 사회를 구성하는 다양한 성별을 감안하지 않고 성별을 단둘로 나눴다. 2014년에 페이스북에서 소개한 바에 따르면 인간이 선택할 수 있는 성별이 쉰여덟 가지이며, 그중 몇 가지만 예로 들자면 남성도 여성도 아닌 앤드러자인, 생물학적 성과 성정체성이 일치하는 시스젠더, 남성과 여성의 성정체성이 공존하는 젠더퀴어, 남성과 여성이 공존하는 바이젠더, 무성, 트랜스젠더 등이 존재한다.

드레이퍼스의 책에 실린 남성의 신체 치수는 미군 데이터를 근거로 하고 있으니 민간인은 통계에 포함조차 안 된 셈이다. 드레이퍼스는 젊은 군인의 치수를 기준으로 삼음으로써 서유럽

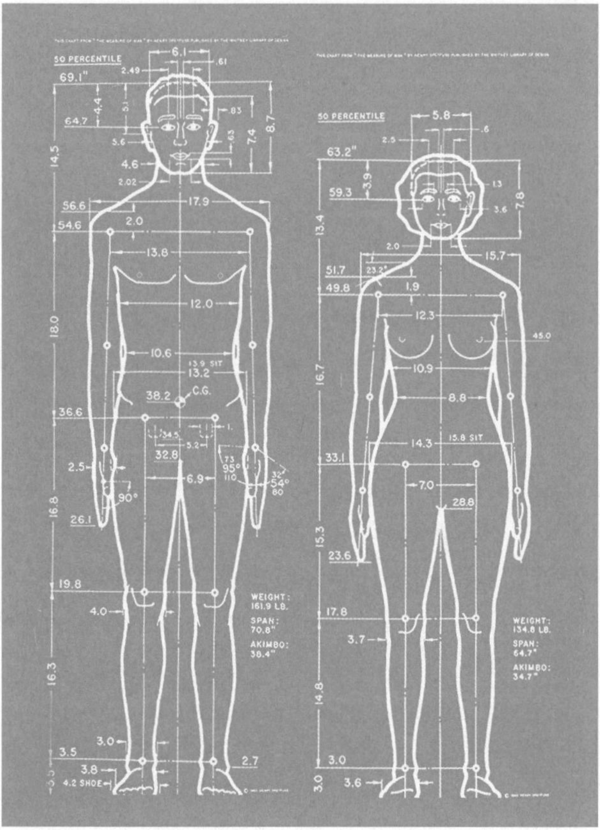

혈통을 물려받은 젊고 탄탄한 몸이 남성의 이상적인 체형이라는 메시지를 전달한다. 전 세계의 모든 남자들이 이런 기준을 만족시킬 리도, 그 이상적인 체형을 근거로 만들어진 디자인의 표준이 보편적일 리도 만무하다. 일례로 볼리비아에 사는 여성들의 평균 신장은 142.2센티미터고, 디나르알프스에 사는 남성들의 평균 신장은 185.6센티미터다.

드레이퍼스는 허점이 있는 자신의 표준에 대해 해명했다. "통상적으로 모두를 위한 디자인은 없다. 정규 곡선의 양끝은 워낙 극단적이라 거기까지 아우르는 디자인은 너무 광범위하거나 비용이 많이 들어 생산으로 이어지기 어렵다."

↑ 헨리 드레이퍼스, 『인체 측정』 (휘트니디자인도서관:1959).
ⓒ 헨리드레이퍼스협회(1993)

정상성의 횡포

정상 내지 평균이라는 것의 정체는 무엇일까? 레너드 J. 데이비스가 『각기 다른 인체: 정치, 장애, 묘사』에서 밝힌 바에 따르면 서구사회에서 정상성(normalcy)이라는 개념은 19세기 이전에는 존재하지 않았다. 민족국가가 처음으로 부상하면서 자국민을 기록과 사진으로 남기는 것이 이상적인 시민의 이미지를 구축하는 방편이 됐고, 거기에서부터 이런저런 문화가 비롯됐다. 정부에서는 누가 민족 문화의 일원이고 아닌지 판가름하기 위해 시민들의 숫자를 세고 치수를 측정하고 사진으로 찍었다.

사회 안에서 그룹을 나누고 기껍지 않은 요소들을 시각적으로 구분하는 데에는 사진이라는 새로운 도구가 중요한 역할을 했다. 사진은 기관에서는 사회적 행동을 통제하는 데, 병원에서는 질병을 연구하는 데 쓰였고, 머그숏과 지문은 범행 증거로 활용됐다.

체사레 롬브로소를 비롯한 범죄학자들은 사진을 통해 범죄 성향은 유전되며 신체적으로 뚜렷한 특징을 보인다는 가설을 입증하려 했다. 오른쪽이 그 증거로 동원된 사진이다. 우생학이나 골상학과 같은 유사과학에서는 신체 치수와 특징을 근거로 비주류 문화를 억압했다.

18세기와 19세기에는 생물학적 인종차별이 만연했다. 여러 과학 실험 결과가 유럽인의 우월성을 입증하는 데 쓰였고 정치인들은 이로써 식민지 건설을 정당화했다. 생물학적 인종차별이 2차 세계대전이라는 끔찍한 사태로 이어지자, 이후

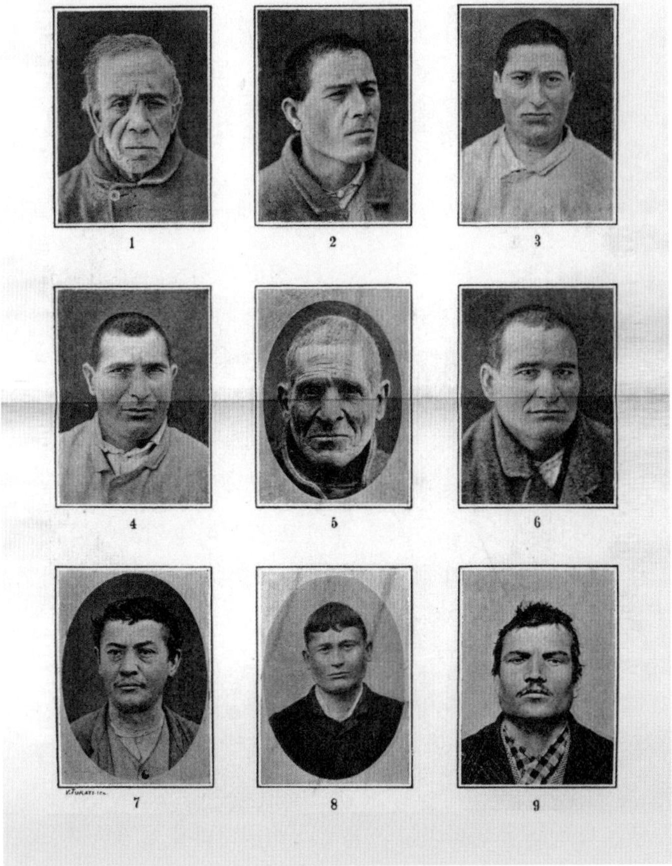

주류 과학계에서는 그 가설과 관행을 거부했다.

하지만 우리로 하여금 정상성이라는 개념에 순응하게 만드는 시스템은 아직까지도 건재하다. 감시카메라, 소셜미디어, 학교, 직장, 언론에서 내세우는 아름다움의 기준, 이 모든 게 우리의 행동에 영향을 미치는 사회구조의 일부분이다. 우리는 날마다 접하는 이미지를 통해 훌륭한 시민과 아름다운 신체, 믿음직한 얼굴이 정확히 어떤 것인지 익힌다. 정상성이라는 보이지 않는 힘에 순응하는 것이다.

↑ 체사레 롬브로소, 『인류학, 법학, 정신의학 관점에서 바라본 범법자』(프라텔리보카:1897)

데이터용 얼굴

이미지 테크놀로지는 시민들을 기록하고 감시하는 영역에서 엄청난 성과를 거두고 있다. 우리의 얼굴, 지문, 망막, 심지어 걸음걸이까지 생체 인식 도구가 될 수 있다. 정식 여권에 쓰이는 사진은 엄격한 규정과 규격을 지켜야 한다.

향후에는 여권이 뒷전으로 밀려날 수 있다. 안면 인식은 한 사람에 관한 정보를 여권보다 더 많이 제공한다. 그것으로 그 사람의 나이와 성별을 파악할 수 있고, 심지어 불안한지 흥분 상태인지 화가 났는지 행복한지도 알 수 있다. 인식된 얼굴이 소셜미디어 계정과 온라인 데이터베이스에 연결되면 관계 당국이 친구, 가족, 신용 등급, 병력 그리고 개인적인 이력에 얽힌 정보를 얼마든지 입수할 수 있다. 얼굴로 더는 아무것도 숨길 수 없게 되는 것이다.

소셜미디어와 보급형 카메라는 안면 인식 기술로 사진 속 모델들의 신원을 파악하고 그들의 아이덴티티를 연결한다. 하지만 이미지 분석 소프트웨어도 인간이 만든 것이라 문화적 편견과 가정에서 자유롭지 않다. 미국의 휴렛 패커드에서 나온 웹캠은 백인들의 얼굴은 인식하지만 흑인들의 얼굴은 인식하지 못한다. 니콘의 보급형 카메라로 동양인의 사진을 찍으려고 하면 눈을 감았냐는 메시지가 뜬다.

아티스트이자 연구자인 애덤 하비는 자동 안면 인식과 프라이버시를 침해하는 기술을 피하는 아트워크를 선보인다. 「컴퓨터 시각 속이기」 프로젝트는 패션으로 얼굴을 위장해 자동 안면 인식을 방해한다. 헤어스타일링과 메이크업으로 얼굴의

주요 포인트를 어지럽혀 안면 인식 알고리즘을 혼란에 빠뜨리는 것이다. 하비는 공적인 공간을 점점 더 군사기술적으로 파악하려는 보안기술의 경향을 따르지 않고, 방향을 선회하여 패션 스타일링으로 승화한다. 디지털 위장을 패션 선언 삼아 길거리로 들고 나오는 것이다.

미래에는 외모보다 데이터가 우리의 삶을 좌우할 가능성이 더 크다. 신용 등급, 병력, 정치적 견해, 전과가 취직을 하고 적당한 의료서비스나 대출을 받을 기회와 집을 장만할 능력에 영향을 미친다. 사람들의 선입견이 아니라 데이터에 기반한 차별이 바야흐로 평등을 위해 극복해야 할 디자인계의 새로운 도전과제다.

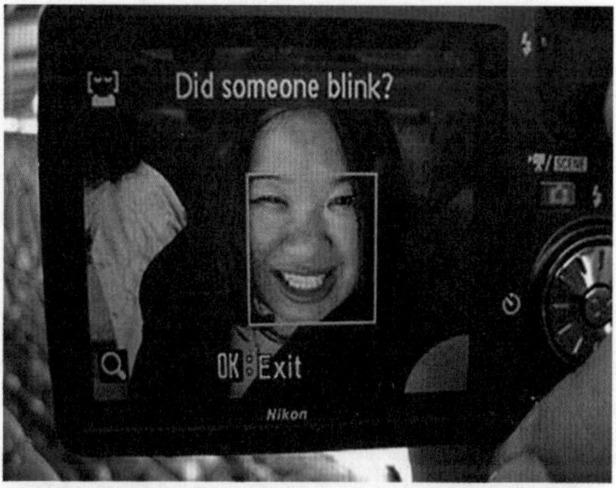

누군가 눈을 감았나요?

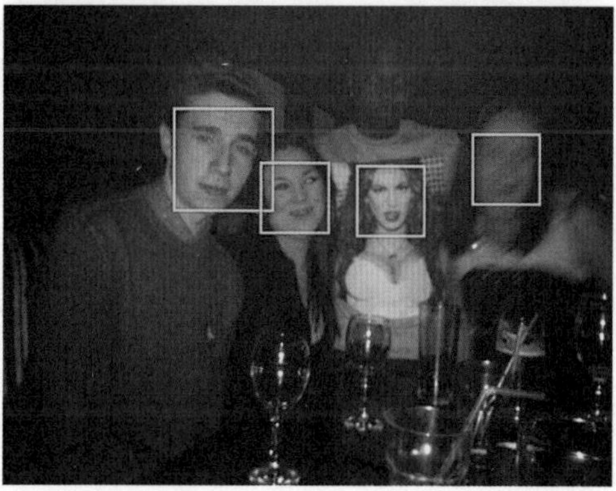

↑ 니콘 쿨픽스 S630 디지털카메라 블링크 워닝. 이미지 © 조즈 왕(2010)
↓ 안면 인식 © 조시 포플

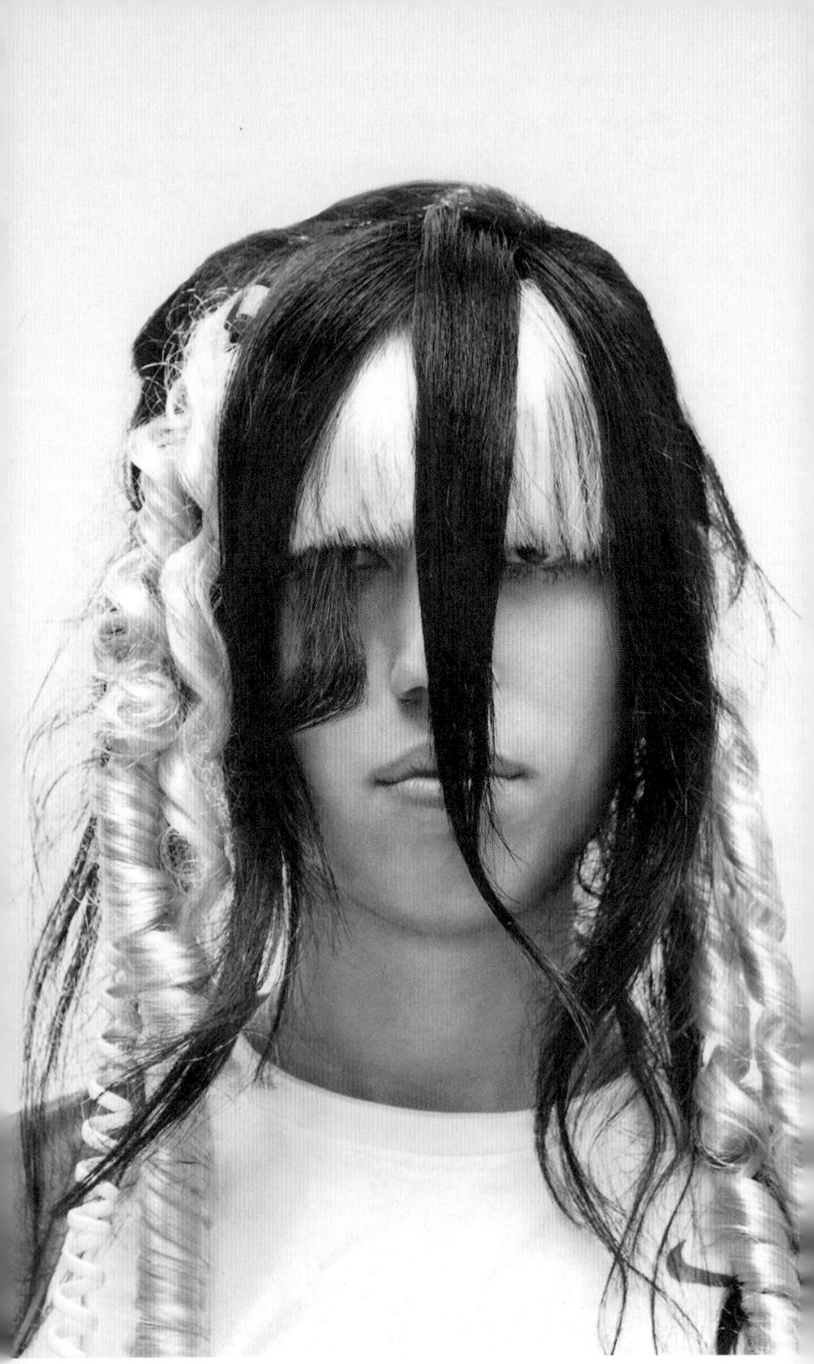

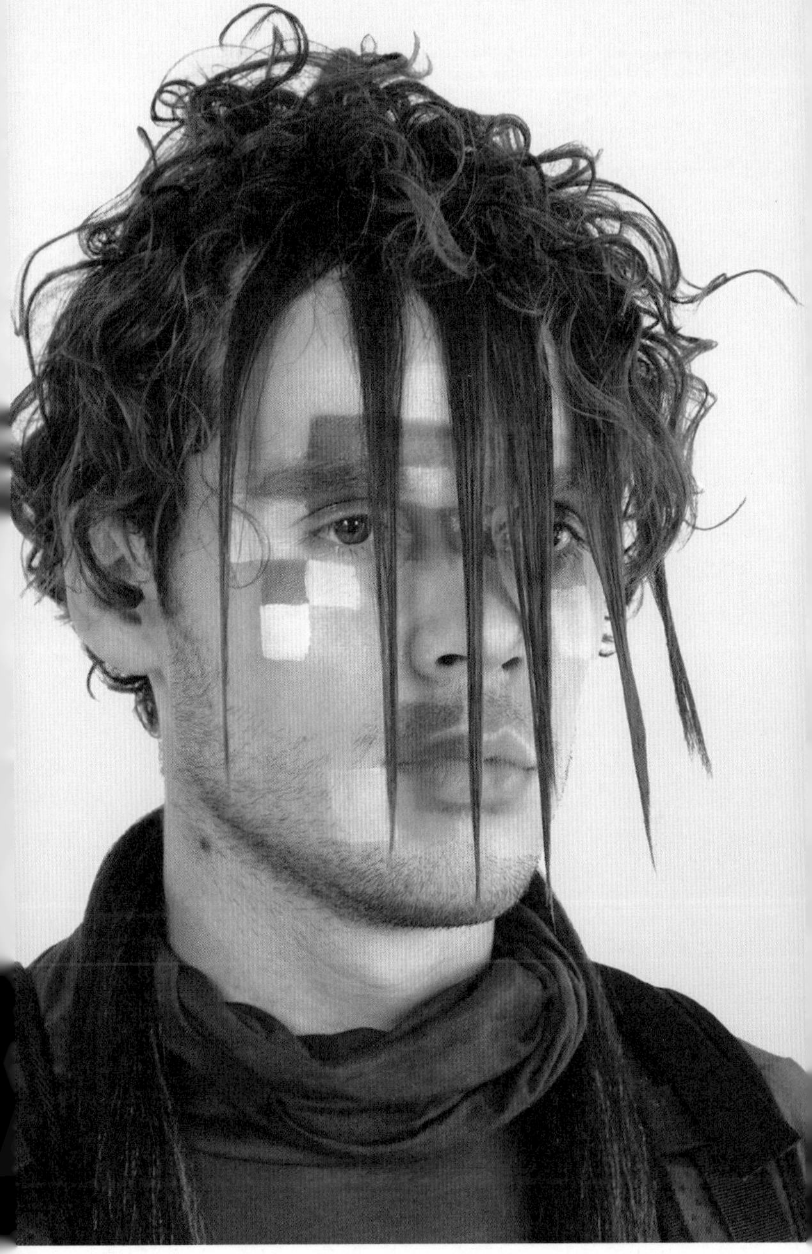

←↑ 「컴퓨터 시각 속이기」 중 룩 N°2와 룩 N°3.
애덤 하비, «DIS 매거진»(2010).
아트디렉팅 ⓒ 로렌 보일 & 마르코 로소.
모델 ⓒ 아이리나와 주드. 헤어 ⓒ 피아 비바스

주

1. Dymaxion map. 다이맥시온은 풀러의 많은 작품에 적용된 개념이자 고유명사다. 다이내믹, 맥시멈, 텐션, 세 단어를 합성한 결과로, 최소의 에너지를 투입하여 최대의 이득을 이끌어내려는 그의 지향점을 잘 보여준다.
2. Hill Valley. 「백 투 더 퓨처」 시리즈의 배경이 되는 가공의 도시다.

더 읽기

이미 많은 작가들이 젠더 연구, 탈식민주의, 시각커뮤니케이션, 문화 연구를 비롯, 디자인 제재에 관해 깊이 있는 글을 펴냈다. 각 장을 집필하는 데 다음 책과 저널에서 많은 영감을 받았다. 더 읽어보기를 적극 권한다.

모든 디자인은 정치적이다

빅터 파파넥, 현용순 옮김, 『인간을 위한 디자인(Design for the Real World: Human Ecology and Social Change)』(원서 1972, 한국어판 2009)

Prado, Luiza, and Pedro Oliveira, 「Questioning the Critical in Speculative & Critical Design」(2014. 2. 4.)

에드워드 W. 사이드, 박홍규 옮김, 『오리엔탈리즘(Orientalism)』(원서 1979, 한국어판 2015)

Sturken, Marita, and Lisa Cartwright, 「Practices of Looking: An Introduction to Visual Culture」(2001)

로버트 J.C. 영, 김택현 옮김, 『포스트식민주의 또는 트리컨티넨탈리즘(Postcolonialism: An Historical Introdction)』(원서 2003, 한국어판 2005)

1장. 언어와 타이포그래피

Robert Bringhurst, 『Elements of Typographic Style』(2004)

Johanna Drucker, Emily McVarish, 『Graphic Design History: A Critical Guide』(2009)

Saki Mafundikwa, 『Afrikan Alphabets: The Story of Writing in Afrika』(2004)

Jan Tschichold, 『The New Typography』(1928)

2장. 색상과 대비

리처드 다이어, 박소정 옮김, 『화이트: 백인 재현의 정치학(White)』(원서 1997, 한국어판 2020)

존 게이지, 한재현 옮김, 『색채의 역사: 미술, 과학 그리고 상징(Color and Meaning: Art, Science, and Symbolism)』(원서 1999, 한국어판 2011)

3장. 이미지와 사진

Sarah Ahmed, 『On Being Included: Racism and Diversity in Institutional Life』(2012)

존 버거, 최민 옮김, 『다른 방식으로 보기(Ways of Seeing)』(원서 1972, 한국어판 2012)

Andreas Fuglesang, 『About Understanding』(1982)

Jean Kilbourne, 『Deadly Persuasion: Why Women and Girls Must Fight the Addictive Power of Advertising』(1999)

윌리엄 J. 미첼, 김은조 옮김, 『디지털 이미지론: 포스트포토그래픽시대에서 시각적 진실(The Reconfigured Eye: Visual Truth in the Post-Photographic Era)』(원서 1992, 한국어판 2005)

Susan Scafidi, 『Who Owns Culture?』(2005)

4장. 상징과 아이콘

Alan Fletcher, 『The Art of Looking Sideways』(2001)

Adrian Frutiger, 『Signs and Symbols: Their Design and Meaning』(1989)

Ellen Lupton, J. Abbott Miller, 『Design, Writing, Research: Writing on Graphic Design』(1999)

University of Cincinnati, 「Visible Language」(1967~)

5장. 인포그래픽

Edward R. Tufte, 『The Visual Display of Quantitative Information』(1983)

David Turnbull, Helen Watson, 『Maps Are Territories: Science Is an Atlas』(1993)

David Woodward, G. Malcolm Lewis, 『The History of Cartography』(1998)

찾아보기

디자인 정치학

1판 1쇄 펴냄 2022년 3월 31일
1판 2쇄 펴냄 2023년 10월 31일

→ [글] 뤼번 파터르
→ [번역] 이은선
→ [편집] 김미래
→ [디자인] 오혜진(오와이이)

← [펴낸이] 김태웅
← [펴낸곳] goat
← [등록] 2016. 6. 1. 2018-000235호
← [주소] 서울시 마포구 백범로48 2층 SPINE

ISBN 979-11-89519-54-4 (03650)

이은선
대학에서 중문학을, 대학원에서 동아시아학을 전공했다. 출판사에서 편집자로 지내다 번역가로 변신한 뒤로, 매들린 밀러, 스티븐 킹, 프레드릭 배크만의 소설 다수를 우리말로 옮겼다. 디자인 분야는 생소하지만 흥미로운 타이틀을 만난 계기로 즐겁게 번역했다.

김미래
기획, 인터뷰, 브랜딩 등 경계 없이 일하지만, 그 중심에는 쪽프레스와 고트가 있다.
무지해서도 자부해서도 안 될 것 같은 '정치'와 '디자인'이라는 영역을 오래 헤매야 한다면, 시작은 이 책으로 삼으면 산뜻할 것 같았다.
포만감보다는 허기를 주는 배움이 좋은 배움임을 오랜만에 기억해냈다.

오혜진(오와이이)
한국 서울의 디자이너. 시각디자인을 전공했으며, 그래픽디자인 스튜디오 오와이이(OYE)를 운영한다. 손에 잡히지 않는 내용을 시각언어로 물성화하여 손에 쥐게 하는 것에 재미를 느낀다. 어쩌다 보니 원서를 세 권이나 갖고 있던 The Politics of Design의 한국어판 디자인을 맡게 되어 작업자로서도 독자로서도 기뻤다.

goat는 종이를 별미로 삼는 염소가 차마 삼키지 못한 마지막 한 권의 책을 소개하는 마음으로, 알려지지 않은 책, 알려질 가치가 있는 책을 선별하여 펴냅니다.

jjokkpress.com
instagram @jjokkpress @spineseoul